工商管理硕士案例教学模式研究

——建构主义视角

欧丽慧 著

上海财经大学出版社

图书在版编目(CIP)数据

工商管理硕士案例教学模式研究:建构主义视角/欧丽慧著. —上海:上海财经大学出版社,2021.10

ISBN 978-7-5642-3874-2/F·3874

Ⅰ. ①工… Ⅱ. ①欧… Ⅲ. ①工商行政管理-研究生-教学研究
Ⅳ. ①F203.9

中国版本图书馆CIP数据核字(2021)第202996号

工商管理硕士案例教学模式研究

——建构主义视角

著 作 者: 欧丽慧 著

责任编辑: 石兴凤

封面设计: 贺加贝

出版发行: 上海财经大学出版社有限公司

地　　址: 上海市中山北一路369号(邮编200083)

网　　址: http://www.sufep.com

经　　销: 全国新华书店

印刷装订: 江苏凤凰数码印务有限公司

开　　本: 710mm×1000mm 1/16

印　　张: 17.25(插页:2)

字　　数: 247千字

版　　次: 2021年10月第1版

印　　次: 2021年10月第1次印刷

定　　价: 78.00元

前言

工商管理硕士（Master of Business Administration，MBA）学位作为典型的专业学位类别，特别注重面向职业领域培养适应岗位要求的综合素质及运用所学基本知识和技能解决管理领域实际问题的能力和水平。案例教学法打破了传统教学中教师占主导、学生被动接受知识的教学模式，使学生能在真实、复杂的企业管理情境中增强自己发现问题、思考问题、解决问题的综合管理能力。案例教学法独特的性质、运行机理和综合优势在推进工商管理教育发展及整体教学水平的提高方面颇受关注。而且，案例教学法作为工商管理学科人才能力培养的有效手段和工商管理类课程的基本教学法之一，得到了国际的公认和广泛的应用，可以说，如何实施案例教学直接影响工商管理教学的整体质量。但案例教学作为工商管理教学的一大特色，在国内的实施还存在着诸多的困境和质疑，既有土壤环境、制度保障等方面的问题，也有教师观念、学员素质等方面的问题，关键还在于国内商学院对案例教学这种工商管理教学“新常态”缺乏深入的研究和实践，在案例教学的做法和实践上并不成熟，没有真正凸显案例教学在工商管理教学中的独特优势和持久生命力。

本书通过文献分析、比较研究和现状调查来梳理国内案例教学的实施困境，并将问题进行聚焦和归纳，分析现阶段国内工商管理案例教学的症结所在，通过长期的工作观察、实践并结合案例研究及教学一线的专家访谈，综合得出案例教学发展的方向和措施。建构主义教学理论认为，教师在教学过程中是引导者、组织者和促进者，他们利用真实的情境、协作、会话等学习环境要素充分发挥学生的主体性地位和创新精神，使学生主动且有效地实现对所学知识的意义建构。案例教学符合建构主义学习理论的精神，但建构主义理论的多种分支和教学模式很难直接应用到 MBA 案例教学中。本书拟根据笔者多年的实践经验和观察，通过建构主义学习理论及学习迁移观等相关理论在案例教学的学习者经验背景评估、教学情境的创设、知识建构的过程与机制、学习者的主动意识和自我调控能力以及迁移结果的客观评价等方面的影响来探索案例教学的整体设计和实施之道，细化建构主义的一般教学过程，构建案例开发、案例课堂教学、案例行动及案例评价四个环节的整合式案例教学模式，并在构建过程中分析案例教学各个环节之间激发循环内生的机理，形成了单环节内部整合、各环节相互影响及大体系整合互动的案例教学模式。最后，本书选取 H 大学工商管理教育案例教学模式的典型个案做效果实施的应用研究，思考其整合式案例教学模式成功构建的经验和思路，并提出改进之道，据此来探索适合中国情境的 MBA 案例教学模式，丰富案例教学理论，为国内工商管理教育甚至管理学科其他领域的教学模式改革提供有价值的参考。

本书遵循需求探析—理论构想—实证检验—效果验证—总结提升的研究思路，综合运用理论研究法、访谈研究法、调查研究法和个案研究法对案例教学模式的必要性、合理性、有效性进行了系统和科学的研究。

第一章说明问题的缘由、理论和实践的意义以及本书的研究方法和创新点。

第二章综述案例教学的起源与发展、管理案例、案例教学法核心概念的界定、案例教学法的功能意义及对管理学科尤其是工商管理硕士教育的适用度，并通过文献梳理总结案例教学在国内发展的困境及目前国内案例教学模式的研究走向。

第三章是建构主义理论基础，从建构主义学习理论出发，分析建构主义学习迁移观的核心要素和内涵，并对基于建构主义理论的几大经典教学模式进行剖析，以形成对整合式案例教学模式的理论基础。

第四章是通过理论研究，构建整合式 MBA 案例教学的模型，并对案例教学源头、案例开发进行分析，选取大连理工大学案例库历年入库的百优案例，发现国内本土案例开发的现状和问题；同时采取专家访谈的方法来了解案例应用实施现状，总结工商管理案例教学现阶段所存在的问题和进一步发挥案例教学法在工商管理教学中应用效果的措施建议。

第五章是以访谈得出的结论假设为基础形成学生问卷的四个维度，通过对各个年级 MBA 学生问卷调研的方法对假设进行检验，进一步探讨该模型的科学性和存在的不足。

第六章是选取 H 大学案例教学模式的实际应用作为典型案例进行研究，以期通过对 H 大学的教学实践的剖析验证本书所提出的案例教学模式的实际应用价值，并提出实施改进建议。

第七章是基于上述理论、实证研究及案例观察，针对性地提出建议。

目 录

第一章　导　论

第一节　问题的缘由和研究的背景

一、问题的缘由

教育部教研(2013)3号文《教育部、人力资源和社会保障部关于深入推进专业学位研究生培养模式改革的意见》指出：专业学位研究生的培养目标是“掌握某一特定职业领域的相关理论知识、具有较强的解决实际问题的能力、能够承担专业的技术或管理工作、具有良好的职业素养的高层次专门人才”①，强调以职业能力提升为导向的专业学位研究生培养模式的改革，强调应培养研究生具备适应特定职业领域专业岗位要求的综合素质及运用基本知识和技能解决实际问题的能力。根据专业学位人才培养的目标，本书在培养体系、课程设置、教学方法、实践训练等方面都有相应的指向和体现，而案例教学及与案例教学相关的师资培训、案例库建设、实践基地建设等一揽子工作都会成为专业学位培养模式改革的重心，并作为培养单位申请新增专业学位授权点及专业学位授权点定期评估的重要内容。

案例教学打破了传统教学中教师占主导、学生被动接受知识的教学

---

① 教育部、人力资源和社会保障部. 关于深入推进专业学位研究生培养模式改革的意见[J]. 中华人民共和国国务院公报，2014(2)：47—49.

模式，使学生能在真实、复杂的企业管理情境中增强发现问题、思考问题、解决问题的综合管理能力。案例教学法独特的性质、运行机理和综合优势在推进工商管理教育发展及整体教学水平的提高方面颇受关注与期待。而且，案例教学法作为工商管理学科人才能力培养的有效手段和工商管理类课程中的基本教学法得到了国际的公认和广泛的应用，可以说，如何实施案例教学直接影响工商管理教学的整体质量。但案例教学作为工商管理教学的一大特色在国内的实施存在许多的困境，既有土壤环境、制度保障等方面的问题，也有教师观念、学员素质等方面的问题，关键还在于国内商学院对案例教学这种工商管理教学“新常态”缺乏深入的研究和实践，没有真正凸显案例教学在工商管理教学中的独特优势和持久生命力。

本书通过运用建构主义学习理论及学习迁移观等相关理论在案例教学中学习者的经验背景评估、教学情境的创设、知识建构的过程与机制、学习者的主动意识和自我调控能力以及迁移结果的客观评价等方面的影响来探索案例教学的整体设计和实施之道，构建从案例开发到案例课堂教学，再到案例行动及案例评价的案例教学模式，并在构建过程中分析案例教学各个环节之间激发的循环内生机理，通过整合式案例教学模式的构建，为国内工商管理教育教学模式改革提供有价值的参考。

二、研究的背景

专业学位研究生人才培养强调以职业需求为目标并以实际应用为导向，在培养模式上注重运用现场实践研究、案例剖析、模拟训练、项目教学等方法培养学生处理现实中各类管理问题的能力。在经济管理类专业中，工商管理专业学位研究生最为典型，他们是具备较为丰富的管理实务经验且职业特征尤为凸显的群体。经济管理类和工程类专业学位最大的不同在于知识应用上的不确定性和多变性，很难有放之四海而皆准的教义或一套共同的经营管理模式。知识和理论可以通过教师的传授进行总结，管理理念和经营决策则不可言传。如果使用传统的教学策略和初级阶段的教学方式，则很容易让学习者陷入课堂学习与能力需求不相匹配的矛盾中。传统的教学模式围绕教师“照本宣科”式的教和学习者“死记硬背”式的学，使学习者容易陷入机械、被动地接受知识并孤立地存储信息的浅层状态，这样不仅很难将知识迁移到新的情境并在具体情境中灵活应用，而且也不利于理解所学知识。只有学习者深刻理解和把握知识的复杂性并将其融入原有的知识结构，着眼于知识的综合演练和在各种具体的情境中灵活运用，才能符合工商管理硕士人才培养的特性和要求。由于课堂知识所指向的教学实践与动态复杂的问题情境间无法直接对应，因此学习者很难用相同的知识处理不同的情境。传统的教学模式强调理论讲授等单一教学方式，较少考虑学习者间的差异、学习者的需求和实践体验，忽略教学过程的反馈评估。而从工商管理硕士培养的视角考察，培养这种职业性导向较强的人才很难通过传统的教学模式去打造，教学模式构建的目标应更多围绕如何借助学习环境的设计、教学活动的创新来促进学习者教学效能最大化，并将理论知识转化为职业能力和岗位素养。与传统的教学模式相比，这种以职业能力为导向的教学模式设计更注重对学生的主体性及创新能力的培育。

第二节　研究的意义

一、理论意义

（一）案例教学理论研究发展的需要

与西方发达国家相比，我国案例教学的起步较晚，从 20 世纪 80 年代初借鉴国外理论开始算起，理论研究的成果不尽如人意，与其在管理教育中的地位不相匹配。理论成果的缺乏一定程度上制约着实践教学的发展。

对于应用型高级管理人才，应注重对他们解决实际管理问题能力的培养，让其能学以致用、学有所用，使其成为实践型和创新型的人才。整个教学组织形态需要打破传统的教学模式，选择适当的教学手段和方式。它不同于由理论学科构成的、以架构逻辑为中心的学科体系框架，注重由实践情境构成的、以过程逻辑为中心的框架，关注整体教学行动与职业行为的整合。这也是专业学位教育教学组织和模式从传统的学科体系向行动与职业体系转变思想的体现。而这种教学思想和教学组织设计下的案例教学环节，不仅仅局限于案例的采编、教学或者实训某个环节，更不能停留在单纯的技能训练程度上，需要多视角考察，结合理论与实践，构建一个完整的系统模式，将其视为一种教学思想并融入更广泛的教学领域中。

随着案例教学法在管理学界获得广泛认同和应用及在国内受重视程度的提高，相关的研究文献也大幅增多。知网上以“案例教学法”为关键词搜索的文献从 2000 年的 45 篇增加至 2017 年的 1 458 篇，说明相关教学研究者对案例教学法的重视程度和关注度提升。在研究数量和质量的同时，笔者发现关于案例教学的研究仍存在许多的不足。一是案例教学理论研究仍显匮乏和不足。案例教学作为工商管理教育的特色已形成共识，但目前专门针对案例教学的高质量的学术著作凤毛麟角，国内案例教学理论研究的系统成果更是匮乏，实际的研究与现实的地位难以匹配。二是选题重复，创新性不足。大量相关研究有较为明显的重复性，鲜有对先前研究的突破。研究内容大多围绕案例教学组织程序和步骤设计、课堂教学应用策略、案例教学相关地位功能、案例开发及某一具体课程的应用经验等方面，其中关于教学组织程序和步骤设计的内容多是大同小异的论述，极少涉及教学设计或相关步骤的创新性设计。三是理论分析较多而实证检验支撑不足。研究者大多根据相关教学理论对案例教学进行理论分析演绎，而在实证检验支撑方面显得非常单薄。有限的实证检验多是针对较小视角（如“学生的参与性”“教师的主体性”“课堂管理”或者“案例质量”等围绕“学习效果”等单一视角）的检验，在理论分析上缺乏说服力，多为现象描述而少有连贯的理论支撑演绎，对案例教学在国内外的发展现状、差异比较甚或问题策略缺乏系统化的理论探讨，对案例教学内涵性的思考稍显不够，研究视角多借鉴国外的研究成果来对案例教学进行局部修补，对案例教学体系架构的思考和整体性的理论思辨不够充分。四是选题容易走过于宏观和过于微观两个极端。如宏观上选择案例教学法为研究对象或微观上关注某一课程，通常局限于如何提升案例课堂教学质量等的探索，或常见于对教学理论的演绎和逻辑性建构，缺乏从理论形态到实践形态的转化的分析研究。尽管不乏对先进教学理论的借鉴和对现有教学方法尝试性的改变，但实践效果不尽如人意。国外已有的研究成果和丰富的实践经验虽可以为国内工商管理案例教学的研究提供参照，但鲜有借鉴西方教学思想而形成的、立足中国本土的教学研究。

笔者认为案例教学发展至今，尤其需要对案例教学的功能和定位有一个科学、完整的考量。案例教学是一项系统工程。它并非意味着教学内容或教学方法在局部的调整或修补，而是涵盖教学内容、教学理念、管理制度和课程体系等多维度的系统性改革。国内工商管理案例教学尚存在方法、理论、实践、理念及制度等许多问题，迫切需要从理论层面寻找支撑并在实践层面深入探索，进行一场思维方式的变革和思想的革命。案例教学并不单纯是一种教学方法，而是涉及教学内容、思想、策略、师生条件等多个层面的全新的教学模式。作为一种新兴的教学模式，案例教学以其独特的优势迅速获得关注，但人们对它的关注和研究仍主要停留在应用策略上。本书通过对工商管理案例教学在国内外实施状况的研究比较，系统分析国内案例教学实施的困境所在，并对改进策略提供理论支持。从相关研究看，绝大多数的研究都是围绕案例开发、教学和评价中的一个或两个方面。而将案例开发、教学及评价等方面联系起来研究的尚未见到，综合性探讨案例教学模式建设的研究也极为少见。案例教学的实践发展需要体系完整、结构合理的案例教学理论体系作为学术支撑。本书试图从心理学、教育学相关理论着手，深入把握案例教学原则、步骤及方法上的特质，试图构建案例教学、开发、评价的综合性和系统性，有助于深入理解和把握案例教学的实质并为商学院案例教学的系统化实施和持续性发展提供理论指导。

案例教学法是培养工商管理专业学位研究生的重要教学方法。很长一段时间国内工商管理教学指导委员会对案例教学的规定仅仅体现为对课堂教学课时的规定和教学案例的格式说明，直到教育部发布《关于加强专业学位研究生案例教学和联合培养基地建设的意见》，才有了深度推进案例教学系统性的说法。这个文件是2015年发布的，文中的提法和概念得到了教学培养单位的认可。大家认为内涵式案例教学的推进是工商管理专业学位人才培养模式改革的题中之义，但这一系统性提法尚未有相应的理论支撑和框架设计。笔者从事工商管理专业学位教育工作十余年，对案例教学在工商管理专业学位教育中的发展有了直观的了解。近几年，国内致力于案例研究和案例教学一线的专家对案例教学的关注从案例采编和课堂应用拓宽到案例教学整个生态系统的研究。朱方伟教授等认为，案例研究和教学需要构建一个完整的框架体系，将案例源、案例采编研究和案例的应用等打通，建立一批案例开发基地，加强对企业的研究及和与企业管理人员的经常性交流；锻造一支以教师和教学辅助人员为主的案例采编和研究的主体队伍并进行恰当的引导和鼓励，规范案例采编和撰写的方法及流程，使之能将案例采编进行标准化推广①；搭建教学案例和案例研究成果应用的平台，旨在"以案例为载体搭建学校、企业和学院之间沟通、交流、应用的平台"②。

（二）教学模式发展的内生性要求

根据对相关教学模式的梳理分析，笔者发现随着社会转型和教育重构的推进，我国学者近年来越来越重视对教学模式的探究和创新。我国教育工作者一方面大量引入国外先进的教学模式与实际操作理论，并基于国情作出移植和创新；另一方面则基于国内教学实践，不断总结归纳和推广应用大量新型的教学模式，如基于理论假设用实验证实有效性的演绎型教学模式。这些多元化发展的教学模式不断冲破传统教学理论的藩

① 朱方伟，孙秀霞，宋昊阳. 管理案例采编[M]. 科学出版社，2014：56.

② 王淑娟. 项目管理思维在教学案例采编中的应用——《管理案例采编》书评[J]. 管理案例研究与评论，2017，10(2)：225－226.

篱，更新传统的教学思想观念和目标，创造与发展“以学习者为中心”[1]的新型教学模式。得益于学习理论研究视野的更新，建构主义学习理论得以不断地丰富和发展，并使基于建构主义学习理论的教学模式研究有了肥沃的理论土壤；而社会转型和教育重构也为建构主义教学模式的研究提供了强大的背景支持并提出了实践需求。基于建构主义理论，分析整合基于建构主义视角的教学模式（如抛锚式、认知学徒制、问题式、支架式等教学模式），互相融合借鉴，形成一个符合工商管理人才培养内在要求的教学概念模型。这一概念模型具备以下特征：经典建构主义教学模式强调“以学生的自我控制学习为中心”，教师是学习的“监控者、组织者、指导者、帮助者和促进者”，教师需要创设“鼓励学生积极建构、相互合作、提供丰富的信息来源、基于真实情境和真实任务”的学习环境，并充分发挥学生的“主动性、积极性和首创精神”，促使学生有效地完成对“知识的意义建构”。[2] 在对国内此类问题的研究和发展充分把握的基础上，笔者认为基于整合式的建构主义学习理论构建的教学模式研究将是实践领域可行的操作范式。

由于教学模式是教学理论转化为教学活动结构和操作模式的媒介，因此教学模式的构建不仅要关注“是什么”，而且要更多地关注“怎么做”和“如何改进及优化”。关注的焦点应从学理逻辑转为行动逻辑，以便将概念形态存在的抽象教学模式转变为物理形态存在的、可视且可操作的教学实践路径。在创建切实可行且行之有效的教学模式时，教学研究者需要开启一个综合、持久的行动革新过程，进入教学现场，追踪真实、复杂的教育情境，与实践者进行实质性和持续性的合作，将理念设计中的教学模式逐步推到实践中。任何新生的教学模式，在设计和发展之初其理论体系尚不完善，内容也不尽完整，都是在实践的过程中不断吸取智慧，升华成新的模式的。所以，在教学模式构建中开拓出切实可行的实践路径

---

① 曹方方. MBA 教育的教学模式研究[D]. 沈阳师范大学，2014：23.

② 何克抗. 建构主义的教学模式、教学方法与教学设计[J]. 北京师范大学学报：社会科学版，1997(5)：74－81.

和行动逻辑比单纯的教育理论知识更为核心和紧要，也是决定教学模式改革实验能否取得成功的关键。而本书基于建构主义视角并围绕工商管理专业学位研究生的人才培养要求来设计案例教学模式，目的是通过创新教学模式提升学生的职业能力。此过程需要走进、参与实践现场，也需要不断地交流、互动、反思与批评，遵循“广泛学习—个别模仿—灵活运用—创造性发展”①的一般性发展阶段，构建一个开放并蓄、优化发展的教学模式。这种教学模式一方面可以检验教育理论的科学性，另一方面也可以帮助教育工作者缩短知识转化为生产力的周期，借助教学内容优化、学习环境设计与活动体系创新来促进学习者有效学习并实现教学效能最大化。这样的教学模式有一定的指导思想和具体的环节设计，具有可落地操作、可示范推广且成效可见等特点，可以为我国工商管理专业硕士的教学模式改革提供行动层面的创新例证。

在教学模式的研究和实践中，基于建构主义的教学模式研究尚属于新生事物。在教育重构的国际背景和当前国内外教学改革的背景下，基于建构主义理论的教学模式探讨在教学实践中显得尤为重要。本书先对基于建构主义理论的经典教学模式进行整体概述并对这些教学模式所体现出的共性和特点进行深入剖析，提炼出基于建构主义教学模式的核心要素，构建一个整合式的、针对高级职业人才培养的案例教学与实训模式。鉴于目前的研究和实践现状，鲜有研究者依托教学模式改革来提高工商管理专业硕士案例教学水平，实证研究更显匮乏。背后的深层次原因在于教学模式改革既需要一套科学的研究新范式作为指导，也需要一条能落地推动课堂教学模式改革的实践路径做保障。这项改革是牵涉各类资源力量博弈的综合行动，受到教育传统的影响，也具有很强的路径依赖性。单纯运用一种研究方法、一种理论视角、一种具体手段或方法是不够的，很难突破专业学位教师“了解案例教学但做不好案例教学”的困境。教学实践者须尝试采取新型研究范式指导下案例教学模式的综合改革，

---

① 李佩武，李子鹤．论教学模式及其演变[J]．教育探索，2010(8)：33－35.

通过多轮次、长期的改革实践和完善，构建出一条切实可行的教学模式革新实践路径。

二、实践意义

（一）时代发展和教育转型的实践需要

传统传授式的教学模式体现了一种外来输入式样的教学设计，直接体现在教学行为上就是将重点放在对理论知识的组织、传递和吸收上。这种教学模式的优点是可以在较短时间内向学习者传递大量的知识信息。但这种知识逻辑型教学行为很容易忽略理论知识向能力及思维升级，难以与个体的经验进行整合，生成个体知识，并将其应用于实践中。在当前鼓励创新、尊重个性、多元自主的时代，学习者需要摒弃统一的思维方式和标准的行为模式，重视学习体验的生成及实践智慧的获得。哈佛大学博士大卫·库伯(David Kolb)认为学习是体验、反思、概括与行动应用构成的综合性的完整内容。因此，“大学需要一种与之对应的教育方法。这种教育方法要能够把抽象的学术观念转变为人们生活中可以用到的具体事实”①。随着建构主义学习理论和情景学习理论等的兴起，个体的自主性与适应性、学习的建构性与参与性、发展的内生性与体验性逐渐被视作影响教学活动和育人效果的关键因素。无论是从时代需要还是从理论研究的发展趋向来看，围绕学习者内生式学习体验来构建新的教学模式都是一种必然和必需。如何激发学习者的学习体验及促成学习者中心地位的改变是内发创生式教学设计研究的核心所在。

与普通高等教育的教学体系相比，专业学位教育尚未形成自己的特色。普通高等教育以理论为逻辑起点展开，是以“知识传授型”为主的教学体系；专业学位教育是以实践为逻辑起点展开，是以“学生”为中心、以“行动”为导向和特色的教学体系。面对这样的变化，笔者发现在思考专

---

① 徐龙志，袁淑清. 基于真实项目的体验式教学模式研究[J]. 现代教育科学，2011(3)：152.

业学位教学体系构建时首先需要关注教学方式的转变和学习者中心地位的回归。我国教育理论界盛行行为主义学习理论，教师灌输知识、学生吸收知识是教育领域的常态，学生不发问、不探究、不求异的习惯很容易带来肤浅的理解和简单的知识、经验的存储，从而难以形成主动探究和创新等高级思维及解决问题的能力。专业学位教育的人才培养目标为职业能力的提升和职业胜任力的锻造，特别需要学习者通过把掌握的知识迁移到不同的工作情境中，并举一反三。教学目标和人才培养的特点决定了教学方式必须转向以能力培养为核心。而学习者中心地位的回归和职业情境的构建是核心的要素。

（二）工商管理专业学位人才培养的内在需要

教育部教研(2013)3号文《教育部、人力资源和社会保障部关于深入推进专业学位研究生培养模式改革的意见》明确了专业学位研究生教育是“建设创新型国家的必然要求”，并强调立足职业需求，建设形成具有中国特色的专业学位研究生培养模式。① 3号文从招生、课程、教学方式、实践训练等环节提出了明确的政策导向和指导要求，强调招生重点考查考生的综合素质、运用基础理论和专业知识分析解决实际问题的能力以及职业发展潜力，在培养方案制定和课程教学上应依据特定职业领域专门人才的知识能力结构和职业素养要求合理设置课程体系并优选教学内容，突出课程的实用性和综合性，加大实践性课程的比重；创新教学方法，开展互动式、探究式教学，激发研究生自主学习的积极性、主动性；加强案例教学、模拟训练等教学方法的运用；注重对学生的学习过程和能力运用方面的考核，即研究生如何运用所学知识及技能解决实际问题的能力和水平。3号文特别强调对专业学位研究生实践能力和职业胜任力的培养，提出“在实践中培养研究生解决实际问题的意识和能力”，加强研究生“勇于探索的创新精神和善于解决问题的实践能力”，并强化“职业背景和

---

① 教育部、人力资源和社会保障部．关于深入推进专业学位研究生培养模式改革的意见[J]．中华人民共和国国务院公报，2014(2)：47—49.

行业应用价值”，鼓励培养单位制定职业发展规划并结合行业和区域人才需求开展培养模式改革，引导和鼓励行业企业全方位参与人才培养，形成产学研结合的培养模式[①]，明确将案例教学的改革试点成效作为培养单位申请新增专业学位授权点及专业学位授权点定期评估的重要内容。

教育部《关于加强专业学位研究生案例教学和联合培养基地建设的意见》教研(2015)1 号文强调，需要充分认识加强案例教学的重要意义，并指出“加强案例教学，是强化专业学位研究生实践能力培养，推进教学改革，促进教学与实践有机融合的重要途径，是推动专业学位研究生培养模式改革的重要手段”[②]。这次的发文不仅从政策和理念层面强调案例教学的重要性，而且从案例采编、教学方式、评价方式等全方位进行了方向明确和落地指引，指出需重视案例编写，以提高案例质量，建议案例采编中行业、企业骨干及研究生共同参与，注重理论结合实践，开发一定数量的、基于真实情境的、优质的教学案例；在案例教学使用上，指出需“积极开展案例教学并进行教学模式的创新，在规范案例教学程序的基础上，建立以学生为中心的教学模式，教师理解和掌握案例教学的实质和内涵，创新教学模式，改革教学方式，完善评价标准，逐步建立起有中国特色的并与国际接轨的案例教学体系”。这是第一次以教育部文件的形式明确了以案例为载体进行专业学位研究生教学模式创新的提法，并强调在改革创新过程中既要有国际视野，又要有本土国情。案例教学的内涵式推进已经是大势所趋，这也是本书研究的重要现实缘由。

工商管理案例教学起源于美国哈佛大学商学院，其本质是以学生为中心、理论与实践相结合的互动式教学。[③] 它的现实价值取向是以案例

---

① 教育部、人力资源和社会保障部. 关于深入推进专业学位研究生培养模式改革的意见[J]. 中华人民共和国国务院公报，2014(2)：47－49.

② 教育部. 关于加强专业学位研究生案例教学和联合培养基地建设的意见[Z]. 2015-05-07.

③ 何志毅，孙梦. 中国工商管理案例教学现状研究[J]. 南开管理评论，2005(1)：91－95.

的工具价值为基础，以获得科学知识和管理技巧为目的。[①] 开展案例教学传播管理知识与理念，是培养逻辑思考、团队协作能力的平台，是引导商学院的教师和学生关注企业实际和经济管理现象的一种手段，是商学院承担社会责任的一种体现。[②] 案例教学法在 1980 年被引入中国的教学实践和管理培训后，在国内管理教育领域发挥的功能和体现的价值逐渐被认可，尤其是在工商管理硕士人才培养中的重要性日益凸显。国内越来越多的教育工作者开始尝试在管理教学中大量开展案例教学，逐步从传统教学模式向案例教学模式转变。但在案例教学开展过程中，许多现实问题也日益凸显，案例教学的重要地位与案例教学实施中的困境和局限是一对难点。符合中国情境的高质量管理案例匮乏。案例教学法推广和使用的前提是要有相当数量的优质管理案例。而目前管理案例缺乏典型性、针对性、时效性等问题，成为案例教学发展的巨大障碍，同时也很大程度上制约了学生的学习效果。国务院副总理马凯在谈及中国企业案例建设的话题时特别强调当前国内很多教学案例其实是无法满足教学所需的。他认为应该大力鼓励教师联系中国政治经济和社会发展实际，联系企业管理实际，联系本民族和本地区实际，积极开发中国企业管理案例。因此，开发贴近当前企业经营现状和中国管理情境、符合学生实际学习需求和时代特色的教学案例显得尤为迫切和重要。在案例开发方面，各院校如何鼓励和支持相关师生深入企业一线、追踪管理实践、凝练管理理念、构建支撑教学的案例知识体系并实现案例开发与案例教学的互动循环，是案例教学持续发展的重要源头，也是案例教学模式有效运行的闭环关键要素。

案例教学是不断在实践中发展和优化的教学模式。对教学理论的整合、对具体教学方法的优化、对教学实践问题的积极反应以及其独特的教

---

① 靳玉乐，向眉. 论案例教学价值取向的变革——基于对工商管理案例教学的分析[J]. 西南大学学报，2015，41(1)：93－98.

② 成思危. 认真开展案例研究，促进管理科学及管理教学的发展[J]. 管理科学学报，2004，1(3)：86－89.

学与课程视角，让案例教学成为新世纪教育教学理论界的新宠。反观现实，案例教学在国内工商管理教育实施中尚存在许多的困境和不足。本书试图通过文献分析、师生交流、工作实践及深入观察来锁定案例教学实施中的困境和问题，并通过对目标对象的深度访谈，了解院校在案例教学实施过程中较为成功的创新及有效的做法，为如何有效开展案例教学提供有意义的实践参照。此外，本书试图通过理论和文献分析，构建系统化的“案例教学论”，并在此指导下尝试构建案例开发、教学、行动、评价的整合式案例教学模式。这在国内案例教学的研究上属于独创性研究，为国内商学院开展案例教学提供理论指导和操作路径。同时，本书还引入 H 大学工商管理教育中案例教学及实训体系的成功经验，为该教学模型分析和实施提供现实的参照，有助于为工商管理案例教学提供行动蓝本。

MBA 教育与普通的学术型研究生教育有着本质区别。MBA 教育的成果需要通过投入管理实践中检视，教学过程不能仅关注传统的理论讲授，学生的实践操作能力和解决问题能力的提升才是最为紧要的。此外，通过以何志毅为代表的专家分别于 2002 年和 2004 年对包括北京大学光华管理学院、清华大学经管学院、复旦大学管理学院等十余所中国顶尖商学院案例教学现状的大规模调研，发现国内名校 MBA 学生对当前的案例教学状态并不太满意。[①] 案例教学作为管理教育最受推崇的教学方法，其独特的效果和适用性已经得到了全球管理教育界的认可，但国内 MBA 院校的案例教学实践的效果并没有显示出其学理上相应的地位和学生的欢迎程度。这种矛盾从何而来，这样的困境如何破解，这也是实践中催生出来的需要正视的问题。案例教学被公认为最适合 MBA 教育的教学方法，其作用是否在国内 MBA 教学中得到了科学、有效的发挥，其是否需要在改革中激发自身活力，能否更好地适应中国的管理教育，这也是本书面对的实践所需。

① 何志毅，孙梦．中国工商管理案例教学现状研究[J]．南开管理评论，2005(1)：91－95．

(三)笔者的研究和实践基础

笔者担任经济与管理专业学位(含 MBA、MPA 等九个专业硕士)中心专职副主任,统筹协调经济管理专业学位人才培养的管理工作,对 MBA 学位的教学模式,尤其是案例教学一直有深入的思考、设计、研讨、实践和反思,在日常工作中协调团队进行落地执行并持续优化改进。

从 2009 年至今案例教学历经了三个发展阶段:(1)2009 年到 2012 年是启动案例教学的初始阶段,即规范建设、案例中心和案例库,组织案例大赛,并在 2010 年启动全国百优原创案例采编开发,设计案例实训活动,设计并承接全国首个案例精英赛。在笔者参与的教育部专业学位综合改革试点工作验收过程中,成绩优异。(2)2012 年到 2015 年是项目的成熟阶段。此项目在案例教学的基础上完善了课堂案例教学以外的案例赛事的创新、实训项目的机制构建和深度推进、案例课堂的创新,同时推出综合案例课堂、案例分析课堂、高管案例课堂等多种课堂教学形式。笔者参与的"构建以职业能力训练为导向的 MBA 案例教学体系"项目荣获 2013 年上海市教学成果一等奖,得到了教师、学生的认可和学界、业界的高度好评。(3)2015 年至今是突破发展期。其间案例教学模式逐渐发展为案例采编及研究、案例课堂教学、案例实训等多维度一体化的综合模式,原创案例采编在数量和质量上不断突破,开启了学生开发案例大赛、教师团队采编案例等创新模式。案例课堂开启视频案例教学等创新形式,实训项目向机制化、落地运营等发展。该时期笔者参与设计和推动"创建基于真实场景的 MBA 实践训练体系"项目,荣获 2017 年上海市和本校教学成果一等奖,并主持了"MBA'研究—教学—实训'三位一体案例教学体系建设改革项目",在此过程中组织和协调教师在案例采编、课堂创新、学生实践等方方面面的改革创新工作。在笔者所统筹协调的 2016 年 MBA 高质量认证中,MBA 项目案例教学模式获得了中国人民大学校长等专家团的认可。华东师范大学迅速成为全国第十五家通过认证的 MBA 院校,学校首个商科认证。

同时,笔者也组织了大量与案例教学相关的研究、教学和实践活动,在实践积累的基础上对案例教学模式构建产生了浓厚的兴趣，希望通过此研究进一步丰富和发展案例教学理论，为工商管理专业硕士案例教学提供现实的参考和借鉴。表1—1是近几年的部分代表性成果和相应奖项。

表1—1　　近几年的部分代表性成果和相应奖项

时　间	获奖种类	获奖等级	授奖部门
2017	中国高质量MBA教育认证(CAMEA)	认证通过	教育部学位与研究生教育发展中心、全国工商管理硕士教育指导委员会
2017	上海市教学成果奖	一等奖	上海市教育委员会、上海市人力资源和社会保障局
2013—2017	全国百篇优秀管理案例最佳组织奖	集体组织奖	中国工商管理专业学位研究生教育指导委员会
2013—2016	全国管理案例精英赛季军、季军和亚军(连续三届)	一等奖、二等奖、三等奖	全国工商管理专业学位研究生教育指导委员会
2013	上海市教学成果奖	一等奖	上海市教育委员会、上海市人力资源和社会保障局
2013	专业学位研究生教育综合改革试点	优秀	教育部

第三节　研究方法、技术路线及特色与创新

为进一步明确本书的研究过程和研究脉络，本节主要围绕本书使用的研究方法和技术路线进行阐释。

一、研究方法

为顺利完成本书并寻找到和研究问题高度契合的科学、合理的研究方法，首先，本书通过文献研究对国内案例教学的实施现状和发展走向进行分析，在建构主义理论基础上形成整合式MBA案例教学模式的理论基础。其次，本书通过对整合式案例教学模式中案例开发的网络分析和案例应用实施的专家访谈分析，总结影响案例教学效果的因素并构建整合式MBA案例教学模式假设。最后，本书通过学生问卷调查验证假设

并对 H 大学的实际案例进行个案应用效果研究，据此提出思考和建议。

(一)文献研究与比较研究

为了整体把握本研究的方向和廓清研究思路，笔者查阅了大量关于案例教学的起源、发展、特征及国内外实施现状的文献，对工商管理学科特点、人才培养目标以及案例教学有效实施的策略进行广泛查阅。笔者通过梳理各类文献，发现我国案例教学的相关理论和实践研究仍处于起步阶段，尚面临诸多困境，策略实施零碎而不系统，但通过借鉴西方成熟的案例教学模式，逐渐形成了案例教学模式创新的研究走向。文献研究为了解相关研究进展、构建研究思路奠定了深厚的基础。

(二)统计分析法、文本挖掘法及网络分析法

本书运用统计分析法、文本挖掘法(包括分词、词频统计、词共现等)以及网络分析法(包括网络分析和信息可视化)，对从典型案例库中采集得到的总共 2 608 条案例数据信息进行挖掘、分析与研究，探讨原创案例采编开发中的问题，以得出进一步改进的建议和途径。

(三)教师访谈

本书为了保证国内案例教学现状分析的科学性和问题的聚焦性，采用专家评议的方法对现行案例教学实施现状和问题进行评议、分类和聚焦，梳理出访谈的关键性问题，有助于在访谈目的的可实现性及访谈信息的完整性和清晰性等方面获取深度的研究信息。具体的访谈提纲见附录。

(四)问卷调查

本书结合相关文献，采取代表性的教师访谈、设计学生问卷等形式进行调研。调查问卷包括个人基本信息、影响因素和效果评价三个部分，验证整合式教学模式构建的影响因素、检验通过访谈得出的整合式 MBA 案例教学模式假设并对实施改进提出建议。具体的调查问卷见附录。

(五)个案研究

本书通过对整合式 MBA 案例教学模式的理论构建、模型分析及实

证检验，并选取 H 大学典型个案进行剖析和研究，对整合式 MBA 案例教学模式在现实实施中的效果进行观照和功能检验，以此作为模式推广应用的借鉴。

（六）演绎推理

本书对相关管理理论和管理实践的归纳、案例教学模式构建等，都是立足于相关管理理论并通过层层演绎推理得出的结论。

二、技术路线

本书首先通过文献研究分析案例教学的起源、发展和特征，探讨案例教学法的教学功能及对工商管理学科的适用度，并指出案例教学法是工商管理教学中适用度较高、不可替代的教学方法。

其次，本书运用文献分析归纳、统计分析等研究方法，从文献信息和工作经验出发，结合教师访谈提出的案例教学实施困境和未来发展的建议，分析国内外案例教学的实施现状和案例库中案例的整体情况。

最后，本书重点讲述如何有效推进案例教学的开展和实施。通过对建构主义理论和学习迁移理论等的分析整合及推理演绎，本书提出了构建整合式案例教学模式，即“案例开发—教学—行动—评价”一体化内生循环模式，通过教师访谈和学生问卷调研去剖析该模式的优势、问题、有效构建的影响要素和实施策略，并以 H 大学作为个案进行应用研究，从而提出改进建议。

本书遵循“背景探析—理论构思—实证检验—效果验证—思考提升”的研究思路，综合运用理论研究法、网络分析法、访谈研究法、调查研究法和个案研究法对案例教学模式的必要性、合理性、有效性进行了系统、科学的研究。

第一章说明问题的缘由、理论意义和实践意义以及本书的研究方法和创新点。

第二章综述案例教学的起源与发展、管理案例、案例教学法核心概念的界定、案例教学法的功能意义及对管理学科尤其是工商管理硕士教育的适用度，并通过文献梳理总结案例教学在国内发展的困境及目前国内案例教学模式的研究走向。

第三章是建构主义理论基础，从建构主义学习理论出发，分析建构主义学习迁移观的核心要素和内涵，并对基于建构主义理论的几大经典教学模式进行剖析，以形成整合式案例教学模式的理论基础。

第四章是通过理论研究构建整合式 MBA 案例教学的模型，并对案例教学源头案例开发进行分析，选取大连理工大学案例库历年入库的百优案例，发现国内本土案例开发的现状和问题；同时采取专家访谈的方法了解案例实施应用现状，总结工商管理案例教学现阶段所存在的问题和进一步发挥案例教学在工商管理教学中应用效果的措施和建议。

第五章是以访谈得出的结论假设为基础形成学生问卷的四个维度，通过对各个年级 MBA 学生问卷实证调研的方法对假设进行检验，进一步探讨该模型的科学性和存在的不足。

第六章是选取 H 大学案例教学模式的实际应用作为典型案例进行研究，以期通过对 H 大学的教学实践的剖析验证本书所提出的案例教学模式的实际应用价值，并提出实施改进建议。

第七章是基于上述理论、实证研究及案例观察，针对性地提出建议。

技术路线示意图见图 1—1。

三、特色与创新

本书的特色与创新主要表现在以下三个方面：

第一，目前国内外对如何提升案例教学的效果已经有一些基本的做法和建议，但缺乏系统化的梳理和总结，并且大多基于现象谈解决，缺乏实践操作的经验和感悟。本书通过国际比较及对国内案例教学实践的深入了解，首次系统梳理国内案例教学的发展现状和典型问题，并分析其在实施中的典型和创新做法。信息量大、可信度高且有实证的基础，有助于客观地分析国内 MBA 教育案例教学实施现状及提出可行性措施。

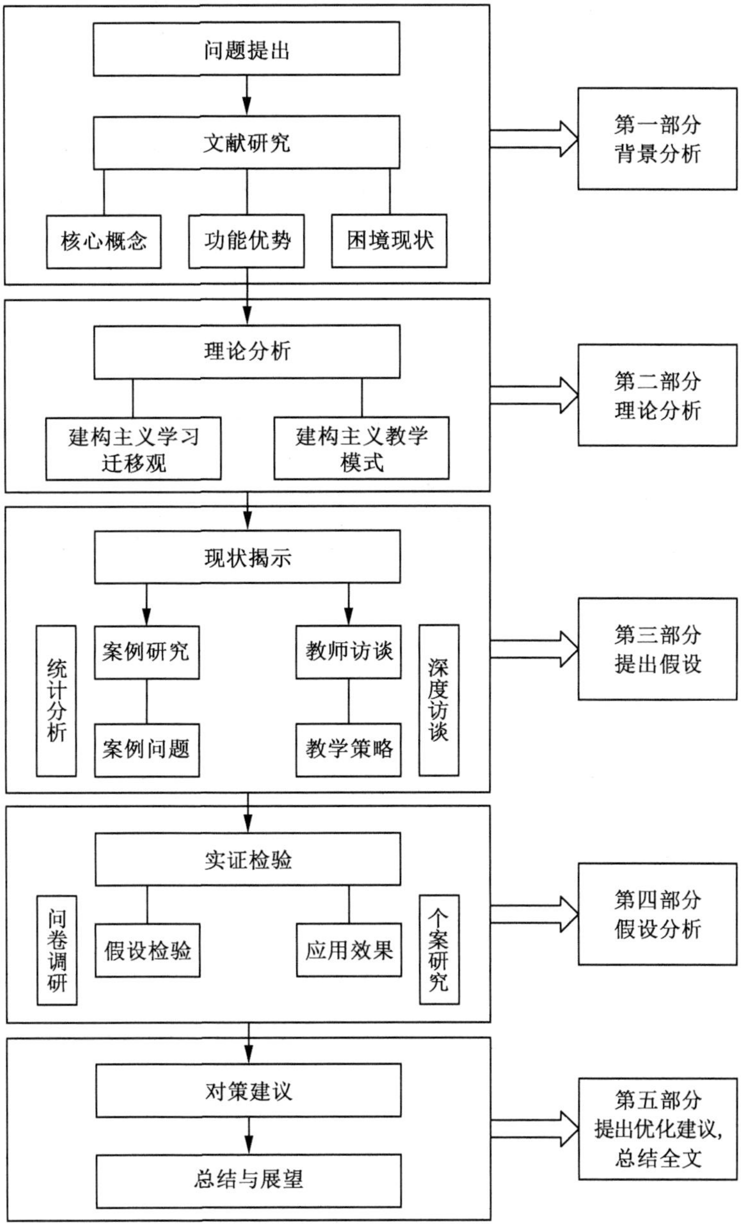
问题提出
文献研究
核心概念
功能优势
困境现状
第一部分
背景分析
理论分析
建构主义学习迁移观
建构主义教学模式
第二部分
理论分析
现状揭示
统计分析
案例研究
案例问题
教师访谈
教学策略
深度访谈
第三部分
提出假设
实证检验
问卷调研
假设检验
应用效果
个案研究
第四部分
假设分析
对策建议
总结与展望
第五部分
提出优化建议，
总结全文

图 1—1　技术路线图

第二，国内关于如何有效开展案例教学的研究较多，但大多偏重策略，极少关注案例教学生态的全局，而将案例教学开发、教学、行动、评价作为一体化系统研究的则更为罕见。本书首次提出构建一个融案例开发—教学—行动—评价为一体的整合式 MBA 案例教学模式，从建构主义学习迁移理论等相关教育学和心理学视角进行理论构建和模型设计，提高模式构建的理论支撑度和可信度。

第三，工商管理专业学位人才培养关注整体教学行动与职业行为的整合，在此基础上对案例教学环节进行考察，不能仅关注技能训练的程度，而是需要多视角考察并结合理论与实践，构建一个完整的系统和模式，将案例教学视为一种教学思想并融入更广泛的教学领域中。本书通过创建整合式 MBA 案例教学模式并以 H 大学的应用研究进行现实的观照，有助于更好地了解模式在现实中的功能和应用效果，从而为工商管理学科有效实施案例教学提供有价值的参考。

第二章　文献综述

第一节　关于案例教学核心概念的界定

一、案例教学的诞生与发展

（一）案例教学的起源与发展

案例教学的思想最早来源于西方，是古希腊哲学家、教育学家苏格拉底首创，所以又称“苏格拉底式教学法”即教学辩证法。而真正将案例教学作为教学方法引入课堂教学并进行系统规划的则是哈佛大学商学院。案例教学随之成为哈佛大学商学院为人所称道的有特色的教学模式和宝贵的教学财富，也被普遍认为是工商管理教育的标杆。19 世纪八九十年代，哈佛大学法学院院长兰德尔（Langdell）率先将案例引入法学教育中，在课堂上采用案例对学生进行职业训练；在 19 世纪 90 年代，哈佛大学医学院开始使用案例教学方法。其后，在法律和医学教育领域卓有成效的案例教学法逐渐衍生到商科教育。1908 年，哈佛大学商学院成立的时候，院长盖伊（Gay）提出在传统授课方式之外可以鼓励学生讨论，这是管理教育领域案例教学法的思想萌芽。1909—1919 年，哈佛大学商学院鼓励和邀请工商界管理者走进商学院的课堂、呈现他们在企业实践中所碰到的问题和挑战、分享企业采取的决策与面临的难题，随后让学生在课堂上加以讨论并给出自己的分析和建议，从而促进教学目标的实现。哈佛大学商学院推出的"问题"式教学法，一般被认为是案例式教学的前身。哈佛大学商学院 1920 年成立了案例开发中心，次年科普兰德博士(Dr. Copeland)在新院长华力思 · B. 唐翰(Wallace B. Donham)的支持下出版了第一本案例写作书籍，这标志着案例教学法被正式引入管理教育领域并开始得到大力推行。在哈佛大学商学院不遗余力的努力下，到 20 世纪 40 年代，哈佛大学商学院开始有了粗具规模的包含案例选题、搜集、采编、应用、建档、储存、注册、审批、更新、发行、经销、版权保护等方方面面较为完整的管理案例系统。① 在此期间，为了推动案例教学的开展和加强学员之间的互动讨论，哈佛大学商学院投入巨资，建造特殊的圆形教室，推动学员在"实战性"和"拟真性"的决策环境下进行专业训练。② 而且哈佛大学商学院将案例教学法普遍应用于大多数管理课程的教学中，在一些高年级综合性管理课程中甚至采取全案例教学。在哈佛大学商学院求学期间，每位哈佛大学的学员从入学到毕业都会分到 500－700 个案例。哈佛大学每年也提供大量的资金支持教师们进行案例调查与编写。

但是，案例教学法在哈佛大学商学院之外的推广一直不是很顺利。直到 20 世纪 60 年代，在福特基金会的资助下，哈佛大学商学院持续举办了 11 期 8 周制的案例教学暑期研讨班，共邀请了管理学院的二十几位资深教授和院长参加该研讨班。该研讨班就案例教学的特点、意义与有效性达成了初步的共识，为案例教学的推广提供了有力的支持。与此同时，哈佛大学为给全美各个院校提供方便，在丰富案例供应源的同时创建了校际案例交流所。③ 尽管美国教育管理学界对案例教学至今仍存在不同的看法，但在哈佛大学商学院的大力推动下，哈佛大学的案例教学模式逐渐在美国乃至全世界得到普及和推广。在案例教学法被普遍应用到大多数管理课程的教学后，管理案例教学形式也更为灵活多样，越来越多的国家开始在管理教学中应用案例教学法，案例教学法获得了社会广泛的认

---

① 傅永刚，王淑娟. 管理教育中的案例教学法. 第 2 版[M]. 大连理工大学出版社，2014：9.

② 刘旭. 中国与美日 MBA 学位教育适用性的比较研究[D]. 重庆大学，2009(6)：46－49.

③ 朱方伟，孙秀霞，宋昊阳. 管理案例采编[M]. 科学出版社，2014：44－45.

可和赞誉。例如，在 1922 年，加拿大西安大略大学（University of Western Ontario）开始实施具有加拿大特色的哈佛大学案例课程项目。该校已有多年案例教学法实践课程经验，在学校不断的更新和努力下，其下设的毅伟商学院被打造成为世界上第二大案例开发基地。

案例教学法在各个专业教育领域的广泛应用是在 20 世纪 60 年代以后。在美国，案例教学法随处可见，如有以教学为重点的社区学院，还有以学术研究为主的常青藤大学。案例教学法应用的学科领域也相当广泛，除法学教育、企业管理外，还包括师资培养、公共行政、医学教育、社会工作、政治、新闻、艺术、临床心理学、建筑、工程等学科。20 世纪 50 年代，案例教学法走出美国，被加拿大、英国、德国、意大利、法国、日本以及东南亚国家引进。1984 年，一个由教授、决策者、研究者、专业人员及公司经理人等组成的、横跨世界 50 多个国家或地区的全球性组织——“世界案例教学法研究与应用学会”在美国成立，标志着案例教学法的发展已趋于成熟。

迄今为止，哈佛大学商学院一直是公认的全球管理教育案例教学的领跑者和标杆，拥有世界上最大的管理案例库，致力于在全世界范围内推广案例教学法。2004 年起，哈佛大学商学院投入大量的资金开展 PCMPCL（Program on Case Method and Participant-Centered Learning）项目，面向亚洲名牌大学商学院输送哈佛式案例开发体系和案例教学模式。该项目作为哈佛大学商学院案例教育国际化战略的重要组成部分，目前为止已举办了 8 届，每届均采取在美国本土和亚洲分阶段展开的模式，共在亚洲名牌大学商学院培养大约 500 名资深教师。

（二）中国案例教学的起步和发展

中国管理教育领域引入案例教学法相对较晚。随着中国改革开放的实施，中美两国加强了在各个领域的合作。1980 年，美国商务部与中国教育部、经委、科委举办企业管理干部培训班，并将大连理工大学列为中美合作现代管理培训项目执行基地，即“中国工业科技管理大连培训中心（简称培训中心）”。此项合作一直到 1991 年末共持续了 12 年。1984 年到 1991 年间，培训中心与美国布法罗纽约州立大学合作 8 年，举办了 5 期正规 3 年制工商管理硕士班，培训了 200 余名中国第一批 MBA，对中国管理教育与企业界现代管理知识的启蒙起了重大作用。该中心成立后，中美双方教师组成案例开发小组到北京、上海、沈阳、大连四个城市二十多个企业采编了首批 83 篇教学案例，并编写了《案例教学法简介》一书。该书除阐明案例教学的意义、概念、作用、方法外，还附有示范性的案例多篇，这是我国第一本具有此类性质与功能的书籍。同期，美国教授先后带来数百篇案例，覆盖工商管理所有学科。培训中心从 1984 年开始编印综合性及专科性案例集，被视为中国管理案例和案例教学法的开端。

在案例教学法引入和发展的过程中，余凯成教授起到了至关重要的作用，他也被誉为“中国案例之父”。1984 年，余凯成教授访美学习，关注案例教学并细致考察了哈佛大学等案例教学的情况，回国后开始对教师进行培训，在培训中心担任教务长，直接参与并组织了多项中美合作的管理培训项目以及管理案例的采编和开发工作，并在 1984 年为欧共体北京 MBA 班入学考试编写案例“新厂长天力耕”。该案例被美国哥伦比亚大学著名教授、诺贝尔经济学奖得主 W. R. 纽曼收入他的《战略学》一书，成为首次被美国教材收入自编的中国企业案例。

1986 年，在国家经委的支持下，大连培训中心首次举办了为期两周的案例培训班，其中应用的案例教学方法引起参加者的极大兴趣。同年底，国内第一个专门的案例学术团体——“管理案例研究会”成立。次年，首个案例研究刊物《管理案例教学研究》开办。余凯成教授任会长和刊物主编，主持和出版多部有关案例教学法的译著与专著。1984 年，世界银行经济发展学院美国专家 L. E. 林恩博士在《政策分析与管理学报》第三期上发表的《借助案例法改革中国经济》一文，高度赞扬了余凯成教授在推动中国案例教学方面所做的巨大贡献。自 20 世纪 80 年代起至今，除内部期刊《管理案例研究》外，大连理工大学还主编发行了 20 余本 300 多万字的专辑《管理案例研究》。该专辑是最早开发的中国企业案例专辑，全面介绍和推广案例教学法，使案例教学开始被我国工商管理教育领域所认识和应用。

1997 年，工商管理硕士教学指导委员会正式提出在当时 56 所 MBA 培养院校推广案例教学。清华大学经济管理学院和大连理工大学管理学院首先举办研习班，面向全国开展“案例教学法”的培训学习。1998 年，清华大学、北京大学两所高校率先投入数百万元建设工商管理案例库。同期，哈佛大学商学院、加拿大西安大略大学毅伟商学院等国外著名商学院也开始向中国输出案例教学法及各类案例资源。随着 MBA 教育的快速发展，MBA 教学指导委员会逐渐加大对案例教学推广的力度，大连理工大学管理学院每年面向全国 MBA 培养院校就“案例教学法”进行师资培训；哈佛大学商学院也面向亚洲各大知名商学院开展 PCMPCL 项目（案例方法和以参与者为中心的学习项目）并投入大量的资金，其中，中国有包括清华大学、北京大学、大连理工大学等 10 所大学商学院的教师参加。①

20 世纪 90 年代以来，随着中国的工商管理教育尤其是 MBA 教育的蓬勃发展，加之以哈佛大学商学院为代表的欧美商学院对中国管理教育市场的培育开发，案例教学法在我国管理学教育领域快速发展，国内一度掀起了案例开发热潮。20 世纪 90 年代初期，在余凯成教授的主持下，大连理工大学建成了我国最早也是收藏量最大的案例库。该案例库收集了编译成中文的外国案例和少部分的中国企业案例。在此之后，国内各大高校开始意识到案例库建设的重要性，并且陆续建立案例研究中心，推进国内案例库的建设。90 年代开始，国内逐渐接受案例教学作为管理教育中培养分析能力和综合领导技能全面和实用的方式。中国教育部非常重视和支持案例教学法并期望其成为国内商学院优选的教学方法。1997 年，中国首次正式启动案例开发与教学资助。北京大学光华管理学院在教研主任和 5 名研究助理的筹备下，获准设立“中国企业案例库项目”。该项目在光华学院院长的组织下开展常规工作并邀请了诸如联想、海尔、

① 朱方伟，孙秀霞，宋昊阳. 管理案例采编[M]. 科学出版社，2014：31.

TCL 等国内大企业 CEO，成立项目顾问委员会，教师和企业因此有了接触的机会。该项目起初以管理科学、人力资源管理、财务管理、技术与营运管理、营销与销售、企业环境等课程案例的开发为主。至 2005 年，该项目已经开发出 1 000 多个中国案例并用于企业培训和管理课堂教学。①

目前，国内已有北京大学管理案例研究中心、清华大学经济管理学院案例中心、中欧国际工商学院案例研究中心等颇具规模、功能完备的案例研究中心。2007 年，在全国 MBA 教育指导委员会的支持下，中国管理案例共享中心正式在大连理工大学管理学院设立了工作机构。中国管理案例共享中心秉承"统一规范、分散建设、共同参与、资源共享"的宗旨，推动和提高中国管理案例教学与研究水平并实现院校间师资、学术成果、案例资源和国际合作资源的共享，在很大程度上推进了案例教学法在我国教育领域的迅速普及。不过，对于大多数国内学者而言，管理案例和案例教学依然是一个新生事物，对其概念、理论与实践方面有深入研究的必要。在此背景下，系统地探讨什么是案例及管理案例的特征等话题就显得格外重要。

二、案例与案例教学法的定义和特征

（一）案例的定义和特征

关于什么是"案例"，迄今为止国内外尚无一个权威、被普遍接受、完整而严格的定义，这一概念也很难找出准确的来源。"案例"是从英文的"case"（中文可译为"情况、事实、案件、事例"等意思）一词翻译过来的。案例一般也称个案、个例、事例、实例、事实、范例或例子等，其中，港台地区一般称个案较多，而大陆地区则通称案例。案例广义上包含病例、判例、战例、教学案例等多种形式，本书锁定的是管理学中使用的教学案例。根据对国内外各类文献的梳理，从管理教育的角度出发，管理案例可以如下定义：为明确教学目的，围绕一定的管理问题，对某一真实的管理情景

---

① 刘旭. 中国与美日 MBA 学位教育适用性的比较研究[D]. 重庆大学，2009(6)：46—49.

所做的客观描述，即采用文字、声像等媒介采编撰写形成的一段或者一个真实的管理情景(或个案)。①

此外，根据对管理案例的定义并结合国内外从事案例教学与编写的学者、专家的观点，综合分析归纳起来，案例包含以下几个基本特征：

1. 真实性

毅伟商学院提出，案例是对实际情况的描述，通常包含一个组织中某个人或某些人遇到的挑战、机遇、问题或者争论等。② 我国管理案例专家余凯成教授支持毅伟商学院对案例真实性的理解，认为，一方面，案例应该是写实的，是对确已发生过的事实的记录；另一方面，案例应该是对事实的白描，不应带有编写者的分析与评论。同时他指出："管理案例介绍的对象往往是一个组织中的人员、行动、事件、背景与环境，通过对事实、对话的描述以及采用数据与图表等形式表达出来的。"以上观点，说明案例不同于可以虚构情节和具有虚拟效果的故事或者小说。案例的内容和素材须基于客观、真实的管理事件，描述企业实践过程中事件发生、发展的动态历程，围绕企业真实的管理事件和情境展开。为了更好地贴合教学的实际需要，案例编纂者一般会对管理事实进行改编，使最终的案例能更好地结合真实性和模拟性，大大缩短了实际生活与情境间的距离，让学生更好地通过案例接近真实的场景并进行分析和总结。③ 案例在用于课堂教学与讨论之前须经过案例中提到的企业的许可，因为教学需要取得使用该案例的权利。在编写案例时，由于保密需要，作者可能会对案例中的数据和名称进行适当的遮掩，也可能会由于案例编写需求而对采集到的原始资料进行必要的取舍，但是不会夸大事实和对企业资料进行篡改。

2. 典型性、针对性、完整性、问题性和开放性

(1)典型性。根据傅小悌的观点，案例应是对某一实践领域问题的集

---

① 傅永刚，王淑娟. 管理教育中的案例教学法. 第2版[M]. 大连理工大学出版社，2014：42－45.

② 朱方伟，孙秀霞，宋昊阳. 管理案例采编[M]. 科学出版社，2014：23－24.

③ 曹正文. 把握案例教学的几个关键点[J]. 太原大学教育学院学报，2008(6)：46－49.

中反应，同时又融汇了各种知识成分，是学科知识点交叉的“密集区”。案例所围绕的企业应该具有典型性，可以代表某一类现象或事物的本质属性，概括和辐射许多理论知识，涵盖学生在未来实践中经常遇到的一些问题，即案例教学不仅教会学生理解相关的基本理论与方法，而且也教会学生运用这些理论和方法解决实际问题。[①] 优秀的教学案例一般都具有一定的代表性，能反映某一类现象或事物的本质属性，且能让学生通过学习把握类似的情况。

(2)针对性。分析案例的目的是传授给学生未知的知识以及培养学生特定的能力。因此教师在编写案例时便要精心设计该案例适用的具体课程及相关部分章节，并明确通过案例让学生掌握的理论工具和管理知识。这一点对于实现案例教学的功能和目标十分关键。如果案例编写者不能准确把握住这一点，就非常容易犯一个共通性的错误，即“这是个有趣的案例，但目的是什么呢?”因此案例的选取要对应教学目的，凸显所授课程的重点和难点，使学生通过案例讨论加深对所学课程的主要问题的理解，从而提高他们分析和解决问题的能力。

(3)完整性。案例在叙述过程中要把事件置于一定的时空框架之中并反映事件发生的背景；要有从事件的开始到结束有比较完整的情节，不应只是对事件进行片面的、孤立的、静态的描述，从而让学生身临其境地感受整个事件的进程。案例的选取要有学科结构性和对学科内容的统摄性，体现本学科的基本内容，包括基本理论、概念、规律和方法，促进学生对基本内容的接受和运用。

(4)问题性。只有包含了问题矛盾和对立冲突的事件才有可能构成真正意义上的案例，即案例的事件中须包含疑难问题，而“白开水式”的事件很难构成矛盾冲突，自然无法成为案例。能成为案例的是那些蕴含着某些值得参考和借鉴的经验教训，或者提供给人们分析研究的问题，并且可以揭示事物发展变化的规律，以及引起人们思想共鸣的事件或现象。

---

① 傅小悌.案例教学的运作与原理[J].浙江师范大学学报(社会科学版)，1997(4)：100—103.

任何一个案例都应该为教学服务，可以被应用于课堂、能够被分析，进而有助于提升学生的理论水平和培养其解决实际问题的能力。为了让学生们能够站在某个决策者的立场上思考，案例必须将管理情境中的各种决策或面临着决策的管理人员涵盖其中。通过对管理问题发展情境的详尽描述，学生们可以设身处地地进入角色，发现问题，提出和比较方案并予以解决。

(5)开放性。案例一般存在从不同视角来分析、研究、决策和解决的可能，即案例是一个开放的体系，会形成观点的多元化，不设置通常意义上的“标准答案”，可以调动学习者参与案例剖析诊断的积极性。

案例除上述几个基本特征外，还有其他特点：(1)普适性。案例所产生的问题选择在同类问题中具有代表性，并且其解决方案可供学习、警示、告诫、效仿及推广。(2)现实性。好的案例通常是对现实经济社会生活有影响的难点、热点以及值得人们关注的新情况和新问题的反映；案例反映的问题要具有较高的利用价值和可进行学术性研究，即可供学术研究之用。案例有别于寓言、小说、剧本、故事等，它本身的特点赋予其独特的教学功能。(3)可接受性。案例无论从内容结构还是从表达方式而言，其难易程度都应该符合学生的专业水平知识、年龄认知风格等职业背景特征。案例理论含量不可过多，内容需简单易懂，否则就达不到通过案例学习相关知识、启发思维和培养实际能力的目的。案例内容的过度复杂会超越学生的可接受范围，容易引发畏难情绪，不能激发学生的兴趣，会导致教学活动失败。(4)时代性。从案例库中选用的案例必须要有时效性，能体现当代企业发展的特性并符合学生的实际，多选用和收集可以及时反映实践中出现的有关热点、难点的新问题，避免滥用。①

可以说，管理案例往往是值得阅读和思考的、来源于真实事件的管理故事。从故事性的角度来说，好的管理案例应达到如下标准：一是进入“角色”，即好的案例可以让学习者进入该案例所述事件决策者的角色，学

---

① 朱方伟，孙秀霞，宋昊阳. 管理案例采编[M]. 科学出版社，2014:56.

习者可以设身处地地思考企业决策者所面临的管理问题。二是融入“现场”。好的案例会利用案例的描述性写法展示特定的管理情景，给学习者一种身临其境的体会，进而让他们思考和分析案例中所具有的问题。三是面临“问题”。好的案例一般是让企业所需要解决的管理问题凸显出来，让学习者面临现实的管理问题时能够进行分析和决策。①

(二)案例与实例、范例和举例的区别

在实际的管理教育中，由于学科差异非常明显，很多教师会将案例与实例、范例、举例等混淆，因此，对其进行比较和区别具有实际价值。

1. 案例与实例

案例和实例既有联系也有差别。案例是用于教学的实例，但实例并不一定是案例。案例服务于特定的教学目的，一般具备特定的文体和书写规范，也蕴含了特定的教学理论。一般从媒体上摘录的与管理现实相关的报道或文章，虽然也与企业管理问题相关，但严格意义上并不适用于案例教学。它们可以作为补充教学的媒介之一，但与真正意义上的教学案例有显著区别，教学效果也会有较大差异。

2. 案例与范例

案例也不等同于范例，范例是已经解决了的问题，往往是教学中介绍的有关处理某问题的经验或者从已发生的某事件中得出的教训。从管理教育的目标来看，案例教学是要求学生通过分析和比较各项解决方案的优劣，诊断问题并进行决策的。问题待解决式的案例仿真模拟了管理问题决策解决的全过程，其在能力培养上远远超越了现有的案例。

不过，在实际教学应用中，两者之间的界限也很难划清，某种混合型的形式也较为常见，如先描述一个问题解决的全过程，然后由学生思考和解决新出现的或后遗问题。

由此可见，把管理教学用案例与法学教育中的判例、医学教育中的病

① 傅永刚，王淑娟. 管理教育中的案例教学法. 第 2 版[M]. 大连理工大学出版社，2014：10.

例和军事教育中的战例划为一类是欠妥的。因为判例、病例、战例都包括判断罪行、治疗疾病或战胜敌人的全过程，也是“解决问题”。不过它们是经验的介绍，是事实的传授或范例，不像管理案例那样要求学生自己处理和锻炼他们的实际管理能力。

3. 案例与举例

经验(教训)介绍类型的实例或范例也应属案例的分支，但课堂讲授时教师所举的小例子严格来说不能算作案例，如某公司在广告宣传中创造了哪种小诀窍、某厂在质量管理上采用过哪种新措施。这些例子虽然来自管理实践或者来自第二手管理资料，但是它们在特征和内涵上并不能达到管理案例所要求的标准。否认这些例子是案例，并不是贬低它们的作用，因为它们在传统上就是课堂系统讲授中一种行之有效而不可或缺的手段。

总之，管理案例在特征和内涵上都有其独特要求。从广义上讲，可以把范例、实例、举例等都归于案例，但是要明确它们不是管理案例的主干，而是一些特殊的旁支。范例、实例、举例等有其教学功能上的重要作用，但是在本质上与管理案例所依托的案例教学法还是存在很大的区别。我们更愿意看到各类教学工具和载体都发挥出其应有的作用，各司其职，相得益彰。①

(三)案例教学法的定义和特征

案例教学法在学术界尚未有标准的定义或结论。通过中国知识基础设施工程(China National Knowledge Infrastructure，CNKI)学术定义的搜索，案例教学法有以下几个典型的定义：案例教学法是指教师根据教学目标的需要，采用案例讲解并组织学生对案例进行研讨，通过教师的引导，让学生从实际案例中理解、学习和掌握一般管理规律、方法、原则及操作实验，从而可以将实践技能和理论知识结合的一种教学方法。

---

① 傅永刚，王淑娟. 管理教育中的案例教学法. 第 2 版[M]. 大连理工大学出版社，2014：42—45.

案例教学法指在教师的精心策划和指导下，根据实际教学内容和教学目的需要，运用典型案例将学生带入特定的企业管理事件的现场，学生对案例中的问题进行深入分析，以此提高学生分析和解决实际问题的能力的一种教学方法。

案例教学法是指以真实的企业管理事件为基础撰写的案例进行课堂教学的过程，让学生对案例进行分析、交流及讨论，充分表达自己对该问题的见解，以达到高层次的认知的学习启发式教学法。

案例教学法是指通过一组案例（具体事件）提供高度、真实的情境，让学生通过尝试，在分析具体的企业问题时能够独立地判断和决策，以培养学生运用所学管理类的基础理论来解决实际问题的一种理论与实践相结合的教学方法。

根据以上定义，案例教学法的含义总结如下：案例教学法是指在授课教师的精心策划和指导下，为达到指定的教学目标，采用典型案例作为教学素材，让学习者处于特定的企业管理的真实情境中，通过师生和生生的双向或多向互动，调动学生的积极性，让每个学生参与其中，积极讨论并发表自己的意见和观点，以提高学生发现、分析和解决实际问题的能力，同时培养学生的团队协作精神以及沟通和创新能力的一种开放式教学方法。①

由此引入案例教学的概念就更容易理解，对于什么是案例教学，比较有代表性的提法有以下几类：章友达认为案例教学是一种“以实证的描述引入情境，引起分析、推断、演绎、归纳和解决实际问题的方法，具有真实性、典型性、实战性和针对性。很多观念认为它不仅仅是一种教学方法，更是一种教育思想和观念的更新。它的实质是学科课堂教师中师生合作研究性学习的一种方式”。② 傅永刚认为案例教学是“教育工作者通过精

① 孙春岭. 讲好故事、做好案例——案例开发方法、工具及应用指导[M]. 电子工业出版社，2017：26.

② 章友达. MBA教育是一种硕士研究生层次的职业教育[J]. 闽江职业大学学报，2000(2)：7－9.

心选取的典型案例来说理，模拟再现仿真的情境，使学习者在特定的环境和氛围里充分感受实际工作中面临的问题并掌握其内在的理论，运用这种理论自主地分析案例并拟定解决问题的方案”。① 持同样观点的较典型的还有曾莉，她认为案例教学是“以过去或现在已发生或正在发生的问题的讨论为核心，通过仿真环境的创设使学生学习在动态复杂的环境中利用理论创造性解决实际问题”②。他们的核心观点都表明案例教学是通过理论与实践有机结合的互动式教学的特质来加深学生对原有概念的理解和锻炼学生理论联系实际的能力。这一核心观点基本上是所有学者对案例教学本质内涵的一种普遍性认知。除此之外，在案例教学的必备条件和自身功能上，相关专家也有一些共同的见解。张新平认为案例教学须通过案例的基本素材将学习者引入特定的真实情境中，通过“师生、生生之间的双向和多向互动，积极参与，平等对话和研讨，促使学习者充分理解管理之复杂性、多变性、多样性等属性”③。王国元认为，案例教学作为管理教学的重要方式，可以使学习者“低成本、高效率、零风险地完成知识与能力、理论与实践的转换，并训练观点阐述、立场表达、协调合作、妥协折中、说服他人、灵活应变、临场发挥等管理能力”④。蒋宁认为，案例教学是运用媒介（书面、语言、音像等）手段将客观、真实的企业实况或特定管理情景引入课堂，“让学生作为某种角色进入特定的管理情景和管理过程中，通过对案例进行分析阅读和群体讨论，建立真实的感受和寻求解决实际问题的方案”⑤。刘旭认为，案例教学取材于企业的真实事件，经过“师生间的互动讨论，探求企业行为与决策背后的缘由及发掘企业潜

---

① 傅永刚，王淑娟. 管理教育中的案例教学法. 第2版[M]. 大连理工大学出版社，2014：42—45.

② 曾莉，韩之璐，聂静. 加强高校案例教学　促进教学方法改革[J]. 四川理工学院学报(社会科学版)，2007(S1)：152—154.

③ 张新平. 论案例教学及其在教育管理学课程中的运用[J]. 课程·教材·教法，2002(10)：56—61.

④ 王国元.《组织行为学》的案例教学[J]. 成人高教学刊，2006(1)：50—52.

⑤ 蒋宁. 案例教学在工商管理专业教育中的应用[J]. 交通高教研究，2003(5)：66—70.

在的问题并努力提出解决方案”①。这些专家都在肯定案例教学取材于企业的真实现状并利用案例载体创设仿真教学情境来实现理论和实际对接的特质的基础上，强调了在此过程中师生和生生互动交流的重要性，认为群体性的对话和协商有助于学习者批判反思意识和提升团队合作能力，通过这样互动式的教学模式，帮助学习者面对今后相似情境中的陌生问题时能够快速、有效地提升决策和解决能力。

国内学者除对案例教学进行定义之外，也对其功能和特点进行了剖析。蒋宁认为案例教学的主要功能是“‘传知’‘悟道’‘培能’，即介绍具体的经验和丰富的背景知识并从中分析归纳出适合个人特点的分析程序与逻辑，此外，培养解决问题的能力、沟通能力、群体协调能力、综合决策能力”②。刘旭认为案例教学的功能具体体现在“提供了对企业环境的模拟，使学生有机会浏览和分析许多不同企业面临的问题。同时，案例教学法让学生通过讨论和辩论逐步获得如何将自己的意见传达给别人并使别人信服的方法”。同时，刘旭提炼出案例教学法的主要特点是“无唯一正确的答案、启智性研讨目的、学生研讨表现的过程性评价、问题解决导向和特定的实施步骤等”③。傅小悌认为案例教学是“把整体的课程知识分解成各个部分，并融合于具体的案例中呈现在学生面前，通过案例分析讨论来达成对原理、方法和态度的掌握”。案例教学的优点是“以具体反映整体，以特殊体现一般，以少见多”。因此，案例教学要“避免就事论事、以偏概全、以现象解释代替原理探索，防止体系完整的知识学习演变成零碎烦琐的事例学习，确保一定的理论深度和整体水平”④。

根据对几个典型的关于案例教学的定义的分析，可以明确发现案例教学是教师根据“教学目标和内容需要”，选取恰当的案例为载体，创设

① 刘旭. 中国与美日 MBA 学位教育适用性的比较研究[D]. 重庆大学，2009(6)：28.

② 蒋宁. 案例教学在工商管理专业教育中的应用[J]. 交通高教研究，2003(5)：66—70.

③ 刘旭. 中国与美日 MBA 学位教育适用性的比较研究[D]. 重庆大学，2009(6)：33.

④ 傅小悌. 案例教学的运作与原理[J]. 浙江师范大学学报(社会科学版)，1997(4)：100—103.

“实际情境”或“仿真环境”，通过调查阅读、分析思考、讨论交流等教学活动环节，培养学生分析和解决问题、理论与实践相结合等的综合能力。可以说，案例教学具有“针对性、模真性、典型性、自主性、交互性、问题性、实践性、开放性”等特征[①]，在教学目标、教学载体、教学方式、交流形态、师生关系、检验手段、标准答案、学习效果等方面与传统教学有较大的区别。案例教学是“讨论对话取向而非灌输独白取向，是集体合作取向而非个体单干取向，是批判反思取向而非结论教条取向的”[②]，所以说它是一种教学方式，但更是一种教育思想和观念的革新。

综上所述，每位研究者对案例教学法都有自己的定义，但是无论怎样表述，都包含了案例教学法所具有的三个主要特征：第一是启发思维式。传统的教学方式会有“满堂灌”“填鸭式”的特征。与之相比，案例教学法可以说是一种启发学生思维的教学方式。它让学生变被动接受为主动求学，也改变了教师唱“独角戏”的教学过程。学生通过教师的引导，发挥自身的主动性，在积极分析和讨论的过程中实现案例教学法的目标。第二是真实情景化。案例教学法是为学生提供真实的管理学习情景，用以培养学生的兴趣，激活思维潜能，让学生有深刻的情感体验，从而提高教学效果。第三是深度参与性。与传统的教学方式相比较，教师基本上是一个人讲，学生在课堂上只是听讲，几乎没有发言的机会。而在案例教学中，学生是课堂讨论的主角。学生通过对案例的分析、讨论甚至激辩，可以帮助他们理解案例蕴含的基本理论，并在参与分析讨论的过程中提高他们分析和解决问题的能力和水平。

综上，案例教学法是可以让学生发挥主动性和参与性的学习方法，体现了建构主义学习思路和人本主义教育观念，也符合“实践—学习—再实践”的认知规律，有助于学生在观念、知识、思维和能力等方面实现管理教

① 曹正文. 把握案例教学的几个关键点[J]. 太原大学教育学院学报，2008(6)：46—49.

② 张新平. 论案例教学及其在教育管理学课程中的应用[J]. 成人高教学刊，2002(10)：50—52.

育的目的。[①] 从狭义上来讲，案例教学主要是指教师使用事先写好的纸质案例，组织、引导学员讨论，以团体和小组讨论、角色扮演等方式来增进成员间的交流，引发学习者思考，并给予成员真实状况体验的一种教学方法。从广义上讲，案例教学是教师利用案例载体开展各种互动式教学的方法。

第二节 关于案例教学的功能研究

一、管理学科的特性和案例教学的适用度

针对管理学科的独特性和管理学教育目标的分析，案例教学的适用度得到了公认。“案例教学法往往适用于理论和实践相结合的学科教育，经过西方发达国家一些著名高校几十年的实践，已被证明是一种行之有效的教学方法”。[②] 董大海认为管理是一门实践性的学科，管理者需要考虑怎样将借鉴来的理论应用到企业的管理中去。要做到这一点，引入案例是非常重要的手段。首先，教师通过引入案例研究，把理论活化，这样才便于把理论讲透以及更好地让学生吸收。其次，对于一个研究管理理论的教师来说，他得出的一般性结论会因不同的情景、文化、企业规模性质而有所变化。理论需要活化且传达给学生，案例教学法是一个有效的手段。最后，一般的灌输式讲课方式很难达到提高学生分析问题和解决问题的能力的最终目的。知识不经过转化是不能成为力量的，而这个转化的过程就是要打碎原来的知识体系，重新组合，形成自己的观点。[③]

首先，从管理学科的性质来说，管理学科具有实践性的特点。管理学

---

① 傅永刚，王淑娟. 管理教育中的案例教学法. 第 2 版[M]. 大连理工大学出版社，2014：12—13.

② 侯广辉. 案例教学的全面质量管理方法初探[J]. 科技广场，2007(2)：126—127.

③ 俞明南，刘俊美，董大海. MBA 课程体系调整与管理思维的培养[J]. 学位与研究生教育，2005(2)：32—36.

科本质上并非理论学科而是实践学科，其中存在许多艺术与操作的成分。虽然任何一门学科都对实践性有一定的要求，但是管理学科对实践性的要求更为强烈、鲜明和突出。在管理学科中，没有实践检验的理论，再高深也没有价值。诚如管理学大师彼得·F. 德鲁克所说："归根到底，管理是一种实践，其本质不在于'知'而在于'行'，其验证不在于逻辑，而在于成果，其唯一权威就是成就。"[①]管理教育是一门实践科学，其任务和目的是让学生体验到怎么做，以及让学生发现问题、分析问题和解决问题。因此，专业课程阶段需看重案例教学的演练方式，让学生在学习时能够低成本、零风险、高效率地完成实践与理论的结合、知识与能力的转换。正如蒋宁所言，"有些管理实践能力的培养是离不开案例这种演练方式的，这正如同人们不可能通过阅读如何踢足球的书就能够踢好足球一样"[②]。季绍波提出"管理学院培养的对象是经理，而管理是一门实践性的学科。商学院应该像医学院培养医生一样重视实践环节。而商学院又与医学院不同，无法像医学院那样把病人搬进课堂，商学院是无法将企业搬进课堂的。对商学院来讲，与实践最接近的是案例"。

其次，管理学科具有综合性。管理学科的综合性具有两层意思：一方面，管理学科具有多职能、跨学科的特点。不管是对人的管理，还是对资金、对物、对信息的管理，都必须考虑其他学科、其他职能领域的要素才能完成。在管理过程中，同样的资源条件，采取不同的要素组合，产生的管理效果差别非常大。真正有效的管理往往是多种要素科学整合，在对多种资源系统分析之后才能实现的。另一方面，管理学科虽然本质上是一门学科，但其同时又是一门艺术。这是因为在管理过程中不仅要遵循市场、经济、产品生命周期等理性规律，还要考虑心理因素、感情因素、文化因素的影响。因此，管理不能单凭定量性或者技术性等手段和方法，还得在一定程度上依靠定性的、经验性的判断甚至直觉。从这个意义上讲，管理学科既有自然科学成分又有社会科学成分，是一门很有特点的综合性

① 德鲁克. 21世纪的管理挑战[J]. 全国新书目，2000(7)：82.

② 蒋宁. 案例教学在工商管理专业教育中的应用[J]. 交通高教研究，2003(5)：66—70.

学科。

最后，管理学科具有权变性。权变是指没有一定之规，一切管理都要因地、因人、因时、因情况而制宜。在管理学科中，我们强调基于科学规律的方法才是恰当、有效的解决方法。但是在管理实践中，管理者特别是高层管理者，所面临的环境、所应付的对象实在太复杂多变，不可能有什么简单的、可适用于一切的“灵丹妙药”，也不会有唯一正确的、最佳的答案和标准。我们所遇到的专业技术问题大多属于结构性问题，其因果关系相对确定，可以通过公式推算和设定程序加以解决。但是管理问题内在的逻辑关系往往复杂多变，缺乏结构性，其因果关系不确定，此时适用的原理和方法彼时就不再适用，此地有效的管理手段彼地则可能失灵，管理具有权变性即并不存在一种最好的管理模式和管理方法。

管理学科的这三个特点决定了我们不应该用常规的自然科学的教育模式来指导管理教育。与此同时，我们更要认识到，按照自然学科的教育模式不可能培养出有效的管理者。[①]

从管理学的教育目的和实施手段来说，管理学教育旨在培养时代所需要的具有较高素质、能掌握科学管理方法、高效地进行管理活动的职业管理人才。因此，发展管理教育的有效方法与模式应区别于一般的理论教育而重在实际操作能力。[②] 在知识管理理论中，知识分为隐性知识和显性知识。隐性知识是难以言传的，而是需要通过体会和实践才能得到的知识；显性知识则是可以通过语言文字等方式进行直接的传播和表达的。管理是学科和艺术的结合。知识是一个从隐性到显性的具有不同程度的连续体系。而案例教学法则正好促进隐性知识的转换和共享，所以很适合学习与传授隐性知识。

其次，管理学科在本质上是关于“人”的学科，而不是“物”的学科。德鲁克说过，“管理当局也是人。管理的每一个成就都是一个管理人员的成就，

---

① 傅永刚，王淑娟. 管理教育中的案例教学法. 第 2 版[M]. 大连理工大学出版社，2014：42－45.

② 张忠. 我国管理学案例教学存在的问题和对策[J]. 前沿，2006(12)：79－81.

每一次失败都是一个管理人员的失败。进行管理的是人，而不是各种'力量'或'事实'。管理人员的理想、献身精神和人格决定着管理是否成功"①。"管理是通过人来实现的。案例教学中阐述观点、表达立场、协调合作、团队意识、说服他人、妥协折中、临场发挥、灵机应变等都是对管理能力的训练。严格来说，这些案例教学的衍生产品本身就是案例教学直接的和主要的目的，而非可有可无的副产品，其效果在传统课堂上无法获取"②。

管理教育的目标具有综合性，可以通过四个维度来讨论：(1)建立管理观念。管理教育的首要任务是建立科学的管理观念，而不是传授知识。管理观念必须紧随管理实践并对管理实践具有足够的指导性。因此，管理者通过管理教育建立具有系统性、前瞻性、创新性的管理观念就成为管理教育的首要目标。(2)改变管理心智。心智模式是指每一个人理解与看待周围事物的思维方式和行为习惯。心智模式是由过去的经历、知识素养、习惯、价值观等形成的，很难改变。而管理者所面临的任务就是要在不断变化的环境中解决一系列复杂多样的管理问题。因此，管理教育的另外一个重要目标就是不断改善管理者的心智模式，使之适应管理工作的变化性和创新性。(3)获取管理知识。必要的管理知识和理论已成为现代管理者必须具备的根本条件。但是管理科学的知识结构很独特，它不是其他学科所常见的那种塔形的收敛式结构，即越往深钻，知识越专门化。随着管理层级的提升，对管理者知识面的要求会大大拓宽，不仅要懂专业技术，而且要对生产、计划、财务、市场、销售、人力资源等各方面都有所了解。因此，管理者要由专才变成通才，必须综合运用所学知识，掌握从全局出发分析和解决问题的能力。同时，管理知识的更新速度远远快于其他学科知识。因此，管理教育在获取管理知识这一目标上的最大困难是通过什么样的教学方法来保证管理知识获取的有效性和系统性。(4)提升管理能力。如果说其他学科的教育更侧重于培养学生的知识体系，那么管理教育的一个重要目标就是提升管理者的管理能力。因为管

---

① 德鲁克. 21 世纪的管理挑战[J]. 全国新书目，2000(7)：82.

② 王国元.《组织行为学》的案例教学[J]. 成人高教学刊，2006(1)：50－52.

理工作的性质决定着管理者必须在管理实践中解决问题，而不仅仅是用书面知识来分析问题。同时，管理能力的提升并不完全遵循“先学习理论知识，再用知识解决问题”的常规模式，而是需要更多地从实践中学习。早期管理教育普遍采用的系统讲授型的灌输性、结构式教学法在企业规模扩大、面临环境多变等新的经济发展条件下越来越捉襟见肘。随着“例外规则”的增多，原先通过的管理规则很难继续对管理实践发挥有效的指导作用。管理者需要不断积累实践经验，养成审时度势、权衡决策的管理能力。能力的养成非一朝一夕，需要深入企业长期蹲点，而且实践过程中出现的问题和情势复杂多变，获取多方管理情境下处理问题的经验需要投入大量的精力和时间成本。因此如何在教学方法上克服这些内在难点并达成系统性、全面性、发展性的教学效果，案例教学法便应运而生。教师将实践经历与大量来源于实际情况的材料形成管理情景展示给学生，让学生在校便可以接触并且了解到管理实践中存在的各类问题，低成本、高效率地对接学校教学和职场环境，弥补学生在实践中的不足之处。学生通过和学习团队高度投入事先编排好的一系列精心设计的案例场景，共享知识经验，在模拟的、假定的，但非常接近实践的、逼真的不同管理环境中多次操演锻炼，将知识转化为现实能力。

总之，管理教育的目标不仅是满足管理者的需求，更是满足社会进步和企业发展对管理人才提出的新要求。因此，发现并发展科学、有效的管理教育模式和教学方法就成为实现管理教育目标的重要前提和保障。随着世界经济的不断发展变化，各类组织对管理者的素质要求越来越高，管理教育也逐渐成为各国商学院或管理学院和企业界关注的焦点，而案例教学法则以其独特的优势得到管理教育界的推崇，并被认为是代表未来教育方向的成功教育模式。

二、MBA 教育培养目标及案例教学的独特优势

(一)MBA 教育培养目标

MBA 教育 1908 年始于哈佛大学，一般是指基于正规的工商管理学

院(或称商学院)体系开展的一种硕士层次的专业学位教育,其目的在于对受教育者进行工商管理方面知识与技能的训练,使其成为能满足现代工商企业管理需求的人才。从本质上看,不同于传统的以掌握某一学科专业纵深知识为目标的研究生学术性教育,MBA 教育是一种“高层次职业教育”,旨在培养工商企业以及政府等机构的经营管理人才。为了适应改革开放和社会主义现代化建设的需要,中国于 1991 年引入 MBA 教育并将 MBA 教育明确定位为一种“专业学位”,强调 MBA 教育的成果最终要投入管理实践之中,实现为社会输送专业的管理精英的预期目标。因此教学过程不能只关注理论传授,更应该注重学生的实践操作能力。从学科特性来说,作为管理学科中重要门类的工商管理教育,既具有某些自然学科的特征,又兼具典型的社会学科特点。这种内在的双重性质决定了其教学形式既应具有理论教学的内容,又应包括接近社会与企业真实管理情境的体验性教学形式。这也就意味着工商管理专业硕士研究生培养模式往往采用真实或模拟的企业运营情境,以教师的引导和支持为依托,以学生主导的合作交流为核心,以提高学生分析和解决实际问题的能力为目标,在课程中综合运用各类型情境的教学模式。这类教学模式往往具有高度的情境性,通过模拟或者创设真实情境让学生身处其中进行讨论并动手操作,以及在真实的任务导向情境空间中积极主动思考,产生立体式切身体验,从而最大限度地激发学生的积极性与创造性,达到知识和意义建构的目的。在此过程中,教师和学生是参与教学的双主体,教师时刻秉承以学生为中心的指导思想进行情境创设,引导思考和讨论;学生作为学习的中心在教师的帮助下融入情境,体会知识的内涵,进行自我感悟体验,完成外部知识的内化。通常这类教学模式一般由项目教学、案例教学、企业实践、管理者进课堂、模拟教学等构成,而这几种教学模式在操作方式、效果影响及适用性上也有所不同。

较之其他教学模式,案例教学具有较强的可操作性。首先,案例教学是学校与社会融通的有效方式,它可以面对几十位学习者开展教学,将企业模拟的情境以学校课堂的形式呈现,有一定的普适性。其次是素材选择和教学实施的便利性。教师可以根据教学目标和学生情况选取适切性的管理案例情境，不容易受时间、空间或其他客观条件的制约。在教学使用上，案例规范的撰写方法和使用说明可以提供一定的便利条件。再者是可推广性。案例教学一般具有课前、课中及课后几个标准化的环节，大多数经济管理类授课教师经过培训学习和训练模仿都可以掌握。案例教学相对结构化的特征使得其在实施中具有较强的可推广性。最后是经济性。案例教学虽然是传统意义上的"纸上谈兵"，但其最大限度地逼真再现了管理情境，是很经济有效的一种企业实践。学生可以大量学习案例并据此学会各种管理情境下问题处理的方式，为以后在现实生活中快速决策提供参照并打下坚实的基础。这些特质是案例教学具有持久生命力的魅力所在。MBA 的教学目标需要科学、合理的教学方法支撑，而案例教学法则是一种最重要的 MBA 教学方法。工商管理教育的专业特性和人才培养目标决定了案例教学是其专业化教育中不可替代的教学方法。"管理作为一门学科，既有科学的一面，也有艺术和经验的一面。同时，管理学科涉及的面很广，有管理理念、方法、技巧，还有商学院本身也设置了许多不同的学科如会计、金融、市场、人力资源管理、运作管理等。从理念和方法看，案例可能更适合管理理念方面的教学，而不太适合管理技能、方法的教学；从教学对象看，案例更适合 MBA 和职业经理的培训。对于没有任何基础和实践经验的人，案例就不太适合"。案例教学之所以普遍适用于 MBA 教学，一方面与管理知识的独特性有关，另一方面与案例教学的内涵及特质有关。MBA 教学是为了让学生在课堂中将理论与实践相结合并接受工商管理活动的基本训练，更贴合市场的需求。MBA 教育的目的在于为企业培养高素质的职业经理人，在学习中将理论与实践相结合，注重系统间环境的互动、科学与艺术的统一、理性与感性的兼顾、现实基础与长期发展的关系等，因此，为了让教学目标与社会需求接轨，要选择适合该教育的教学方法。案例教学是基于案例开展的体验式教学。案例是对一个真实管理情境的描述，学生在教师的指导下结合具体情境获取信息来解决问题，师生共同参与和讨论管理问题，以实现现实情境与教学的交融，提高学生对基础知识理论的理解和应用能力，提升学生解决实际问题的能力和相应的管理水平。可见，“案例教学在理论和实践的整合上优势突出，使学生在团队式学习中共享经验，拓宽知识广度，实现学生解决问题的愿望，有利于培养学生的自主学习能力和自主性思维习惯，也能够有效提高学生在管理决策和问题解决方面的能力”[①]。案例分析给未来实际的管理者们提供了有价值的实践模式，让他们边做边学，去分析和解决公司管理者所面临的实际问题。“由于诸多条件的限制，学生参与实践的机会并不多。即使有机会参与实践，但由于学生阅历少或知识面狭窄而难以全面把握所面临的环境，从而在处理相关信息、做出决策方面会比较困难，也就无法将理论正确地应用到实践中。而案例教学是一种模拟实践的教学方法，它可以将不同的活动场景展现在学生面前，从而让学生能够在未接触实践之前预先有一个锻炼，并且能够了解更多情况”[②]。“管理知识的独特性，案例教学在理论和实践整合上的优势以及案例教学所具有的增进学习者团队合作和对管理的复杂性功能的理解，决定了管理学课程必须实施案例教学”[③]。

除对案例教学在工商管理教育中适用度的理论和实践进行研究外，无论是国内还是国外，作为体验式的教学方法，案例教学在 MBA 教育中的全面性和实效性是国际公认的。开启管理案例教学先河的哈佛大学商学院将案例视为“通过现实经验培育独立思维的工具”，因此十分强调案例要包含企业管理实践中的“管理观点”，通过案例实现“知”与“行”的有效结合。[④] 哈佛大学商学院资深教授 Barnes 等认为，案例教学是最适合 MBA 学位教育的方法之一，对迅速提高 MBA 学生的能力和素质具有积极的促进作用。就如同哈佛校友会出版的《哈佛案例教学方法：艺术与技巧》一书所言“知识是可以讲授的，但智慧是不可言传的”。哈佛大学的高

---

① 许鑫. 上海 MBA 案例教学调研报告[R]. 上海市 MBA 教学指导委员会内部资料，2014.

② 侯广辉. 案例教学的全面质量管理方法初探[J]. 科技广场，2007(2)：126－127.

③ 张新平. 论案例教学及其在教育管理学课程中的运用[J]. 课程・教材・教法，2002(10)：56－61.

④ 朱方伟，孙秀霞，宋昊阳. 管理案例采编[M]. 科学出版社，2014：3－4.

强度案例教学使其 MBA 在学两年期间通过对 800 至 1 000 个案例的学习获得大量的工商企业实际决策经验，能有信心面对任何未来商业环境中的挑战。[①] 联合国教科文组织曾针对课堂讲授、案例教学等多种教学方法的作用向多国专家、学者征询意见，表明案例教学在提高分析能力方面位居第一，在知识传授、所学知识的留存力和学生接受度这三方面居于第二。[②] 傅永刚在一次实证研究中也发现：案例教学在“学习分析问题的思路”“提高解决问题的能力”“改善思考的方式”和“锻炼沟通能力”等方面的效果要大大优于传统讲授。[③]

而整个工商管理教育界也日益从以学科为中心进行分块教育，转为以学生为中心、以学科为基础、以案例为手段、以创新为灵魂的整体化知识教育，推崇和完善案例教学，着重培养学生的多向思维能力和综合运用多学科知识解决实际问题的能力。各类研究文献对案例在教学上的功能及案例教学的优点也有较为一致的评述，综合起来可以概括为如下几个方面：

第一是知识的传授。首先，案例作为一种教学素材，将所要讲授的理论概念穿插在整个故事情节中，以故事的形式蕴含丰富的知识点并逐渐让知识点浮出。这种知识传授的功能不仅仅局限于作者预先设定的知识框架，学生可以通过案例发现规律、总结经验乃至上升为一种理论观点，这对于管理理论的理解及现实工作的应用都有深刻的影响。其次，管理学的产生与发展来自实际生活，人们从企业和社会的发展中概括提炼出一套专业且广泛适用的科学方法和管理理论，并将其应用于生活中，在实践中不断地修正和更新，以期能够适应并解决不断出现的新的管理学问题。在案例教学过程中，这些管理理论的总结和更新都会通过师生之间、生生之间的探讨被学生们牢记。学生从案例分析与讨论中可以身临其境

---

① 刘旭.中国与美日 MBA 学位教育适用性的比较研究[D].重庆大学，2009(6)：46—49.

② 陈立群，常颖.对 MBA 案例教学“困境”的断想[J].学位与研究生教育，2003(8)：24—26.

③ 傅永刚，王淑娟.管理教育中的案例教学法.第 2 版[M].大连理工大学出版社，2014：42—45.

地思考某个组织某个人的职位与责任，参与到计划、组织、决策等工作中，感受并适应外部环境的变化。这个过程会加深学生对相关管理理论的理解。最后，案例本身及施教过程中的趣味性可以调动学生的积极性和提升参与度，使学生脱离对老师和对标准答案的依赖，在自主思考和互动交流中拓宽思路并有所创新，实现对知识更丰富、全面的认识。①

第二是学生能力的提升。案例教学具有培养学生知识结构实用化和能力结构实践化的有效功能。案例教学突出的特征是对现实问题的呈现，为学生提供相关背景资料并要求学生通过课前准备和课堂辩论提出解决问题的方案。这种策略方案不具有标准的答案，更具有开放性的特征。“学生的学习过程是在模拟的实践环境中进行的。学生扮演着决策者的角色并感受着困境的压力，必须认真、全面地分析形势、识别危险并作出决策。这个过程可以充分培养学生担当决策者的职业意识，不断强化职业自信心，有益于调动学生的主观能动性，发现分析问题和解决问题的实际能力，养成独立的团队协同创造性思维等。”②学生在案例学习过程中通常需要经历个人准备、小组讨论和班级讨论三个阶段，个人的分析能力、沟通能力、管理和交往能力与创新能力均能得到相应的锻炼和提升。具体提高的能力和途径如表2—1所示：

表2—1　　案例教学提高的能力和途径

项　目	所提高的能力	提高的途径
分析能力	具体分析能力	数据处理、问题识别、批判性思考
	综合分析能力	通过对所有环境因素的综合考虑以及相关知识点的掌握进行决策，制订解决方案
沟通能力	口头沟通能力	同学之间辩论的过程，表达自己的思想和观点
	书面沟通能力	有效地做笔记并且撰写案例分析报告
管理和交往能力	时间管理能力	个人准备期间的时间分配、小组讨论的时间安排
	人际交往能力	与小组成员和谐相处，解决分歧，达成共识

① 朱方伟，孙秀霞，宋昊阳. 管理案例采编[M]. 科学出版社，2014：3—4.

② 孙思忠，李金霞. 关于案例教学的哲学思考[J]. 山东行政学院山东省经济管理干部学院学报，2006(2)：105—107.

续表

项　目	所提高的能力	提高的途径
创新能力	思维创新能力	利用所学知识，根据具体情形，通过自己的理解和分析，构建逻辑思维，最终做出决策
	定义问题能力	根据案例所提供情景以及个人经验，定义所需解决问题的实质

第三是教师水平和课堂效果的提升。案例教学除了能有效提升学生的相关能力，也对教师的综合能力及课堂教学效果的提升大有裨益。在案例教学中，教师充当导演的角色，教师的努力程度和角色的有效扮演对教学效果的优劣有很大影响。在案例教学实施过程中，教师既要有深厚的理论知识和专业功底，也要具备丰富的实践经验，将理论与实践融会贯通，所以教师在案例教学的压力下需要对自己进行全方位的重塑。案例教学会促使教师自我加压，走出校园去接触管理实践，力求理论与实践的结合并将其融入课堂教学中。此外，案例教学有助于提高教师的课堂授课效果。案例教学将打造"单纯传知识"的"教学"环境转变为培养"素质和能力相结合"的"学习"环境，让每位学生都能直接参与案例的剖析和评价，既巩固了所学的理论知识，也有助于增强学生的实际工作能力，极大地提高了课堂教学效果。在案例教学过程中教师和学生共同参与案例讨论与学习，教师可以从学生的讨论与发言中获取直接、有效的信息，有助于改善其教学方式，提高案例教学效果。

第四是传统教学格局的重塑。传统教学方式是重理论、轻实务，重传授、轻参与的"结构式课堂教学"，学生所学知识和技能仅囿于书本和学校，学生一旦离开校园，迈上工作岗位，便感到捉襟见肘。案例教学则将以教师为中心的教学格局转变为以学生为中心，注重师生互动、实践训练和学生的自主发挥。教师不再是单向的"传道、授业、解惑"，学生也从"听讲者"转变为"参与者"，从"理论的接受者"转变为"实践的创造者"，从而更好地激发学生的创新精神，培养学生的创新能力。综上所述，案例教学并不仅仅是一种简单的教学方法和教学技巧，而是一场涉及从知识观、教学观、师生观到具体的课堂组织形式、教学手段的广泛变革。[①] 案例教学的出现和普及很大程度上冲击了以“教”为主的传统教学理念，最终实现学生由“学”到“知”。案例教学相较于传统课堂获得更为良好的课堂氛围和学习效果，有助于坚定教师对教学理念的转变。此外，案例教学还提供给学生不同于其他教学方式的学习方法，通过演绎归纳，教会学生如何有效学习并实现理论与实践的结合。这种经济而有效的教学方式为学生提供了认识与分析管理问题的机会，进而促成学生思维观念的更新和新的思维模式的构建。

（二）案例教学法的适用性及功能分析

除了在理论上探讨案例教学法的功能外，笔者认为还有必要采用比较研究的方法对案例教学法和其他教学法的效果进行比较和分析。联合国教科文组织曾对案例教学、课堂讲授、模拟练习、角色扮演等九种教学方法进行了比较研究，在分析能力培养、知识传授、人际交往等六个方面对多国专家做了广泛调研。据这份权威的国际调查的结论显示，案例教学在多个维度上取得的效果显著。在分析能力培养上，案例研究位列所有教学方法之首；在学生接受度、知识传授和知识留存力方面，案例研究位居第二；在人际交往和态度转变方面，案例研究位居第四（见表 2－2）。综合来说，案例研究的教学方法综合效果名列第一。由此可见，案例教学法在受教育者建立观念、完善心智、掌握知识、增长能力等方面的有效性得到国际公认，且有助于锻炼他们在面对多维复杂问题时对时间的管理能力。因此，案例教学法在提高管理者的能力素质、解决日常管理问题等方面有独特的、不可替代的作用。

---

① 张新平. 论案例教学及其在教育管理学课程中的运用[J]. 课程・教材・教法，2002(10)：56－61.

表 2—2　　几种管理教学法教学功能的比较

评测维度	知识传授		态度转变		分析能力培养		人际交往		学生接受度		知识留存力	
教学方法	分数均值	名次	分数均值	名次	分数均值	名次	分数均值	名次	分数均值	名次	分数均值	名次
案例教学	3.56	2	3.43	4	3.69	1	3.02	4	3.80	2	3.48	2
研讨会	3.33	3	3.54	3	3.26	4	3.21	3	4.16	1	3.32	5
课堂讲授	2.53	9	2.20	8	2.00	9	1.90	8	2.74	8	2.49	8
模拟练习	2.00	6	2.73	5	3.58	2	2.50	5	3.78	3	3.26	6
电影	3.16	4	2.50	6	2.24	7	2.19	6	3.44	5	2.67	7
指导式自学	4.03	1	2.22	7	2.56	6	2.11	7	3.28	7	3.74	1
角色扮演	2.93	7	3.56	2	3.27	3	3.68	2	3.56	4	3.37	4
敏感性训练	2.77	8	3.96	1	2.98	5	3.96	1	3.33	6	3.44	3
电视录像	3.10	5	1.99	9	2.01	8	1.81	9	2.74	8	2.47	9

傅永刚于 2007 年申请获得大连理工大学管理学院以"案例教学法对于提升 MBA 学员管理能力的有效性研究"为主题的教学研究课题。该课题研究方法中除采用常规的问卷调查,还采用教学效果的比较研究。傅永刚于 2008 年在大连理工大学选择了一个 MBA(35 人)班作为案例教学效果比较研究的样本,针对"人力资源管理课程"的"薪酬管理"模块,分别比较了传统讲授法和案例教学法的授课效果,通过发放事先设计好的调查问卷,采用五级量表,从两个大的方面调查案例教学法的效果和作用。傅永刚选择了七个维度(掌握管理概念、获取管理理论知识、提升管理理念、改善思考方式、锻炼沟通能力、学习分析问题的思路、提高解决问题的能力)来比较传统讲授法与案例教学法的教学效果(见表 2—3)。

表 2—3　　传统讲授法与案例教学法的教学效果比较

评价维度	传统讲授法	案例教学法
提升管理理念	70.9%	74.2%
掌握管理概念	93.5%	25.8%
改善思考方式	32.2%	87.1%
获取管理理论知识	90.3%	6.5%

续表

评价维度	传统讲授法	案例教学法
学习分析问题的思路	19.3%	90.4%
提高解决问题的能力	6.5%	90.3%
锻炼沟通能力	3.2%	74.2%

说明：表格中的百分比为认同度（“收益很大”和“收益比较大”的合计比例）。

针对案例教学对提升管理能力有效性的调查，傅永刚选择了八项能力[逻辑思维能力、信息搜集与整理能力、分析与决策能力、创新能力、计划与组织能力、沟通与协调能力、人际交往能力、领导力（影响别人的能力）]来了解 MBA 学生对于案例教学法的作用认知（见表 2—4）。

表 2—4　传统讲授法与案例教学法对于提升管理能力有效性的比较

管理能力维度	传统讲授法	案例教学法
逻辑思维能力	19.4%	74.2%
信息搜集与整理能力	16.1%	71%
分析与决策能力	12.9%	83.9%
创新能力	12.9%	12.9%
计划与组织能力	16.1%	67.7%
沟通与协调能力	3.2%	64.5%
人际交往能力	9.7%	71%
领导力（影响别人的能力）	6.5%	58.1%

说明：表格中的百分比为对有效性的认同度（“作用很大”和“作用比较大”的合计比例）。

上述实证结果表明传统讲授法在管理理念和理论知识的掌握方面优势明显，而案例教学法在分析问题、问题解决、思维方式和沟通能力等的提升上效果卓著。在传统讲授法与案例教学法对管理能力提升的实证比较研究中，案例教学的有效性获得了 MBA 学生更多的认可。他们认为在八项管理能力中，除了“创新能力”在两种教学方法中提升的幅度较为一致外，案例教学法对其余七项管理能力的有效性都大大超过传统讲授法。其中,案例教学法在“逻辑思维能力”“分析与决策能力”“信息搜集与整理能力”和“人际交往能力”方面的认同度比例都超过 70%。①

总之,从案例探讨到实证调查研究都对案例教学法予以了极大的肯定,这表明案例教学法符合现代管理教育的要求。案例教学法的实践性和启发性反映出的全面性和实效性早已得到了国际公认。模式、目的和效果同 MBA 教育培养目标的高度契合,使得案例教学法成为 MBA 教育体系中不可或缺的重要部分。

第三节 关于 MBA 案例教学模式研究

一、国外经典 MBA 案例教学模式研究

国外最为经典和最受推崇的案例教学模式首推哈佛大学商学院的案例教学模式。哈佛大学商学院是案例教学法使用最为持久且方法最为成熟的学院,也是全球最大的管理案例供给者,这在很大程度上促使哈佛大学商学院成为全球商学教育的标杆和领跑者。对于哈佛大学商学院来说,案例教学占据了教学模式的核心位置,超过 80%的课程是通过案例教学开展的。案例教学以“无正确答案”原则为基础,目的在于最大限度地激发学生的创造性。每位哈佛大学的学生在校学习期间,需要花费 2 000—3 000 个小时来完成 500—800 个案例,最大限度地接触各类模拟的管理情境。哈佛大学商学院的数量庞大且类型丰富的案例及成熟的案例课堂能够让学生设身处地地站在当事人的角度决策和处理问题,以便于在今后的实际管理中针对难题展开程序化决策,速度更快,效果更好。这种高强度的案例学习是哈佛大学商学院教学成功的保证和未来企业领导人的培养目标得以顺利实现的关键。

在整个案例教学管理过程中,哈佛大学商学院实施严谨的学习制度

---

① 傅永刚,王淑娟. 管理教育中的案例教学法——案例认知 · 案例采编 · 案例教学[M]. 大连理工大学出版社,2008:12—13.

和立体状课程管理模式。学生提前一周收到即将讨论的案例及相关阅读材料，与各自的“学习小组”会面、交流意见和提出解决方案。教师会在课前准备好一份“问题清单”。清单是根据每位学生之前的课堂参与度以及学生可能引入讨论的所有具体专业知识制作。学生需要完成课前问题清单并在规定的时间提交给老师，之后老师会在时长90分钟的案例课堂上组织和引导案例研讨，由学生进行分析并提出意见或扮演案例中的角色。此外，学生还需要完成每门课程的论文及结业考试，一般每门课一个月至少会有一次论文写作，老师会就每次的论文给予详细的批注，并按哈佛大学的统一标准打分。

除了必要的学习制度，哈佛大学商学院成功的案例教学法还得益于大量的资源支撑和其独特的运行能力。这些支撑资源形成了一个完整、综合的系统，由案例教学将其分成开发和应用等几大模块，每个模块又可以细分为多种步骤和流程，其中每一个步骤和流程都有严格的要求，从而形成一个系统的层级结构。哈佛大学早在1920年就成立了企业研究所，并在教师和企业的广泛参与和赞助下收集和撰写案例，创建丰富而优质的教学案例库。哈佛大学以各个企业的中高层管理者为主的6.5万名校友也帮助其构筑起庞大的案例编写资源库，并成立了专门从事案例保存收集和交流共享的案例服务中心，通过系统化建立每项课程的档案、组织各类研讨会及协同教学提高教学使用的便利性。哈佛大学商学院拥有非常严格的教师遴选和管理制度，聘任期间为教师提供优质薪资和晋升机会的同时也实行严格的绩效管理。哈佛大学商学院重视理论与实践的平衡，其教师一般需有在国际组织或政府机构任职的经历。哈佛大学商学院也会要求其主力师资利用一定比例的时间（如20％）在外兼职，为企业或政府机构提供咨询。这样的要求能够保证师资整体拥有丰富的实践经验和学院教学的针对性与实用性，应对高素质学生的各种课堂挑战和质疑。

作为世界顶级的商学院，哈佛大学拥有其他学校很难媲美的高素质MBA学员。哈佛大学的学员都是经过近乎苛刻的程序挑选出来的，而且他们拥有不同的国籍、种族、意识形态、学历背景和职业背景。这种多元化的组成也有助于在案例课堂上催生更有效的思想碰撞和智慧交锋。哈佛大学学生的钻研精神和课堂参与热情是非常著名的。总体来说,哈佛大学学员的高素质、对课堂的充分准备和高度参与以及教师的作用有效地保证了案例教学的效果。此外,哈佛大学充足的案例基金投入、有效的案例采编模式和运行模式都为案例教学的持续运行和良性发展提供了可靠保障。

与哈佛大学商学院一样,以案例教学著称的毅伟商学院也非常重视案例开发、教学和研究三方面的综合运行。在案例开发上,毅伟商学院坚持教学案例是为教学目的而设计、筛选和加工过的真实故事和材料的原则,会从寻找线索、拟订计划、企业合作、实施计划、确定议题和故事、写作修改和出版等步骤上完整地推进,通过文献检索和实地采访收集数据,并采用记者报道、学者分析和作家讲故事的风格来进行写作陈述。在教学上,教师也严格遵循备课、上课和考核的经验要求,在准备教学提纲时会明确故事的摘要、教学目标、逻辑线、学习问题、板书规划和结局公开等;在实际的授课过程中,教师会依照事先准备好的逻辑线,偶尔在提问和讨论的技巧、倾听和鼓励的技巧、时间分配等方面进行创造性的调整;考核则会以小组的形式呈现案例,教师明确作业要求并指派小组以报告的形式提交。整个过程紧扣案例教学的本质,以学生为中心,依据情境进行思考推理,通过讨论寻找答案,保证教学效果的有效取得。

二、国内 MBA 案例教学模式的困境分析

我国案例教学从最初不被接受到现在被重视,以及发展成为一种重要的教学模式,也经过了 20 多年。但当前我国案例教学仍然达不到该教学模式预期的效果,存在重视不够、质量不高、效果不突出等问题,制约创新型和实用型管理人才的培养。就目前而言,我国案例教学法仍处在推广阶段,相对于 MBA 教育迅速发展和中国企业管理的深化等内在需要来说仍有一定的滞后性。根据文献研究和笔者对目前国内 MBA 教育现

状的分析,国内案例教学模式的问题可以概括为以下几类:

(一)外部环境和体制文化的先天不足

在文化和环境氛围上,中国深受传统儒家文化的影响。儒家文化中墨守成规和等级森严的思想及“传道、授业、解惑”的教学理念,都起到对“教”的权威地位的强调和传统灌注式教学方式的延续的作用。国内的教育模式崇尚理论手段和知识理解,追求规范、统一和逻辑思维的发展,轻实践,重理论;轻参与,重传授;轻微观,重宏观。而西方的教育主要以围绕学生个性发展、心智开发和创造能力增长为目标,注重对学生的适应性和动手能力的培养。国内经济管理学科的课堂,具有明显的重概念定义、轻管理实践,重理论体系、轻方法策略,重教师传授、轻学生参与的“黑板管理学”特点,基本上可以概括为“结构式课堂教学”。这种环境氛围所形成的权威者和遵奉者的师生角色会制约学生主动参与和师生间的互动启发,随之会出现许多高分低能、缺乏创新精神和创新能力的学生。① 而西方文化崇尚个性、进取和自由的特质正好契合案例教学法所倡导的主动、创新和质疑的精神。如哈佛大学致力于培养学生在创造性合作中追求卓越,发现批判性思维乐趣,激发领导与竞争的精神,旨在让学生养成自主学习和终身学习的习惯。这也契合了案例教学最早在哈佛大学被重视并成为哈佛大学现代教育中最受推崇的教育模式。可见两种文化的差异对于案例教学的实施及效果有极大的影响。在国内实施案例教学更需要师生从更深层面去理解案例教学的内涵及特点,达到认识和理念上的突破更新。

(二)缺乏应有的地位和正确的认知

主要体现在以下两个方面:一是学时分配。案例教学在国内许多商学院工商管理教学中往往被视作一般的辅助教学环节,分配的学时较少。国外商学院用案例教学的比例因人而异,但都在 1/3 和 2/3 之间。更为

① 严志勇.中国 MBA 案例教学体系建立的思路与方法探索[J].华东经济管理,2001(8):150—151.

典型的如哈佛大学商学院80%以上的教学时间都以案例为主，学生平均每天要做3个案例分析；沃顿商学院几乎所有的MBA课程都是通过案例分析来实现的。[①] 这在美国前20名商学院教学采用各种教学工具（案例分析、讲授、实习、模拟训练、其他）的分布情况统计中有所验证。[②] 二是在实践中对案例教学的错误认知。国内许多教师在实施案例教学的全过程中，包括课堂上从案情的介绍、问题的提出、讨论分析到结论的得出，都会给学生主动讲解涉及的理论知识。案例教学法被简单地认为是在讲解知识点的过程中穿插讲解几个案例的教学法，混淆了案例教学与课堂举例的实质区别，不能很好地让学生主动参与到教学中来，从而难以提升其分析和解决问题的能力。

（三）案例教学本土化和专业性的欠缺

由于经济发展阶段不同，西方发达国家企业面临的多数是创新和变革问题，而国内计划经济的惯性作用仍然影响企业生存特别是国有控股企业的经营管理。因此，采取适合本国国情且适合本国管理者认知模式的本土案例更适合教学，也更有利于学习企业管理知识。总体来说，由于存在案例采编经费不足、案例来源相对匮乏等因素，因此大多数案例的编写实施“拿来主义”的做法。这些案例与教学目标总是很难完全匹配，这使得案例开发和使用之间脱节。如华东师范大学许鑫教授在问卷调查中指出，30%的教师不会自己开发案例，而是更多采用案例库中他人开发的案例。[③] 在案例开发过程中更多考虑资料获取的便利性而非课程知识点对案例的需求性也会导致现有案例无法满足案例教学使用需求。此外，本土案例库的建设尚不理想，直接导致本土化案例较少。由于企业制度背景和文化背景的差异，这些案例或国外的管理模式对我国企业的适用性较差，很多国外案例在教学过程中因为“水土不服”有“隔靴搔痒”之感，

---

① 张忠.我国管理学案例教学存在的问题和对策[J].前沿，2006(12)：79—81.

② 邵一明.提高战略管理课程案例教学效果应注意的几个问题[J].江苏工业学院学报，2005(12)：93—96.

③ 许鑫.上海MBA案例教学调研报告[R].上海市MBA教学指导委员会内部资料，2014.

当然，还有案例本身的可读性和可探讨性不强、课后习题式的小案例等开发上的其他问题。

在本土化案例编撰的过程中，国外教学案例的采编主要来源于对目标企业的调研。企业出于对管理教育的学术贡献或社会责任意识，一般会在案例撰写所需相关信息的客观性和真实性上密切配合案例采编者。案例采编一般由在目标公司担任高管的商学院校友、在该公司董事会任职或长期提供管理咨询的教授完成。而国内企业对于管理教育的理解和认同是相对欠缺的，对于案例采编的配合度也相对较低，导致国内案例采编缺乏对企业管理过程的专业性审视和洞察，容易偏离企业管理的视觉，对案例的深层次挖掘不够。所以整体上，教学案例的资源供应受限，质量不佳。此外，还存在案例陈旧、典型性不够及与实际应用脱离等问题，如案例多涉及传统产业，而在网络企业、信息产业、电子商务、通信行业等新型产业的管理研究上较为匮乏。围绕国际企业管理、跨文化人力资源管理、跨国投资等方面的案例也较为薄弱，难以适应国际经济一体化发展的要求。其他还存在案例编写缺乏统一标准，逻辑结构不一致；重视定性研究，忽视定量分析；注重叙述说明，忽略提供案例的背景材料；多歌功颂德，少暴露企业真实的矛盾；合作开发机制不科学，案例的应用性和覆盖性不足等诸多不专业的现象。总体而言，我国的管理案例教材在适用性和规范性上不合格。[①] 这种不匹配和不合格在很大程度上会影响案例教学的效果。

(四)案例教学的保障机制不足

案例教学是一项系统工程，需要各类要素资源、高质量的配备保障和大量的资金投入支持。首先，国内许多商学院在教学和教学设施上没有大量投入。案例课堂讨论的顺利进行，需要师生做大量的准备工作，同时也要具备良好的教学环境。目前国内大多数学校的案例教学设施都比较

---

① 苗雨君，盛秋生，邵仲岩. 工商管理类专业企业管理案例教学理论与实践研究[J]. 产业与科技论坛，2007(6)：108－109.

落后，缺乏专门的案例教学教资和充足的案例资料，缺少高质量的课件和多媒体教学工具。其次，缺乏对教师原创案例撰写工作量的认定和职称考核认定的机制，很难激发教师在案例编写和教学上的投入。案例采编与开发通常需要具备相当理论素养和实践经验的管理学教师或博士生投入大量的人工成本进行采编和反复修改。哈佛大学商学院拥有庞大的学院基金，通过多年积累和运作形成了良好的资金循环体系，教师采编一个案例的预算在 1.5 万至 5 万美元。欧洲工商管理学院采编一个案例的预算在 1.5 万欧元左右，国内采编一个本土案例大概为 1 万元人民币①，可以说大部分商学院目前还无法承受相对较高的采编成本。除了资金支持不足外，国内目前还缺乏对教师高质量原创案例采编的成果认定和相应的职称晋升挂钩机制，教师更愿意花时间发表论文，搞学术研究而不是参与案例采编，这在一定程度上制约了教师采编案例的积极性和动力。

此外，基础设施保障的不足也同样影响案例教学效果。鉴于案例教学的互动性要求，教室布置、教学设施设备、学生人数及座位安排等教学基础设施保障对实施效果也有重要影响。许鑫教授在 2016 年针对上海 13 所 MBA 院校开展调研及总结的《上海 MBA 案例教学调研报告》②中指出，当前上海一些高校普遍缺乏现代化案例教学的高质量的基础设施配备，案例教学友好型软硬件基础设施如高质量的多媒体设备、马蹄形或半圆教室、移动白板及学生名牌等，还无法满足案例教学的系统需要。上海作为经济最发达且商科教育环境最为成熟的城市之一，在案例教学的基础设施配备方面尚且乏善可陈，可见全国范围的设施配备更谈不上保障到位。在这方面，许多院校需要考虑顺应最新技术和人体工学趋势，发展基础设施建设，为案例教学的有效开展保驾护航。

在案例库的建设上，虽然目前全国形成了几大案例库平台，但本身也存在一些检索功能弱、分类不够系统、案例服务平台相对缺乏、案例库使用上缺乏有效指导和对应机制等问题，还需要在案例服务平台上继续优

① 张忠. 我国管理学案例教学存在的问题和对策[J]. 前沿，2006(12)：79—81.

② 许鑫. 上海 MBA 案例教学调研报告[R]. 上海市 MBA 教学指导委员会内部资料，2014.

化设计。

(五)案例教学缺乏实践经验丰富的教师

国外管理院校为了保证案例教学的成功实施，基本都配备了一批高水平的案例教学师资。这些师资的基本条件是既具备了学科领域的研究能力和专业水平(一般具有博士学位)，同时又兼具了丰富的直接或间接的企业管理经验。国内大多数管理学科的教师“学院派”风格显著，他们虽然具备一定的研究和理论水平，但缺乏系统、丰富的管理实践经验和对企业实际运营的了解。而案例教学法本身对任课教师有较高的要求，即不仅要有深厚的专业知识，更需要掌握科学性与艺术性相结合的管理学教学方法。案例教学具有一定的风险，如案例选择与所学概念要针对问题且有很强的相关性，可以提高学生的趣味性，但是不利于概念获得等①，所以更需要教师的调控和组织来保证案例教学的高效率和学生参与的积极性。在此过程中，教师还要牢牢把握角色定位，即教师不是知识的复述者，而是创造者，不是单向进行“传道、授业、解惑”，而是每个案例的导演；学生则从“理论的接受者”转变为“主动的参与者”和“实践的创造者”，因而教师有向师生交互式教学转型的压力。② 案例教学法在国内起步晚，尚未形成系统、完整的理论研究和实践体系，缺乏对适合我国国情的案例教学方法的指导和创新，教学的效果也处于“只可意会不可言传”的阶段。教师对案例教学还处于摸索前进的阶段，需要时间过程来熟悉和适应。而且商学院在政策支持上的受限和公正、客观的考核体系的缺乏也会导致教师在案例采编和课堂投入上参与度不足，而是习惯性地进行学术论文写作和照本宣科的课堂教学。

(六)案例教学缺乏“互动”的学生

学生是案例教学的主体和关键，学生的理论水平、管理实践经验、参

---

① 周新华.“案例教学”的实践与思考[J].上海教育科研，2002(3)：51—53.

② 严志勇.中国 MBA 案例教学体系建立的思路与方法探索[J].华东经济管理，2001(8)：150—151.

与的积极性、个性特征和时间投入都直接影响案例教学的实施效果。管理学科目的概念、原理和原则较多，虽然管理学现在有一套完整的理论体系，但是表述上具有很强的抽象性，学习起来较为枯燥、难以理解。案例教学法不是单纯地教授学生的理论知识，而是将抽象的问题具体化，让学生易于理解学习。但是若学生对专业理论知识掌握不够，在讨论案例时仅仅就事论事，也起不到案例教学所应有的作用。只有对专业理论知识掌握比较扎实并具有相对较高的分析问题和解决问题的能力，案例教学才能起到其应有的作用。[①] 目前 MBA 的资格性选拔考试还不能有效考查学生的思维方法能力，大批低龄化学生进入 MBA 群体，知识储备不够、管理经验欠缺、社会阅历有限，直接导致课堂缺乏互动、双向性不足、案例教学的效果很难发挥。而且低龄化考生在背景上也有一定的相似之处，很难像哈佛大学一样在学生来源、国籍、职务、年龄、经历等形成较大的差异，所以也很难形成背景多样化下的互动交流。加上国内学生长期在应试教育模式下成长，习惯于被动接受教师对理论知识的传授，不适应案例教学过程，较难在小组讨论中或当众发表自己的见解，也不能积极地做好课前准备并参与课堂讨论，均在一定程度上抑制了课堂效果的达成。国内大量录取的在职学生很难像西方的脱产就读的学生那样在案例训练中有高强度和高密度的投入，也是一个先天的不足。

（七）案例教学本身的学科局限性

尽管案例教学法在管理教学中具有非常重要的价值，其效果也远远好于传统教学法，但是也存在一些局限性。第一，案例教学法适用范围有限。案例教学法主要适用于那些问题不清晰、不鲜明、可作多种解释的课程（如针对跨学科的较高年级的综合课程）或针对有丰富的实践经验、等级较高的人群大量使用的"软技能"学科（如管理学、组织行为学、人力资源管理、战略管理、创业管理等）。但对于较"硬"的、使用定量方法比较多

---

① 余国新.管理学案例教学的思考[J].黑龙江教育（高教研究与评估），2007(Z1)：107－108.

的课程或有些专业性很强的单科性课程则只宜局部采用甚或偶尔为之，比如统计学、会计学等，就不太适用；至于像“管理信息系统”这样的特殊课程，至今还没找到采用案例的适当机会，也许案例法对某些课程就不适用。第二，有人指责案例教学法“支离破碎”。这种指责有其正确的一面，它指出了一个事实，即案例教学的确是“一个个具体的、孤立的表现的经验与情景”。案例呈现的是单个特殊的、孤立的管理情境，提供的知识和经验是具体的、零碎的、难以看到普遍指导意义的通用规律(或者默认学习者已经具备足够的基础知识)，这也是它的一种局限性。案例教学法不能提供系统的理论和知识，因此不能代替教材阅读和传统讲授。第三，案例教学法需要学生通过对管理案例的真实情景的反复思考、讨论和分析，方可探索到解决实际问题的真理和经验。案例教学法与传统讲授法相比较，需要师生花费更长的时间，效率也较低。案例教学法若想更好地发挥其功能并取得理想的效果，不仅对案例本身有较高的质量要求，而且需要师生具备一定的知识和经验，因而必须在事前对教师和学生进行专门的案例教学法培训。第四，案例教学法所采用的教学案例受到案例编写质量的影响。案例采编需要很多专业人士参与，这就导致高质量的案例编写人员非常稀缺，在某种程度上影响了案例教学的使用和推广。此外，许多案例没有“标准答案”，开放性较强，如果用于考试，则很难形成评分标准；没有客观的评分，人为主观作用便很难避免。① 案例与实际情况之间存在不可避免的抽象性局限，案例写作虽然竭力做到真实，但最终呈现出来的案例必然存在着针对教学需要的人为加工的痕迹；案例中的社会实践是模拟性的，而实际的管理工作存在很多不确定性和多变性，两者之间有客观存在的矛盾，容易有不够严谨之嫌。② 而且学生在案例教学过程中需要决策但无须对决策负责，也会一定程度上陷入“纸上谈兵”的率性

① 傅永刚，王淑娟. 管理教育中的案例教学法. 第2版[M]. 大连理工大学出版社，2014：21—22.

② 严志勇. 中国MBA案例教学体系建立的思路与方法探索[J]. 华东经济管理，2001(8)：150—151.

而为。综上所述，案例教学法虽有很多优点和独特性，但并不意味着它是完美和万能的，也不是唯一、有效的管理教学方法。案例教学不能排斥其他教学方法，正如其他教学方法也无法排斥它一样，它们都是各有利弊的，能在一定程度上互补并取得相得益彰的效果。如与之性质相似且同样强调实践导向的“项目教学法”比较，后者比较强调现场调研和在教师的引导下以团队的形式承担企业咨询项目。这种教学法的优势是可以通过“真刀真枪”的“真干”获取第一手的经验，有效弥补案例教学的实际情境应用程度不高的不足。但这种教学法成本较高，能接触的企业数量有限，对管理情境的揭示面有限，花费时间更长，很难达到案例教学法的低成本效率，因此对案例教学要有一个客观、综合的评估，不盲目迷信，也不轻视。本着权变原则，依据教学目标、学生特点和教师经验，酌情采取最适宜的方法或将案例教学法和其他教学法有机结合才是最为正确的态度。

三、MBA 案例教学模式的研究与走向

近几年，越来越多的文献研究开始关注国内案例教学模式，对破解国内案例教学实施的困境和不足有一定的参考价值。在形式上，案例教学法是将案例作为教学媒介开展的，有学者认为案例教学法是在案例基础上的研讨，也有学者认为案例教学法的表现形式不拘泥于此，“研讨”只是其中的一种，还包括“案例问答”“案例撰写”“专家讲座及问答”“角色扮演”“实地参观”等。[①] 郭德红认为案例教学可以归纳为两种方式：第一种是教师提供基本概念并启发学生发散思维来以例释理，还有一种是教师引导学生通过合作和群体思维碰撞来寻找规律和形成概念。这两种方式都可以提升学习者对实际问题的解决能力。第一种方式更侧重于传统课堂案例讲解模式，第二种方式则可以延伸到课堂以外借助实际情境案例

---

① 武亚军，孙轶. 中国情境下的哈佛案例教学法：多案例比较研究[J]. 管理案例研究与评论，2010，3(1)：130—135.

以团队形式来进行讨论和决策的训练。① 根据笔者对文献的研究和实践总结,国内学者和教育实践者对案例教学模式的探索实施可以归纳为以下几类做法:

第一是深度参与式模式。崔树银提出参与式案例教学,将教学对象——学生置于教学活动的中心。学生的积极参与是参与式案例教学最突出的特点。从案例的准备、案例教学的组织到案例教学效果的评价,学生始终是案例教学的中心,教师在案例讨论中所起的作用更像乐队中的指挥。② 梁洁认为实施参与式案例教学模式,可以让学生通过实地调研和访问参与到案例开发和案例展示等环节,实现教学场地向外延伸,这样也可以从单一的知识传递转变为多样化的自主学习方式。在参与式案例教学的过程中,学生不仅要学习基础知识,而且要运用知识去开发和分析案例,这样有利于提高学习的自主性。③ 胡思琪和张影则提出以消除教师讲授型、学生主导型和师生互动型为代表的三种案例教学模式的弊端,构建以"活动—角色"为中心,发挥教师主导和学生主体的双重作用,集课下案例准备、课前案例讲解、课中案例讨论和课后案例评估等教学流程为一体的新型案例教学模式,实现对当前高校课堂案例教学模式的创新,提升高校课堂案例教学效果。④ 在案例选取和编撰方面,李兴旺认为需要纳入本土化元素,这样不仅可以使教师利用案例采编与本土企业合作,也能让学生有机会深入企业体验和锻炼,即来源于本土化的企业实践形成的案例更有典型性和育人效果。⑤ 在案例开发环节上,刘志迎和张孟夏认为很多案例库里的案例在开发后并没有经过课堂检验就进入案例库,

---

① 郭德红.案例教学:历史、本质和发展趋势[J].高等理科教育,2008(1):22－24.

② 崔树银.参与式案例教学在公共管理类课程教学中的应用[J].现代教育科学,2010(7):167－169.

③ 梁洁.参与式案例教学模式在《公共财政管理》课程中的应用研究[J].大学(研究版),2017(11):42－47.

④ 胡思琪,张影.基于"活动—角色"中心的高校课堂案例教学模式研究[J].黑龙江教育(高教研究与评估),2017(7):26－29.

⑤ 李兴旺."本地化"案例教学的探索:实践与认识——以工商管理类专业的"本地化"案例教学为例[J].中国大学教学,2011(5):59－61.

适用性尚存在很多问题。案例开发的最后环节应将已开发好的案例文稿拿到课堂加以检验，确保所开发的教学案例在实施案例课堂教学时具有适用性。此外，他们构建了包含知识点的明确性、知识线和情节线的清晰性、问题的可识别性等要素的检验循环图，强调案例开发来源于教学需要并需经过教学检验才能成为真正意义上的入库优质案例。①

第二是情境模拟式模式。邢振江和徐文涛通过开展真实、生动的“情境模拟”教学，充分发挥启发和引导功能，提高学生的思考能力、操作能力和创新能力，改变传统案例教学过程中“老师讲案例，学生听故事，难以深入开展分析和研讨”的状况，形成“全班参与，亲自表演，亲身体验，共同评论”的局面，使课堂气氛活跃，学生热情空前高涨，教学效果得到改善。②谢晓专认为案例教学是一项系统工程，文本案例离真实情景体验还有很大差距。他建议将案例适当加工，形成实战体验式的案例情境模拟教学，让学生身处其中进行讨论并动手操作，在真实任务导向的情境中最大限度地激发学生的积极性与创造性。③ 章昌平和闫春提出构建基于“多种资源整合”案例教学的拟态环境，并通过信息来源多样化、信息流通自由化实现拟态环境的整体优化，达到“案例情境重构”的目的，通过引进受众认知心理变量的信息反馈和实施效果评价机制等，最大限度地减少主观现实、象征性现实和客观现实“三个现实”之间的偏差，提升管理教育效果。④ 在案例教学的影响因素上，朱方伟和戴文博从知识习得机制系统对案例教学效果取得的影响因素进行了整合式分析，通过研究表明案例教学方法的效果受知识转移主体的意愿（知识源与知识受体的转移意愿）、转移主体的能力（知识源的转移能力与知识受体的学习能力）、转移

---

① 刘志迎，张孟夏. 工商管理教学案例的课堂检验探讨[J]. 管理案例研究与评论，2017，10(4)：419—428.

② 邢振江，徐文涛. 情景模拟教学——案例教学的拓展和深化[J]. 未来与发展，2010(9)：85—87.

③ 谢晓专. 案例教学法的升华：案例教学与情景模拟的融合[J]. 学位与研究生教育，2017(1)：32—36.

④ 章昌平，闫春. 经管类大学生创新创业案例情境教学的拟态环境构建[J]. 高教论坛，2017(11)：44—50.

主体间的关系（信息程度、沟通强度）、转移主体间的差异、转移知识的特性、转移知识的方式与过程以及转移知识所依赖的情境因素等多方面条件的影响。从知识习得的角度看，案例教学的效果不仅仅取决于传统的大家所认为的学生的积极性、教师在课堂上采取的策略等因素的制约，还包括知识迁移所依赖的情境因素及转移过程方式等条件的影响①；胡伟、李豪和李婧认为不同学科和课程之间存在差异性，实施案例教学的方式与方法即案例教学模式也应不同。较为经典的案例教学模式，如课堂式案例教学、现场式案例教学和角色模拟式案例教学在感染力、趣味性和便利性上各有优劣，各培养单位应结合自身的师资力量、实习实践基地建设情况以及课程特点选择合适的案例教学模式。②

第三是分级渐进式模式。在对案例教学实施过程进行分析时，大部分学者秉承分步实施的策略和分阶段循序渐进组织的思想。宋华明等提出分时段案例教学模式，即把案例教学过程分为课前准备、课堂学习、课下消化吸收与团队学习、课堂汇报、讨论及教师总结等几个相互联系的时段，以实现充分调动学生参与、发挥其主动性与积极性的效果。③ 黄劲松从建构主义理论视角去剖析案例教学在帮助学生构建知识时的几个关键环节：第一个环节是学生基于教师创建的案例情境和设定的知识主题进行自主学习完成知识的第一次建构；第二个环节是教师通过课堂引导、小组讨论和渐进式询问等过程完成师生之间和生生之间协作进行的知识建构；第三个环节是教师通过总结和评价让学生完成知识建构和深化。④ 周英男和陈芳通过分析国外院校案例教学模式，指出基于建构主义理论的“支架式教学模式”比较适合国内当前的案例教学，通过搭建脚手架、进

---

① 戴文博，朱方伟．案例教学知识转移机理研究[J]．管理案例研究与评论，2013，6(6)：501－511.

② 胡伟，李豪，李婧．会计硕士专业学位研究生案例教学研究[J]．当代教育理论与实践，2018，10(1)：109－114.

③ 宋华明，杨慧，马义中，等．分时段管理案例教学法研究[J]．管理案例研究与评论，2009，2(6)：430－434.

④ 黄劲松．基于建构主义的工商管理案例教学方法论[J]．管理案例研究与评论，2009，2(5)：350－355.

入情境、独立探索、协作学习到效果评价五步来完成知识的构建。① 盛群力和马兰提出任务型教学案例的设计步骤，提出复杂的学习环境包含任务、相关知识能力、专项操练和程序支持四个组成部分，包括准备、学生自主学习、师生互动和效果评价等主要阶段。② 在分级分类案例教学实施上，周龙提出要针对实际现状灵活变化的教学模式，教师要针对所参与学生的特点和实际水平，运用不同的案例和多种形式对案例展开探析。教师在教学过程中还需要持续完善工商管理的案例选择，多选用满足国内实际情况的、与当代接轨的、最新经典的案例。在教学的初级阶段，重点选用与理论相关的典型案例，有利于学生从整体上掌握这一教学方法并不断适应，之后，在条件允许的前提下，可以恰当地引入当地的实际案例，让学生针对当地的现状提出自己的观点和见解，从而更有助于提高学生处理现实问题的能力。③

第四是综合行动式模式。梁颖认为案例教学发展至今，已经不仅是一种教学方法，更多的是一种成熟、丰富的教学模式。案例教学不能仅囿于课堂这一空间和固有"套路"，要通过时间的延展和空间的拓展，调动学生动用"眼、耳、口、脑、身"，集"听、观、演、思、行、论"于一体来获取知识和掌握技能，打造多维度、多形式、多层次的立体案例教学模式，落脚于课程资源的整合、课程体系的设置、案例库的打造。④ 徐东华、赵冬和李艳通过梳理案例教学的类型特点、国内外实践经验、典型模式及主要流程，对案例教学需求状况进行问卷调查和分析，并结合多年的实践探索经验，总结并提出与教育教学目标相宜、因学生特点权变的"相宜权变式"案例教学模式，强调根据教育教学目标、施教对象特点，灵活采用有效的案例教学模式及方法。主要举措包括分级分类实施案例教学、建设"本土化"案

① 周英男，陈芳. 建构主义理论在 MBA 案例教学中的应用研究[J]. 管理案例研究与评论，2008，1(1)：68－72.

② 盛群力，马兰. 为学生的有效学习系统设计教学[J]. 宁夏教育，2003(12)：13－17.

③ 周龙. 简析工商管理教学中案例教学的应用[J]. 中国市场，2017(30)：233－234.

④ 梁颖. 多维立体案例教学模式——以《公共部门人力资源管理》课程为例[J]. 高教学刊，2018(5)：100－102，105.

例、跨学科多视角开发应用高质量的通用型案例、推进微课化视频案例教学等。① 周晓苏和张晓农开展综合案例教学法，要求学生运用各门课程的理论知识对综合案例进行分析，提出解决问题的方案。② 在案例教学的效果评价上，黄燕玲认为应当对学生进行多元智能评价，而不是仅仅以最终成绩作为终结性评价。③ 马霖认为在案例教学评价中引入学生自评和互评，如主动性、参与感、责任感、自我认识等，能有效提升案例教学效果；在团队学习的协作性上，姜爱萍和任波提出组建学习小组要考虑“组内异质、组间同质”的原则，进行人员搭配，并对案例协作学习过程进行必要的监控与平衡。④

根据对国内案例教学现状和困境的分析，可以看出国内院校在模仿、借鉴国外一流院校如哈佛大学商学院、毅伟商学院的案例教学模式有一定困难。这种困难不仅仅在于案例教学某个环节或者某个因素的改善优化，而在于整个案例教学在系统生态上的差距。国外成熟的案例教学模式是多年实践积累下来的系统性成果。这个系统中各要素和环节间已经形成了良性的协同和互补，加之社会文化、学生特征、教师传统等社会大背景因素，导致国内案例教学模式很难复制。基于此，国内的学者和教育实践者在借鉴西方成熟做法的基础上结合中国情境和实践经验，积极探求案例教学模式的创新之路来获取更好的案例教学效果。这些创造性尝试逐渐形成基于中国情境的 MBA 案例教学模式的对策。如武亚军和孙轶提出体验式案例教学模式，通过企业参观或者担任虚拟角色的方式让学生体验实际公司运营，带动学生参与甚至负责撰写案例以取得较好的

---

① 徐东华，赵冬，李艳．案例教学模式优化探索与实践[J]．北京电子科技学院学报，2017，25(3)：70—80．

② 周晓苏，张晓农，陆宇建．综合案例教学法——案例教学新视角[J]．会计之友(中旬刊)，2010(1)：131．

③ 黄燕玲，赵易．人力资源管理课程实践教学探索[J]．现代经济信息，2013(12)：369—370．

④ 姜爱萍，任波．“协作学习”法在案例教学中的应用研究[J]．长春理工大学学报，2010(7)：88—89．

成果。[①] 黄劲松等学者也强调了在案例教学中使用真实的教学案例的重要性。[②] 陈潭和程瑛提出了讲座研讨式的案例教学模式，即采用研讨会教学法作为课程教学形式，包括主题设定、外请专家报告、点评人评论、学生提问讨论和总结五个步骤，把知识学习和实务操作结合起来。[③] 黄劲松提出“多层次递进”案例教学模式，建议在教学过程中布局多层次知识点并在案例问题设计中把握递进式的逻辑关系，让不同层次和处于不同认知阶段的学生都能够有知识建构和迁移的机会。[④]

综合上述做法，国内在案例教学模式实践中主要有以下一些做法：采取理论讲授和案例分析相结合的综合教学模式、强调本地化案例来源的案例采编模式、强调多种情境创建的多样化的案例呈现方式、小组化互评与自评等训练方式以及项目参与、角色扮演等体验式案例教学方法。这些方式都是教学实践者在借鉴国外经典案例教学模式的基础上结合本土化实践所提出，并基于中国情境对案例教学进行的反思。教师在结合学生特征和制度环境等因素基础上，对案例教学的关键环节进行创新或者合理替代，凸显了案例教学的问题与决策导向，注重知识的可操作性、情境创建的策略创新性等特点。

---

① 武亚军，孙轶. 中国情境下的哈佛案例教学法：多案例比较研究[J]. 管理案例研究与评论，2010，3(1)：130－135.

② 黄劲松. 基于建构主义的工商管理案例教学方法论[J]. 管理案例研究与评论，2009，2(5)：350－355.

③ 陈潭，程瑛. Seminar 教学法、案例教学法及其课堂教学模型构建[J]. 湖南师范大学教育科学学报，2004，3(4)：57－59.

④ 黄劲松. 基于建构主义的工商管理案例教学方法论[J]. 管理案例研究与评论，2009，2(5)：350－355.

第三章　理论基础

第一节　建构主义学习理论的基本内涵

建构主义学习理论是在对皮亚杰、布鲁纳、维果茨基、维特罗克(M. C. Wittrock)等人的早期建构主义思想不断发展以及对认知心理学批判和发展的基础上于20世纪90年代之后被广泛使用。在教育教学实践领域,建构主义最基本的内涵是一种认识论和学习哲学,这是关于知识与学习的理论。从认识论视角看,建构主义的核心是有关"知识"本质的认识并提供了对知识本质的解释;从学习论层面看,建构主义关注的是个体应当如何学习的问题,认为科学知识须由学习者主动建构,不能简单地进行传递和输送,学习者先前获得的体验和知识是后续行动的基础,在学习中起到重要的作用。① 综合国内外相关研究发现,建构主义已发展成为思想多样化的巨大理论群落,且主要集中在教学研究成果方面,在建构主义课程研究领域却相对薄弱,大部分研究仅对个别课程现象进行分析研究,尚未形成完整的理论体系。因此,建构主义课程研究还需进一步深入及拓展。

目前主流的建构主义范式包括激进建构主义、社会建构主义、信息加工建构主义、社会文化认知论、社会性建构论和控制系统论等。(1)激进

---

① 于兰.建构主义视阈下第二语言教师专业发展研究[D].东北师范大学,2008:8.

建构主义。激进建构主义是在皮亚杰思想基础上发展起来的理论范式。该理论认为知识不是由个体被动地接受，而是认知主体通过新旧经验的相互作用主动地建构起来的。激进建构主义主要对个体与其物理环境的相互作用进行了深入研究，但对学习的社会性重视不够。(2)社会建构主义。社会建构主义是以维果茨基理论为基础，认为知识是在社会范围内建构起来并在此过程中不断地被改造的，学习是个体建构知识和理解的过程，社会性相互作用内化影响对于高级心理机能的发展可能更为重要。(3)信息加工建构主义。信息加工建构主义认为，认知是一个积极而复杂的心理加工过程，新知识经验的获得以原有知识经验为基础，而原有知识经验又会在此过程中被调整或改造，新知识的获得以及原有知识的提取应用都是一个建构过程。(4)社会文化认知论。社会文化认知论认为知识与学习存在于一定的社会文化背景中，并关注不同时代社会文化和情境下个体的学习和问题解决等活动的差别。学习是个体基于某种目标通过实际活动来学习知识并在此过程中保持主动性地位。(5)社会性建构论。社会性建构论和社会建构主义同样强调社会对个体发展的影响，不同的是社会性建构论认为知识属于社会并以文本形式存在，所有人都以自己的方式解释文本的意义。(6)控制系统论。控制系统论是以循环控制思想为基础的控制论观点。它认为认识主体是积极、主动的观察者和参与者，所有的观察都是一种反省性的参与，且观察者处于一定的社会关系中彼此也会产生交互和系统的作用。①

上述建构主义理论范式虽在关注视角方面有所差异，但在学习论和知识论的主张上有很多相似之处，主要基于以下几点：第一，建构主义理论认为知识不是被动式的外部“装载”或“输入”，而是学习主体自主积极建构的。这种建构的结果体现为认识者的新知识与原有认识建立起内在联系并共同构成个体的整体经验。此原则被激进建构主义代表人物格拉斯菲尔德称为建构主义的第一原则。第二，建构主义理论认为学习是学

① 艾兴.建构主义课程研究[D].西南大学，2007：18.

习者个体基于自身原有经验主动建构和获得知识的行为。学习者在建构中体现的愿望和动机是积极和内在的，每个学习者先前所建构的知识经验都是新知识的生产点。但由于个体具有独特性，每个学习者应基于自己与世界相互作用的独特经验来建构自己的知识，而不是等待知识的传递。第三，建构主义都重视学习者先前知识、经验的积累以及自我的发展，且它们都不否认外部引导[①]，认为学习过程不是学习者被动地接受知识，而是学习者在一定的情境即社会文化背景下依据原有的经验以自己的方式积极、主动地建构知识的过程。第四，除了在学习本质上相对一致的观念外，建构主义学习理论在学习方式上也形成了许多相对一致的主张，主要体现为强调以学习者为中心的学习环境的创设，并提出"协作""会话""情境"和"意义建构"是学习环境中的四大支柱或四大要素，主张学习者对原知识的把握、对学习过程的自主性控制、对学习结果的自我表达和对问题解决过程的反思评价。其中，"情境"指丰富且有利于学习者对所学内容意义建构的情境，是建构主义者教学设计核心的内容。建构主义者强调"学生学习的关键是发生在有意义的情境脉络之中"。[②]"协作"和"会话"伴随学习过程始终，学习资料的搜集分析、假设的提出及验证、成果评价及反思对知识的最终建构都有重要作用。其中，"会话"是协作过程中密不可分的环节，学习小组成员在各类实践共同体中通过会话商讨学习任务。这种以交往和合作为基础的社会性学习是个体学习的必要补充，通过集体互动产生新的见解，是个体知识获得必要反馈修正并达成共识的重要基础。"意义建构"是整个学习的最终目标与追求。

第二节　建构主义学习迁移理论的基本原则

建构主义视阈下的学习理论对传统客观主义学习理论形成了冲击和挑战，被认为是教育心理学中的一场革命。有学习就会有迁移，学校教育

---

① 王文静.基于情境认知与学习的教学模式研究[D].华东师范大学，2002:37.

② 张奎明.建构主义视野下的教师素质及其培养研究[D].华东师范大学，2005:19—20.

追求的最重要目标始终围绕"为迁移而教"。迁移理论与学习理论一脉相承,可视作学习理论的延伸。建构主义学习迁移观是在建构主义学习理论影响下逐渐形成的,最典型的就是 H. Messmer 在皮亚杰理论体系基础上将学习界定为"认知结构的建构",将迁移界定为"认知结构的重新建构",这基本构成了建构主义学习迁移理论的基础和核心。

一、建构主义学习迁移的内涵

根据建构主义学习迁移观,学习迁移指的是"知识在新条件下的重新建构"。这种建构同时涉及知识的意义与应用范围两个不同分割的方面,而知识的应用范围总是与一定的物理内容、活动以及社会情境联系在一起的。[①] 据此,建构主义理论对学习的过程、知识的表征以及应用进行了重新阐释,认为"知识并不是对现实的准确表征,只是一种解释、一种假设,只能通过学习者在特定情境下积极、主动地对知识意义的建构而存在于具体的个体之中。而且不论是学习情境还是应用情境,建构过程对两种情境下的学习过程都存在影响"。因此,"传统学习迁移中的知识学习和知识应用只不过是学习的两个方面或阶段。这样,学习迁移的问题本身就成了学习的问题"[②]。建构主义理论对知识的表征、应用及学习的过程进行了重新理解。这些理解反映出两个共同的特征:一是十分重视学习者在学习过程中的主观能动性,二是特别强调情境的作用。[③]

迁移是人类学习的普遍现象,"为迁移而教"已成为教育界的共识。在心理学中,学习迁移指学习者在一种情境中的学习对另一种情境中的学习形成影响的一种认知活动,即"在一种情境中获得的知识、技能或形成的态度对另一种情境中获得的知识、技能的或形成的态度的影响"[④]。

---

① 文福荣,肖少北.建构主义学习迁移观及其对教学的启示[J].海南广播电视大学学报,2009(1):116.

② 刘儒德.论建构主义学习迁移观[J].北京师范大学学报(人文社科版),2001(4):111.

③ 石雷山.不同学习理论下的迁移观.内蒙古师范大学学报(教育科学版)[J].2006(7):15.

④ 王文钰.教学中学习迁移策略的初探[J].陕西师范大学学报(人文社科版),2006:258.

“迁移”既包括知识、技能、原理、思维方法的迁移，也包括态度、情感、价值观等方面的迁移[①]，这体现了学习者个体主动的心理加工过程。也有一些研究者提出“迁移是新旧经验的整合过程，可通过同化、顺应与重组三种方式实现，其实质是原认知结构与新学习的相互影响和作用，从而形成新的认知结构的过程”。教育者把促进学生学习迁移能力的培养作为一项重要的教育目标，认为通过学习迁移，可以使学习者在某一种情境中获得的知识和技能应用于其他任何情境。学习者所获得的知识和技能可以独立于某特定情境。学习者在学习的过程中将相对孤立、缺乏融通的知识和能力相互贯通、相互作用迁移，进行再生产的循环使用并促进创新。美国学者布鲁纳认为“学习的终极目标是为学习者的终身发展提供多种形式的服务。其中不可或缺的是训练的特殊迁移，即通过学习去适应某些工作以及原理和态度的迁移”。[②]

据此，学习迁移旨在达成的教育目标是学习者将所学的知识、技能、思维方法、情感态度应用到新的情境活动中，通过对新旧知识的融会贯通，形成新情境下分析和解决问题的思维方法，甚至运用新策略、新途径来创造性地解决相关问题，最终实现举一反三的效果。

对于学习迁移现象，研究者从不同的角度运用不同的方法展开探讨，形成了形式相同要素说、训练说、关系转换说（关系理论）和经验泛化说、迁移逆向曲面模型以及学习定势与迁移理论、认知结构理论等观点。其中，比较有影响的是美国学者奥苏伯尔提出的认知结构理论。他认为学习者原有的认知结构特征会始终影响新的有意义的学习，任何有意义的学习都建立在原有学习基础上。在此基础上，建构主义强调知识的意义与知识的应用范围是二位一体的，知识因为应用之需产生，只有在应用中才能被确切地理解。知识被应用得越多、越多样化，知识的逻辑外延就会更多地变成心理外延，学习者对知识的理解就会变得越深刻，也就越能灵

① 季海涛，凌和军.学习迁移能力研究综述[J].扬州大学学报，2013:3.

② 季海涛，凌和军.学习迁移能力研究综述[J].扬州大学学报，2013:3.

活地运用知识。[①] 建构主义特别强调情境对学习者建构和表征经验的方式产生了决定性影响，同时也影响了对知识的新应用，即知识是“情境化”的。根据建构主义情境化认知的观点，知识的建构离不开一定的情境，而迁移则取决于各种不同的情境。因此，教学策略会注重思考如何支持知识及其应用范围的发展，以便尽可能灵活地进行知识应用（建构）。传统的真理概念和教育范型强调知识是对外部世界完全准确的表征，意味着只有一种对应真理的知识形式，抛弃了知识的复杂性，强调知识权威与知识接受者之间单向的传递—接受关系，对于认识过程也往往与知识的简单“接受”“灌输”联系在一起，忽略了认知过程中情感、动机等因素的复杂性和认识主体之间复杂多向的关系。

二、建构主义学习迁移理论的基本原则

1. 学习迁移的主体性原则

研究者越来越多地关注到学习者的主动建构意识。例如，Bereiter 和 Langer 等认为“迁移很大程度上受个体个性倾向的影响，如意志坚定性、持久性、对新情境的主动探索精神、自信心和成效动机等”[②]。迁移不是特定的学习经验的被动产物，而是一个主动和动态的过程。这种迁移的主观能动性要求学习者形成如下几个层次的要求：第一，明确意识到迁移的重要性并拥有较强的内部动因来实施迁移。第二，学习者主动识别问题与已有知识经验之间的内在联系和相关性，抽象及匹配源问题与目标问题之间的内在联系，“识别可以迁移的具体情境并在不同情境中发现其背后所隐含的深层意义上的共同概念特征”[③]。第三，学习者在面对迁移机会时主动、恰当地提取和应用有关经验和资源，提高已有经验的利用度，减少惰性知识经验。

---

① 刘儒德. 论建构主义学习迁移观[J]. 北京师范大学学报(人文社科版)，2001(4)：111.

② 张奎明. 建构主义视野下的教师素质及其培养研究[D]. 华东师范大学，2005：19－20.

③ 石雷山. 不同学习理论下的迁移观. 内蒙古师范大学学报(教育科学版)[J]. 2006(7)：15.

以上要求意味着在教学过程中，教师和学生需要互为主体，合作建构，才能发挥有效迁移的合力。教师应根据学生原有的经验或认知发展水平，结合课堂教学情景和问题，主动进行教学内容的处理与方法的选择。学生根据自身原有的知识与经验，进行自主学习和知识建构。教师应致力于创设民主互动的师生关系和互动合作的集体学习环境，让学习者之间形成相互支持、合作建构的学习共同体，并创造性地寻求问题解决路径，即“学生将成为信息加工的主体和意义的主动建构者，教师将从传统的知识传授者与灌输者转变为课程的开发者、群体的协作者、信息资源的设计者、学生意义建构的促进者和查询者、学生的学术顾问等”①。因此，迁移的个体差别，即学习者不同的个性倾向对于是否能实现稳定有效的迁移至关重要。大部分迁移不能自动发生，只有具有主动个性倾向和自我调控能力的学习者才能将认知经验充分内化成个性，并通过教师有效的教学设计或学习环境设计，利用高级认知加工能力实现迁移。此外，建构主义者认为，只有学习者明确自己的学习目标，并形成与获得所希望成果相应的预期，学习才可能是成功的。所以，教师还应鼓励和引导学生根据学习需要，对初始的目标进行分解或转化。

2. 学习迁移的适应性原则

从迁移发生的机制与影响学习迁移的因素来看，学习者先前的经验对迁移是至关重要的。学习迁移是对学习者原有知识的新的建构。这种原有知识既包括学习者通过课堂学习等形式积累的知识和经验，也包括学习者作为社会角色所习得的知识和经验。因此，教学应致力于判断学生对已有知识的策略和对学生先前经验的敏感力，在教学设计和策略上如何有效促进学生在原有知识和经验基础上重新建构是教学模式需要重点规划的问题。第一，要注意积极调动学生调取基于自己原有经验和知识的动能。杜布斯认为，只有个人将新知识与自己的原有知识和经验之间形成新的建构，学习才“真正成为一个主动的过程”，否则学习者头脑中

---

① 张奎明. 建构主义视野下的教师素质及其培养研究[D]. 华东师范大学，2005：19－20.

所存在的知识经验都是惰性的。第二,要注重合作学习共同体的构建。“学习不是教师和学生单线联系的活动,更不是学生的个体行为,而是一种共同合作的活动,即合作式学习,通过加入、联合和批判性地考察别人的观点来学习,通过互动产生各种新见解”[①]。加强社会交互作用和合作学习可促进迁移发生,集体学习和交流互动的环境可促使个体基于问题的对话来拓展超越自身的理解或建构,在学习合作共同体建设的过程中辅以多情境下多种练习措施,则更能加强合作学习,达到学习合作共同体的效果。

3. 学习迁移的过程性原则

过程性评价强调教学评价发生在教学过程中,注重评价的情境性、即时性和诊断性。杜布斯认为,评估应该结合具体的学习情境实施,重点在于检查学习过程中的进步程度并给学生提供即时的反馈。学生作为教学评估的重要参与者,其自我评估尤其是结合自身学习的教学评估,有助于学生对原认知的把握以及知识的深层次建构,对自身反思能力的提高和学习策略的改进等也具有重要意义[②],落实到具体的教学过程中,需要着力做好以下几个方面:

首先,应把评价作为基本手段促进学生树立主动建构知识的目标,重视在学生学习过程中的即时评价和反馈,即具体的教学情境下的评价,而不仅仅关注于学习结果优劣的总结性评价。其原因在于这种建设性和诊断性的评价可以帮助学生挑战当前的认知水平,达成对问题的认识和反省的超越。例如,布鲁克斯等认为,“评价不应该作为一种有效的绩效工具,即它使一些学生获得自我良好的感觉,而使另一些人被迫放弃”。

其次,多元化和个体化评价标准的使用。学生基于自身不同的经验背景和认知差异,在对问题的理解上会给出不同于“标准答案”的表达。这不一定代表是错误的表达,相反,这些表达往往是促进学生观念改变的重要一步。布鲁克斯等认为,当学生不能准确地给出问题的答案时,基于

---

① 杨芳.多问题中心建构式案例教学探讨[J].当代教育科学,2013(1):12－14.
② 杨芳.多问题中心建构式案例教学探讨[J].当代教育科学,2013(1):12－14.

建构主义教学思想的教师不会简单否定，而是努力站在学生的立场去理解学生对当前问题的思考。教师通过不作判断的质疑，更注重引导学生建构新的理解及获取新的技能。这种建构主义学习评价能在加强学生学习的同时促进教师对学生当前思维的理解。

最后，注重学生的自我评价。鼓励学生对学习进行不间断的评价和反思是增强学生的原认知能力和自我分析学习能力、促进知识反省和深度建构的重要途径。①

4．学习迁移的情境性原则

“心理学中的‘情境’有其独特内涵，行为主义及认知主义者偏重情境的客观性，将其定位于影响行为活动和个体心理的客观环境条件；而建构主义则更强调情境的主体化或客观情境的‘现象’意义，将情境定位于其主体性、社会性和主客观条件的双重建构性上。”由此，“情境”可界定为在特定环境背景下个体行为活动的即时条件。这种即时条件既包括个体既成的情绪、意向特点、人格倾向、当时的认知等主体条件，也包括当时的周围环境尤其是进入个体意识范围的环境条件。具体到学习情境方面，主要指能够反映知识在真实生活中应用方式的社会与物理环境，以及个体对知识意义和自己身份的反思等主体化情境。动态性、真实性和知识的嵌入性是其主要特征。②

早先的研究对情境因素在迁移中的作用有所忽略，仅将其视作不直接参与学习和迁移活动的背景。随着维果茨基的社会文化历史观点的引入和以 Greeno 为代表的迁移情境性理论的提出，情境被认为是整个学习中重要且有意义的组成部分。不同的场景或情境影响学习和迁移的结果，通过个体与环境中事件的相互作用而形成活动的组织原则，即活动图式。迁移就是应用活动图式来适应不同的情境。知识学习无论处于哪个阶段，都不能脱离学生的生活背景和个体经验，以帮助学生建构正确的知

---

① 张奎明．建构主义视野下的教师素质及其培养研究[D]．华东师范大学，2005：15－20．

② 曲佳．情境因素对学习迁移的影响初探[J]．重庆工商大学学报(社会科学版)，2006(4)：155．

识体系。Prenze 和 Mandl 认为，知识的应用范围是由与学习情境相关的“使用情境”构成，教师应根据学生的实际经验和知识背景选取与日后运用知识相类似的情境。[①]

建构主义认为，知识不是一个具体的对象，不可能以实体的形式存在。知识是活动、情境和文化的产物，只能与个体生活的具体情境和经验联系在一起而存在。或者说，知识是个体和情境交互过程中建构的一种状态，它的获得和应用都是在具体的情境中实现的。知识学习是对具体知识的再创造。由此可见，情境被认为是整个学习中重要且有意义的组成部分，不同的场景或情境影响学习迁移的结果。这对教学提出如下要求：

第一，应注重真实情境的创设。传统的学校学习大多远离真实情境，学生只能习得情境的知识和内容，学习过程往往独立于事实相关情境，容易使得学习者形成简单的惰性知识，很难发生有效迁移。而基于社会“真实情境”中创设的知识教学不仅有助于激发学生的情感和兴趣，使其积极调取已有经验去解决现实生活中的各类问题，而且更容易形成综合性知识以及创造性能力。真实情境的问题富有一定的挑战性，但在难易程度上作了适当的把握，两者结合于学习者的“最近发展区”，能有效调动学习者的积极性和获得问题解决后的成就感。

第二，应注重情境创设的适应性。Prenze 和 Mandl 认为，“知识的应用范围是由与学习情境相关的‘使用情境’构成的。知识的应用范围取决于学习时的使用情境”[②]。在知识获取的任何阶段都不能脱离学习者的生活背景和个体经验，而要在学习者实际认知经验基础上帮助其完成知识建构，这就要求教学在设计中把握难易程度，以一种适当的方式实现学习者对自身认知经验的调取和利用。

第三，应注重情境创设的复杂性和综合性。学校课堂常以文字符号

---

① 文福荣，肖少北. 建构主义学习迁移观及其对教学的启示[J]. 海南广播电视大学学报，2009(1)：116.

② 张建伟. 教育技术的心理学研究[M]. 北京师范大学出版社，2003：55.

来进行知识表征，有一定的封闭性，在很大程度上简化了学习对象或事实，而校外学习情境中的事件则是复杂多样且变化的。

第四，应注重情境创设的合作性。学校课堂的学习多为个别化过程，而校外的学习则更多的是与他人合作互动，实现共享认知。

第五，应注重情境的主体性。学习者围绕真实情境中的知识，通过和学习共同体成员的合作学习，完成从目标识别、问题抽象到问题解决的全过程。迁移产生于学习者对特定情境的困惑，会促使学习者面对结构不良问题激发弥补信息不足的需要，从而形成积极迁移的动机。所以情境的创设应充分考虑其中蕴含的动机资源，可以促使学习者充分找出迁移动因，完成问题分析和解决、理论创建乃至活动创新等目标。建构主义认为，“情感是学习的发动机和控制器。教学中能够激发学生持续学习动机的唯一办法，就是使他们体验到伴随他们成功解决问题的过程中的快乐”①。

第六，应注重情境创设及练习手段的多样性。建构主义认为，学习分为知识学习和知识应用两个方面。为了促进知识在不同的情境和新的条件下有效应用，学习者需要从知识建构过程开始就注重较多应用的生成，而这个过程需要教学中练习内容和练习方法的多样性加以实现。方法越多样，视角越多元，知识应用范围所包含的因素就越多，内涵也就越丰富，应用起来也就越灵活和有效，以此促进学习者不断地进行理论应用实践，从而抽象出理论循环上升的过程。

第七，应注重情境创设的反思性。根据建构主义的立场，错误是学习者深度思维的重要体现。通过反省、发现问题并提出解决问题的新方案，可以促进情境行动的继续并能拓宽对问题理解的深度和广度。所以，宽容错误且鼓励教学环境设计和教师引导，对激发学习者深度思考和创新思维是非常关键的。不同领域的实践都存在着情境与反思相互交替的现象。

---

① 曲佳.情境因素对学习迁移的影响初探[J].重庆工商大学学报(社会科学版)，2006(4)：155.

综上所述,建构主义迁移观特别强调情境的作用和情境的创设对于有效迁移的作用。这种思想启发教学应保证在适当的情境中进行,包括课堂文化、知识的呈现方式及学习环境的建构。建构主义认为,学校传统学习的是去情境化的知识,学习者关注知识和技能的获得,强调抽象推理和学习的必然性,所习得的知识也是不完整的,容易产生内容空泛、个体化、不易提取及难以在新的或类似情景中进行迁移运用等诸多不足。而现实环境的真实、复杂则强调将知识置于具体的"真实"情境中,需要通过合作学习和情境化推理等来解决诸多真实的问题。迁移的物理和文化线索的策略使用显得尤为重要,对校外学习情境的简单模拟难以保证学习者达成知识从校内学习情境向校外真实、动态且多变的情景转移。从知识整体性的角度,杜布斯认为教学在内容上不应将问题简单化,必须贴近生活和职业的、可以视作全面整体观察的问题领域,"因为某些东西只有在全面的整体关系上被观察和深入,并且最终能够被重新带回到整体关系上的话才能被理解"①。通过对情境创设的分析,发觉主体性、适应性、过程性原则都离不开情境因素的支持和诱导。这些原则和要素之间是彼此影响和相互作用的,共同构成有机整体来促进迁移,并由此推导出建构主义迁移观视角下的教学模式及操作策略。目的是使学习者在一个真实而又完整的问题情境中产生对学习的主动需要,并通过学习共同体中成员间的合作学习,亲身体验及实施主动的生成式学习,完成识别问题、抽象问题和解决问题的全过程。在此过程中,教师是教学情境的重要设计者和组织者,并通过和谐、互动的课堂文化与学习者形成一定规则下的角色分工,即教师是引导者、促进者和有效评价者,学习者则相当程度上承担起自我管理、控制和激发的责任。建构主义教学理论见图 3—1。

---

① 曲佳.情境因素对学习迁移的影响初探[J].重庆工商大学学报(社会科学版),2006(4):155.

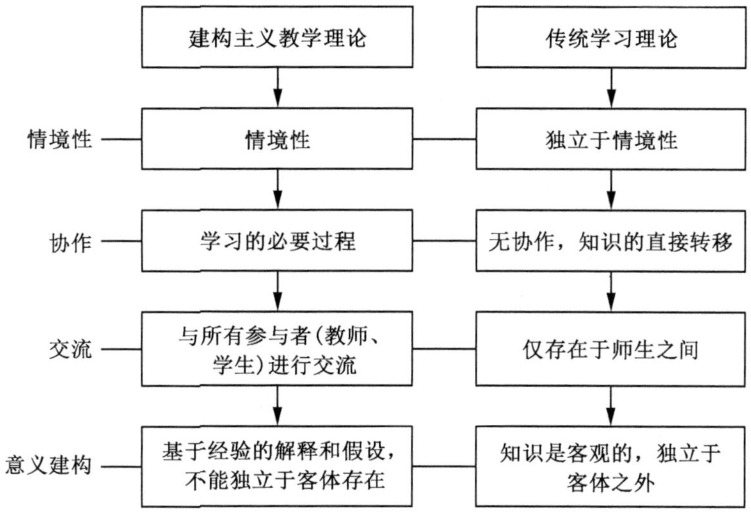

图 3—1　建构主义教学理论

第三节　基于建构主义视角的教学模式分析

关于“模式”的定义，学术界比较认可查有梁给出的界定：“模式不仅仅是词典中的含义，还是一种科学思维和科学操作的办法，是一种解决问题的思维方法及处于理论和实践间的中介方法。它既不等同于理论，也不等同于实践，是沟通理论与实践的中介和桥梁。”[①]在此基础上，学术界对于教学模式的内涵进行了多方面探讨。杨小微认为，教学模式“是在教学实践基础上建立起来的一整套组织、设计和调控教学活动的方法论体系，由教育主题、功能目标、结构程序及操作要领构成”[②]；李如密和何克抗认为，教学模式是基于“一定的教育思想和教学理论指导，为完成特定的教学目标和内容”而形成的“稳定的教学结构形式及具体的、可操作的

① 王文静. 基于情境认知与学习的教学模式研究[D]. 华东师范大学，2002:46.

② 杨小徽. 中小学教学模式[M]. 湖北：湖北教育出版社，1990:32.

实践活动方式”[①]；曹芳芳认为，教学模式“是一种具体的、可以直接应用的、丰富的、有意义于实践的模式，以简化的形式呈现，有助于教育者在教学实践中更好地把握教育目标、教学方法，对整个教育过程具有重要意义”[②]。

综合上述比较典型的定义，可以看出教学模式是基于一定的理论基础从各个学科及教学方式中提炼概括出来的、较为稳定的理论框架或教学模型。它以简约的、便于人们把握的形式表达了一种教学思想，并在应用中呈现出实践指向，通过在教育领域的实践和探索试验进一步对理论框架进行规范和系统的梳理，即教学模式具有理论和实践两方面的功能。因此，教学模式应包括理论基础、教学目标、教学结构、教学程序、实现条件、教学内容及教学评估等方面的要素。其中，理论基础是教学模式的思想源泉和存在基础，决定着教学活动的目标和过程，并在教学活动中发挥导航和调控的功能；教学目标是教学模式的核心要素，是教学模式指导下的教学活动在学习者身上产生相应结果的预期，制约和引领着教学模式的策略评价及操作程序；教学结构是指在完整的教学过程中所有教学方式方法和措施的综合；教学程序是对教学过程中的操作步骤和操作顺序的具体说明或规定；实现条件是指使教学模式发挥功能并达成预期目标的教学观念、资源、活动、方法、师生关系等各类支持条件的综合；教学内容是指促使教学模式发挥功能的包括师生、内容、技术、时间、空间、策略、方法等各种条件的静态组合形式和基本操作要素；教学评估指教学效果的评价方法和标准。因此，教学模式是基于一定的教学理论及思想建立的较为稳定的教学活动结构框架和活动程序，能在给定的条件下一定程度上揭示教学规律及课程设计者和实施者对“学”与“教”的态度，解决教学过程中的诸多问题与矛盾，影响和改变系统行为特性的思路与方式，也对学习者的学习成效有着直接影响。教学模式在实现教学目标和完成理

---

① 李如密. 关于教学模式若干理论问题的探讨[J]. 课程·教材·教法，1996(4)：25—29.

② 曹方方. MBA 教育的教学模式研究[D]. 沈阳师范大学，2014：15.

论与实践相结合的过程中呈现出一些共同的特征。

建构主义基于哲学、人类学和心理学等理论，阐述了什么是认知及个人如何认识的问题。它认为知识是非客观的、发展的、内部建构的，是个体解决认知冲突的自我调控过程和自我建构新意义的过程，继而使个体通过对话与讨论、合作性社会活动来进一步协商新建构的意义，从而形成更为高级的认知结构。不同的建构主义流派或范型有不同的主张和观点。但在学习模式、学习环境、学习评价、学习迁移以及建构主义在教育、教学中的应用等方面，建构主义的基本观点和原则是比较一致的，并在此过程中形成了一些相对稳定的流派和共同的观点，整合在一起，可以归结为共性的观点和视角，即建构主义学习是一种积极的、主动建构的、目标指向的、累积的诊断和反思的过程。强调的第一原则是知识不是被动接受而是主体积极建构的，教学是每个独立个体的学习者基于已有的知识经过处理转化形成新知识的增长点。

建构主义的兴起对传统教学模式和当今学习理论产生了冲击，而且近年来建构主义学习理论及其在教学实践领域的研究也日益受到教育工作者越来越多的关注，随之形成了一批经典的建构主义视角下的教学模式，如抛锚式、认知学徒制、支架式、随机访取式、问题解决式等。这些典型的教学模式有一些共同的特点，即基本都强调“以学生的自我控制学习为中心，创设鼓励学生相互合作、积极建构、提供丰富的信息来源、基于真实任务和真实情境的学习环境。其中，教师对学生的学习起着组织者、控制者、帮助者、指导者和促进者的作用，充分发挥学生的积极性、主动性和首创精神，最终使学生有效地进行知识建构，成为能够自我控制学习、正确地认识世界的终身学习者”。

一、抛锚式教学模式

抛锚式教学（Anchored Instruction）模式由美国温特贝尔特大学匹波迪教育学院研究中心约翰·布朗斯福特教授率领的温特贝尔特大学认知技术小组（CTGV）提出。该教学模式注重利用多媒体技术，构建一个真实又丰富的情境，吸引学习者并将其带入事先编排好的复杂问题情境，完成识别和解决问题的过程。该模式的目的在于创建能使学习者产生学习需要并持续探索有意义的问题解决情境。确定情境中问题的环节被形象地比作“抛锚”动作。一旦问题或事件确定，整个教学内容及进程也就相应地确定(类似轮船被锚固定)。此教学模式的开展中“锚”的设计特别重要，教师帮助学习者创设一个学习与现实情况基本一致或相类似的情境，帮助学习者在这样一个逼真的学习情境中主动学习。教师在上述情境下选择与当前学习主题密切相关的真实性问题或事件作为学习的中心内容，或者让学生面临一个需要立即解决的现实问题。这个环节相当于“抛锚”动作。教师并不直接告诉学生如何解决问题，而是提供有关的线索并引导学生自主学习。学习者基于“锚点”开展自主式、互动式、协作式学习，在交流中修正、补充并加深对问题的理解。这个过程可以较为直接地反映学生的学习效果，教师则更多的是鼓励、引导学习者分析和解决问题，并且观察及记录学生的表现即做好效果评价。

建构主义认为，学习者想完成对知识的深刻理解，最好的办法不是仅仅聆听教师或专家的经验介绍和问题讲解，而是让学习者到现实世界中去直接获取经验。由于抛锚式教学要以真实的事例或问题为“锚”，所以这种教学模式也被称为“基于问题的教学模式”或“实例式教学模式”，因为经过编制的信息会向学习者呈现逼真的问题情境，促使学习者利用信息来发现和解决问题。

二、认知学徒制教学模式

认知学徒制是 20 世纪 90 年代教育研究转型中出现的一种具有开拓意义的教育理论。美国认知心理学家约翰·西利·布朗和阿伦·克林斯及保尔·杜吉德等于 1989 年提出这种教学模式或学习环境，确定其基本概念、要素与框架，并认为认知学徒制包括内容、序列、方法和社会性 4 个维度 18 个构件。内容包括“学科领域知识、认知管理策略、问题解决策略和学习策略”[①]。从内容要素中可以看出认知学徒制模式更多地注重问题解决的实践过程和任务执行过程中的监控和矫正，这就区别于传统学校教育中仅对学科知识的关注和由此导致学习者在真实复杂情境中解决问题的能力缺失。“序列”指学习者的学习过程应是由简单到复杂、由单一到多样、由全局到局部变化的序列，分阶段实施，构建专家在实际操作中所必需的多种技能并发现技能应用的条件及搭建不同形式的脚手架来助推问题的解决。“方法”是围绕教学目标且用于教学过程的必要工具，主要包括建模、教练、脚手架搭建与拆除、清晰表达、反思、探究等要素。[②]认知学徒制模式所呈现的六种教学方法能看出和传统的教师控制及主导的教学模式的分野，即认知学徒制模式强调学习者的中心地位，更加注重对学习者观察、参与、探究和解决问题等能力的培育和机会的创设，以培养具有高级认知和原认知技能的学习者。“社会性”则要求“学习环境应该再现运用所学知识的真实世界的特征”，在此环境中通过专家带着学习者(学徒)进入具体的、实际的工作情境，学习者在专家的指导下，在真实的情境中通过亲身实践和解决问题，逐步获得专家的专长和默会知识。这种真实的情境一并提供可用于实践的思维及策略，让学习者通过观察、练习、交流、反思、联系等方式有效学习，从而有助于成长为独立而专业的个体。这个学习环境的构建需要融合真实环境的特征及教学目标，并有学习者跟随专家工作交流。认知学徒制的教学原则是创设一个具有丰富教育意义的学习环境和真实场景供学习者学习并促使其激发动机，通过示范、指导、反思、探究等技术和实践共同体中的合作及互动等培养学习者解决真实生活中的问题的能力，学习者相互合作，促使不同专长起点和学习速度的个体间可以提供帮助。

认知学徒制模式汲取了传统学徒制模式在指导、示范、脚手架支撑等方面的核心技术，弥补了传统学徒制学校教育中知识脱离使用情境和专

---

① 刘义，高芳.情境认知学习理论与情境认知教学模式简析[J].教育探索，2010(6)：88—89.

② 王文静.基于情境认知与学习的教学模式研究[D].华东师范大学，2002：94—95.

家内在认知过程不可视的不足，将学校教育和学徒制的优点结合起来，把学习者浸润在专家实践的真实环境中，是一种能促进技能和知识向实践场所和工作场景成功迁移的教学模式。作为建构主义的经典教学模式之一，学徒制教学内容更关注专家将知识应用于现实问题任务时所使用的认知策略与推理过程，注重专家内在认知过程可视化、学习者的积极反思及表达和学习者之间的互动合作，并在教学过程中体现出知识和技能的运用在复杂性和多样性方面的递增及评价上的过程性和情境性特点。它所倡导的技术和方法如搭建脚手架、清晰表达、专家思维外显、反思、探究、合作、学习共同体等，均体现了建构主义的核心教学理念。

布朗等学者对认知学徒制模式要素的建构和框架的设计有助于推动进一步的研究及一批富有活力的教学实践范型的应用。该理论提出至今在各个领域的实践表明它是一种非常有效的教学模式和学习环境，能培养学生面对问题或复杂任务时的高级思维和处理能力，促进学习者高级思维的获得和知识的迁移，也较为符合信息时代追求项目驱动和模拟情境，团队合作及教师指引的创新型人才培养的内在要求。

三、支架式教学模式

支架式教学模式是在建构主义理论影响下形成的较为成熟的三种教学模式之一，它的核心内涵就是“最近发展区”思想，可以说是“最近发展区”理论与教学实践的结合体。建构主义者用建筑行业脚手架形象化地比喻为学生对问题的进一步理解所需要的概念框架，通过为学生搭建一套合适的概念框架，让学生在具体的教学情景中提升搜集和处理信息、分析和解决问题及交流与合作的能力，并在教学过程中注重师生地位的动态变化及学生的潜能和创造性的充分挖掘，通过这种脚手架的支撑作用循序上升，实现学生知识自主建构的过程。近年来，国内外诸多学者对支架式教学模式具体而又系统的研究也表明，该教学模式在全面调动学生学习的主动性、积极性和创造性上具有广泛的适应性。支架式教学模式由以下几个环节组成：

第一个是搭建“脚手架”环节。建构主义理论认为在教学过程中应先有教师的引导启发，接着学生去做研究分析，教师在此过程中适时提示点拨，帮助学生沿着概念框架逐步深入。在学生自主学习和生生讨论中，教师可以引导学生从多个视角去寻求解决问题的办法和提供新的学习领域，让学生去探索，即教师在知识建构过程中充分发挥对教学过程的有效驾驭和把控的作用，让学生用好自己搭建的脚手架并不断深入，直到能独立驾驭知识和能力的转换过程。这个过程真正实践教师指导、学生自主学习的教学模式，既让学生增加自主学习的能力，又让教师不断地合理定位，多方位、多层次地思考教学情境的设计，发挥好支架的作用。

第二个是进入情境环节。如设置多层次且有意义的情境供应，无论是物理的、自然的情境还是功能性和虚拟性的情境，均可以反映知识在真实生活中的应用方式，保持真实生活情境的复杂性并为学习者提供较为逼真的“情境场”，使得学习者可以通过非简单化合成的问题情境去运用已有的背景经验。如基于问题主动探究、分析和解决，在学习中设置富有一定挑战性和复杂性的问题，让学习者广泛深入地激活自己原有的知识经验，并在理解、分析和合作探究中生成新的困惑和假设，在解决问题的过程中建构相关知识并形成自主学习的能力。问题的解决过程也是知识建构的过程，二者在不同程度上的深化整合，促进知识不断地深度建构。

第三个是教师的“支架”作用。在此过程中，教师的角色不再是知识的先行者，而是学生学习的指导者、帮助者和促进者。搭建支架促使学生跨越“最近发展区”并获得进一步发展。教师引入真实而复杂的系列关键事件作为支架开展具体的教学活动，以环环相扣和层层递进的“关键事件”为动力推动教学模式的深入与延展，通过支架的帮助，将管理学习的任务由教师逐渐转移给学习者，最后撤去支架，即最终的学习任务会转移给学习者自己把握。在这个过程中，教师为了发挥这个关键的“支架”功能，需要思考为学生创设更为立体而又多元化的学习环境，促进学生从不同情境和不同层次中理解教学设计。

第四个是实践共同体的创设及情境化反思和评价的过程。尊重学习者的个体差异并强调产生差异基础上的交互与协作，能够将不同学习者的知识经验显性化，通过分享，实现知识经验社会化的过程并加以有效传递，让更多的学习者共享和整合。而且这个过程可以加强自我反思、团队学习促进式反思和教师教练式反思，使之形成过程性、情境性的评价并促进知识循环上升。

根据建构主义的主要观点，知识是经由学习者积极建构习得的，而且学习者先前所具备的知识和经验是新知识的生长点和基础。总的来说，建构主义的学习具有积极的、建构的、累积的、探究和反思等特征。由此所形成的教学模式会有一些普遍性，除一般各类教学模式的简明性、完整性、操作性与开放性等共性特点，又能基于上述分析，识别出一些共同的主要特征，主要集中在基于问题的构建性的学习、情境化的学习、学习者的中心地位及教师的“支架”作用。

为了对教学模式进行分析，本节将基于建构主义学习理论的教学模式概括为：以建构主义学习理论为主要理论基础形成的，在以学习者为中心的教学环境中建立起来的教学活动进程的稳定结构形式。随着时代的发展和新的教学思想的不断涌现，越来越多的反映素质教育或职业教育思想理念的教学模式如活动教学模式、自学辅导教学模式、探究研讨教学模式、主体性教学模式、反思性教学模式等随之出现。本书呈现的两种主要的基于建构主义学习理论的教学模式并不是完美的教学模式，但综观研究现状和经过比较，笔者认为这两类教学模式是比较好的在建构主义核心思想理论指导下建立起来的较为稳定的教学活动框架和活动程序，它们来源于真实的学习过程并能有效地应用于教学实践，不仅从理论上论证了其存在的合理性，也在教育实践领域有深远的影响。认知学徒制教学模式在现实学校教育实践中形成了基于工作的认知学徒制、学业发展和职业教育相结合的认知学徒制等主要范型，其可行性和实践生长点也得到了验证。

从工商管理硕士培养的视角考察，教学模式构建往往围绕如何借助学习环境的设计、教学活动的创新来促进学习者教学效能最大化，并将理论知识转化为职业能力的目标。与传统的教学模式相比，针对工商管理硕士培养目标而形成的教学模式更注重职业能力培育导向，即对学生主体性、创新性能力的培育。因此，在职业能力提升目标下，基于整合式建构主义学习理论的案例教学模式将是工商管理专业硕士教育培养实践中可行的一种教学模式。

第四章　整合式 MBA 案例教学模式构建

根据对建构主义教学模式的分析，本章提出了整合式 MBA 案例教学模式的理论假设，并通过对构建案例、案例教学及应用进行重点实证分析来探究整合式案例教学模式构建的效果及具体举措。同时，本章以历年入库全国百篇优秀管理案例为样本，可视化分析国内入库案例的整体情况并提出采编建议，通过代表性教师访谈，了解案例教学及案例实训中的困境和建议，以此作为整合式案例教学模式构建的现实基础。

第一节　整合式案例教学模式构建

根据对工商管理硕士人才培养目标及案例教学法的特征分析，结合建构主义学习迁移理论及代表性的教师访谈，笔者得出基于职业能力提升的整合式案例教学模式的特征与目标。与传统知识传授型的教学模式不同，整合式案例教学模式教学过程中的四要素，即“为什么学”“学什么”“怎么学”“学得怎样”均发生了明显的变化，具体体现在以聚焦职业能力提升为特征的教学目标上，以及围绕职业情境构建和学习者中心地位转变来凸显知行合一的教学理念和方法。

一、构建的目标

工商管理硕士（简称 MBA）自 1991 年成为我国首个专业学位试办项目起，就在《专业学位设置审批暂行办法》第二条中明确规定“专业学位作为具有职业背景的一种学位，为培养特定职业的高层次专门人才而设置”[①]，这为 MBA 培养目标的界定明确了方向。而 MBA 教育的本质在于“以硕士研究生形式来培养职业经理人才的高级职业教育”[②]。MBA 教育的成果最终要投入真实的管理实践中，其教学过程不能只关注理论传授，更应注重学生的实践操作能力的提升。

因此，工商管理专业硕士教育不是以理论为逻辑起点展开的“知识传授型”教学模式，而是以实践为逻辑起点展开的“职业和实践导向型”教学模式。管理教育尤其是工商管理教育主要应帮助学生在学习阶段直面职业世界并进行职业探索，关注职业活动中的管理问题并就地取材，探索知识转换为能力的学习方式及对问题多样性解决方法的关注。基于这样的教学目标和性质，工商管理专业学位学生的教学模式改革应该重点落脚在学生的知识经验映射到行动过程方面，以及在行动中体现出良好的岗位胜任力和适切性。教学模式的重点需要放在以学生为中心的教学模式改革上，聚焦任务的真实性和复杂性、教学过程中的合作性和主动性以及教学评价的情境性和反思性，并通过对多元且复杂的学习情境的设计，帮助学习者更好地实现教学与真实职业的融通和对接。

二、构建的原则

梅里尔等认为，“学生是说服自己从教学中获取特殊知识和技能的人，学习者则是从自己的经验中建构自己的意义的人”[③]。因此，工商管理教育要牢固树立“学习者”的概念，关注学习者的自主性学习，如建构主义学习理论认为“最为根本的一点，就是重新确立学习者在意义制定中的中心地位”[④]。建构主义倡导学习者自主、合作和探究式的学习，主要体现在以下两个方面：

---

① 国务院学位委员会.专业学位设置审批暂行办法[Z].1996-07-22.

② 章达友.试析 MBA 教育的本质和特点[A].北京：机械工业出版社，2001：267—275.

③ 约纳森.学习环境的理论基础[M].华东师范大学出版社，2002：4.

④ 钟启泉.改变“学力观”　保障“学习权”[J].河南教育(基教版)，2001(9)：1.

第一,学习者主体地位的凸显和教师角色的转变。在传统的学习模式中,学生处于外在于知识的位置,学习方式为较为被动地接受,教师也主要扮演着过度关注教材知识权威者的形象。基于建构主义立场,学习者需要发挥自身的主动性、探索精神和首创精神。在开放式教学情境中,学习者能够感受到真实情境和不固定的标准答案带来的刺激,从而激发学习和探究的热情。而教师也转变为学习的观察者和指导者,引导学习者经历怀疑争论、分析决策、经验整理等过程,更关注于课堂创建和学习者"会学"的目标。学习者在教师的组织和引导下形成学习共同体,并对现实问题和矛盾冲突进行探讨和交流,考察各种理论、观点和假说并进行协商和辩论,亮出各自的观点和论据并对别人的观点做出分析和评论。通过这样的协作学习环境,教师与学习者之间教学相长,个人的思维与智慧被整个群体所共享,战略性的、束之高阁的理论框架变成解决管理现实问题的可操作性的实践。在此过程中,教师提供给学习者观察问题和分析问题的视角,而学习者则在这种知识建构的过程中磨炼自主学习、创新和战略决策的能力。

第二,学习者学思践悟的全过程。学习者成为学习的主体后,不仅在课堂上充分发挥主动探索的精神,更重要的是会根据所学内容在多种情境下进行应用,并在实践中不断修正思考、对比体验、积累经验,获取实践意义上的个人隐性知识和促进个人能力的提升。在这个学习过程中,学和做是紧密关联的有机体。学生通过知识的外化,借助自身的行动得到相应的反馈,并通过解决实际管理问题,形成自我反馈,在循环往复中完成知识的螺旋上升。

(一)教学条件聚焦职业情境的构建

建构主义的核心概念之一是学习总与"情境"相关联,即学习与一定的社会文化背景相联系,学习者与周围环境的交互作用对于学习内容的掌握有重要作用。在实际情境中,学习者可以基于自身的原有认知结构和相关经验去同化新学的知识并赋予其某种意义。这种过程是对原有认知结构的改造重组,达到对新知识的建构。由于传统课程在创设真实的学习情境上有困难，因此会对学习者知识建构的效果产生影响。所以，如何将学校学习和职场环境紧密结合，将职场环境的复杂性和真实性与学校学习紧密结合是工商管理硕士教育中的重要课题。

在职场情境的构建中，案例教学是课堂模拟职场情境并进行操作训练最经济有效的方式。案例教学以案例为载体，通过对真实管理情景的分析、提炼、优化，形成一种接近真实情境的学习场景，让学习者在交流互动的过程中完成对问题的理解、知识的应用和意义的建构，以培养学习者的综合职业能力。在此过程中，学习者不仅能得到教师的支持与帮助，而且也能从同伴间得到协作和支撑。如果将案例教学的内涵适度延伸，可以扩展到对接真实的职场环境的案例实训，形成案例教学实训的闭环，如创设实习场，建立校外实践基地，由合作企业单位提供真实情境，让学生通过具体操作对知识和技能进行应用，让学生在管理岗位上“零距离”地实践训练。只有建立起知识与真实职场环境间的联系，建构起模拟教学环境，才能保证教学效果的有效达成。

（二）教学评价重在参照性、过程性和反馈性评价

教学评价是指按照一定的价值标准，对学习者通过学习而产生的变化及构成变化的各类要素进行价值判断。传统的评价方式往往在考场环境中进行单次测试来确定结果、划分等级。这种评价方式不容易覆盖所有的学习目标，考场环境下的一次评测也很难保证评价的效度。工商管理硕士的教育不在于名次和成绩，而是以职业能力标准为参照，判断能力是否习得和掌握。所以，评价更注重参照性、过程性和反馈性。

1. 评价标准的参照性和过程性

工商管理教育的目标是胜任岗位要求和通过管理实践任务的检验。教育效果的评价也聚焦在学习者是否能从学校学习得到相应的岗位工作能力，利用习得的知识去解决真实世界的管理问题。因此，把学习者学习的过程、效果与拟定的学习任务目标对比衡量，看学习者对这些结果的达成情况，判断在教学过程中学习者的潜能是否得到开发，关注学习者探索、合作、分析能力的提升，再判断学习者行为背后的知识结构是否合理，

以便进行优化。这种过程性、动态性、发展性的评价更适用于能力导向的教育理念,体现了建构主义“嵌入式”的过程评价。学习者可以在此过程中意识到自己进步的轨迹,感知到自身学习后能力的变化,更容易具备持续的学习动力。

2. 评价主体的多元性和内容的全面性

由于管理工作的复杂性,对学习者学习效果和能力习得的评价,不仅要关注对知识理论和综合技能的掌握,更需要关注职业素养、情商人格和社会责任,即要从知识、技能、情感、态度、素养等多方面进行评价,在当下的工商管理教育中,特别需要关注创造发展、合作沟通、社会责任等能力。而这种评价既有对所学技能与知识的定量分析,也有对学习者所获能力素养的定性分析,绝不是单一方法和单一评价主体可以完成的。在案例教学体系中,评价的主体已经不是单一教师或者考试。学习者成为重要的评价主体。在此过程中,学习者可以根据标准感受和检验自身的学习效果,主动参与、积极反思、自我完善;学习者还可以据此评价教师是否担当了合适的角色,是否创设了恰当的职业情境助推学习过程有效开展。除了学习者之外,教师也会通过学习任务及学习目标来衡量学习者的学习效果和能力进展。此外,真正检验职业能力提升的还有学习者所在岗位的负责人。他们作为评价主体之一,需要针对学习者的工作表现和实际成果进行来自职场的评判。由此可见,工商管理教育的特点很难用单一的、限定时间范围的传统试卷考题来评价检测,只有结合自评与他评、过程与结果等多种评价方法,才能更客观、公正,也对学习者的学习效果诊断、潜能开发和终身发展有一定的激励作用。评价不是简单的终结性结论,更重要的是提供给学生建设性的诊断意见和指导帮助,激发他们持续改进的动力和创造力,从起点看变化,并不断调整新的起点,辅之新的评价,循环往复,螺旋上升。

三、构建的策略

(一)学生主体,教师主导

与传统讲授式教学模式相比,案例教学模式中师生角色进行了重置。教师不单是知识的单向传授者,更是学生自主积极学习的引导者、促进者和合作者。而学生则对自己的学习负责,积极、主动地进行知识建构,并在识别和解决问题的过程中进行评估反思,逐渐成为自我控制、自我指导和自我反思的学习者。图 4—1 为案例教学课堂过程模式。

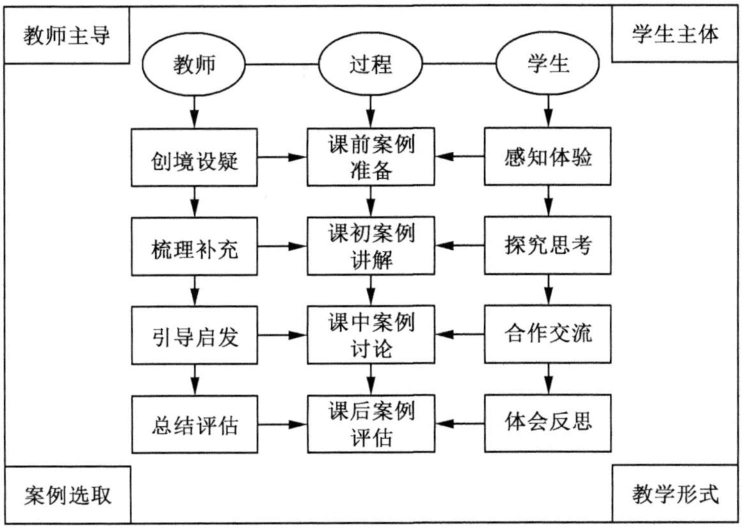

图 4—1　案例教学课堂过程模式

(二)合作协商,互动反思

案例教学小组的又一个重要特征和学习策略是合作学习。每一位小组成员都带有自己的职业背景和实践认知。合作学习一方面可以减轻小组成员的认知负担,充分使用组员的个体智慧和经验来集体式地应对问题;另一方面,组员之间的交流争辩也有助于知识的再建构和成员高级管理思维的发展。一般来说,组员会根据各自已拥有的知识和经验对问题做出阐释，并在对话交流中重构知识，产生指向问题的新的知识结构和理论成果。

（三）真实任务，多元情境

在设计学习者的学习任务时，真实而又有一定挑战性的任务有助于激发学习者解决任务的强大动机并诱发学习者深入理解解决问题的进程。除了任务设计的真实性，充分考量学习者现有的知识经验，设计“最近发展区”的适切性任务也非常重要。这有助于将学习者原有的知识经验作为新知识的生长点，引导他们从原有的知识经验中生成新的知识经验。建构主义理论强调情境多元性和手段训练多样性对知识建构的关键作用。因此如何设计问题情境来促进学习者对从不同侧面解决问题的技术方法进行深刻、全面的认识，从而更有效地建构知识，形成更为牢固的知识体系十分重要。除了情境建构的多元性，也需要在情境设计中考虑与学习者认知需求较为一致且又有一定复杂性的设计来支持学习者在学习过程中自我调整、合作互动和纠错反思。

（四）问题导向，循环建构

在以学习者为中心的模式建构中，学习者需要对问题进行识别与界定，通过查阅资料、分析交流、行动训练等形式解决问题，把知识和技能运用于开发一个针对特定问题的可行的解决方案。在这个过程中，学习者要直面自身的知识与能力的欠缺，并通过合作探究、碰撞互动、资料查询、师生联动等形式对知识进行建构和再建构，不仅能应用已学到的理论知识和技术方法，也能学习到超越某一领域的知识，形成新的发现，使学生认识到学习领域的内容，可以不断有更高、更深广的指向，也可以掌握跨越多个领域和人为边界的综合性学科知识。学习者在认知结构的发展重构过程中，不断增强反思调控能力，形成“教为主导，学为主体，疑为主轴，练为主线”的创新学习教学模式。

四、构建的过程

(一)小整合:打通课前准备、课中实施和课后评估三个环节

1. 课前学习和小组讨论:先期知识建构的整合

案例教学是不设置“标准答案”和师生角色重置的开放型教学形式,给教师和学生都留有较大的角色发挥余地。但这种开放性、灵活性的特点并不意味着案例教学是可以随意编排和实施的。案例教学的效果要得到有效发挥,仍需要教师依据案例教学的内在规律和运行机理设计相应的教学环节和实施步骤。案例教学根据自身的特点,并结合国外一流商学院的经验和国内教育模式的实践,一般可以用一个较为成型的结构框架和系统的渐进动态过程来完整构建,即课堂、案例、教学三个环节来表达案例教学建构知识与能力的机理。

在案例课堂之前的准备阶段,教师将案例资料和信息等提前发给学生并要求学生完成个人的自主性阅读,以便理解和进入情境并进行针对性的分析和思考。在这个过程中,学生可以利用自己已掌握的各类信息,结合自身的认知和实践经验,并按照自己的思维方式排列组合和形成观点,这是学生率先进入情境并进行思维先期整合的过程。接着,学生会在事先分好的小组范围内交流讨论,分享思路,这一过程相当于在扩大的情境中进行思想碰撞,不仅促进学生协作交流能力的提升和团队思维意识的培养,而且是小组成员凭借各自不同的经验观点在情境事件中进行再度整合和建构的过程。提前准备和小组讨论的阶段,其实已经完成了第一步即学生知识与能力自我建构和再建构的过程。

2. 课堂讨论:知识整合和深度建构

学生在各自小组完成分享讨论后会在更大的课堂范围内进入知识的再度建构过程。这个过程一般分为两个环节:第一个环节是课堂讨论。每组一般会选派学生代表阐述方案,其他小组据此提出问题,双方进行回应互动和意见交换,学生会在教师的引导下对每一种方案进行预测和评价。课堂讨论的目标不是给出一个标准的答案,而是在这个环节中,学生

仍然处于具体的情境中反复斟酌客观条件和环境，通过思辨和争辩锻炼倾听、表达能力和培养批判精神，进一步实施知识与能力的自我建构。这个过程是帮助学生进行知识建构和能力提升的重要条件。第二个环节是来自教师的有价值的点评。教师在课堂上扮演了导演的角色，是整个过程的组织者和讨论的引导者。教师激励学生思考，调动讨论氛围并调控讨论的节奏。从最初的各执己见到意见统一，学生在讨论中已经对理论方法和管理工具的应用，以及如何用合适的方式解决案例中的管理问题有了把握，教师最后对教学知识点进行集中总结评价。教师通过点评可以及时将关键知识点从模糊的概念中提炼出来，并在学生的头脑中强化。有时为了教学需要，教师还会在一定程度上跳出情境制约来进行知识的补充和延伸。至此，学生已基本完成知识与能力的自我建构。

3. 总结升华：知识的深度建构和整合

到了最后的课后总结评估阶段，学生往往会提交一份最终的案例分析报告。这是学生经过先前的自我学习、小组讨论、课堂交流和教师点评后最终独立形成的分析报告。这个环节无疑是学生对整个案例分析过程的全面梳理和回顾，再进一步补充和巩固之前建构的关于思考的逻辑路径和寻求答案方式的知识与能力。

通过三个典型的步骤环节，可以看出学生在案例教学的全过程中进行了多次知识与能力的自我建构。每一次建构都是在之前的基础上逐渐完成，是由具体到抽象、由低级到高级和由表象到本质的过渡，最终形成科学、合理和行之有效的管理思维方式与决策行为能力。案例教学将学生置于情境作用下，让学生在与情境反复碰撞的过程中进行多次渐进式的知识与能力的自我建构，实现知识和能力的循环上升建构。而在此过程中，教师作为教学的另一个主体也在不断地进行自我的知识建构。在课后总结评价阶段，教师可以通过学生案例分析报告和实施效果的反馈进行自我评估，不断地改进教学内容与教学技巧，实现自我知识与能力的建构。案例教学建构知识与能力的机理见图 4—2。

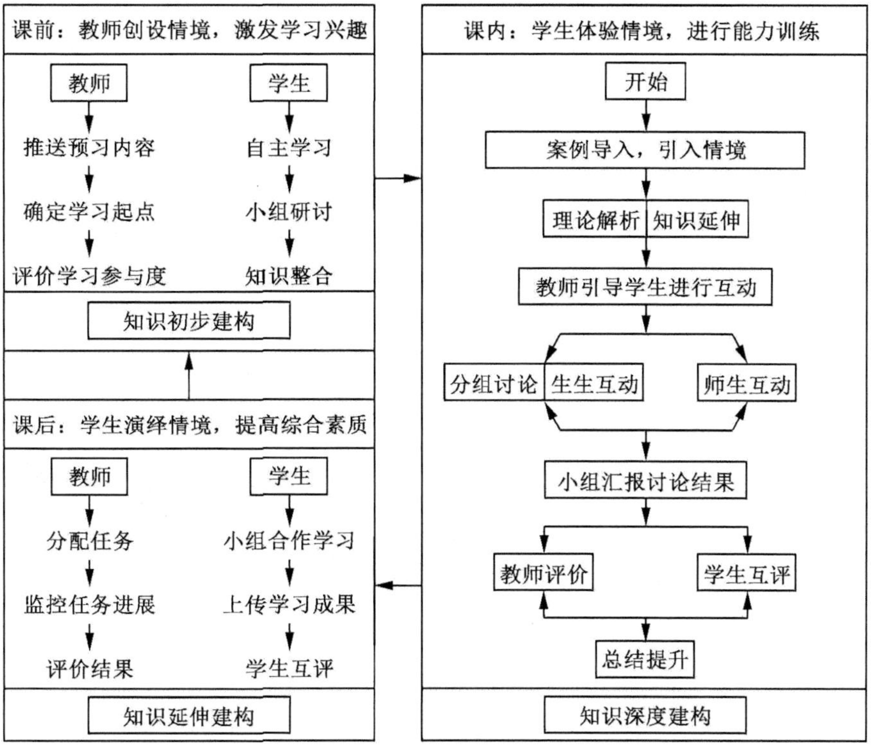

图 4—2　案例教学建构知识与能力的机理

(二)大整合:打通案例采编、课堂案例教学和案例实训三大模块

管理类学科是一门吸收融合了经济学、社会学、哲学、心理学等多学科知识的综合性学科,同时也是理论和实践相结合的应用性学科。管理学科中的社会性知识很难被结构化表现,往往需要通过构建无限接近企业真实管理情境的教学形式引导学生进行知识与能力的自我建构。管理者管理技能的发挥是与管理情境及管理对象紧密结合的,需要学习者有效地实现从学校理论学习到工作管理实践的迁移,这符合建构主义对学习的基本解释。管理学科的知识特征和案例教学的运行机理决定了案例教学会成为经济管理学科尤其是工商管理学科重要的教学手段,案例教学也经学理研究和实践证明被确认是能实现这种学习迁移的有效手段。

著名教育家杜威认为“最好的一种教学，就是牢牢记住学校教材和实际经验二者相互联系的必要性，使学生养成一种态度，习惯于寻找这两方面的接触点和相互之间的联系”①。案例教学在教学过程中以管理案例为载体给学生呈现各种不同的学习场景，模拟再现企业管理活动，通过案例情景启发学生思考，并帮助其在思考中探索管理思维方式，以迁移到未来的管理工作中，更有效率地决策和解决实际问题。② 学生在此过程中不断地将新旧知识、历史经验与管理实践联结、互动，持续激发个体学习的主动性和兴趣。

基于建构主义教学模式的分析，案例教学的操作机理是使学生通过三大环节和不同的情境反复碰撞和互动，通过特定情境下师生之间的持续协作和交流进行知识与能力的自我建构。案例开发环节始于案例阅读和分析中的自我建构，通过小组讨论由学生自我建构扩大到小组范围的建构，再迈向大范围的课堂讨论建构，最后是课后总结反思的延伸建构。事实上，参与到案例教学全过程中的每一个角色包括案例教学实施组织的教师，都会伴随这个过程完成多次建构。这使得案例教学法成为目前被国内外商学院广泛使用，且能够最大限度地培养具有高水平的管理技能人才的教学方法之一。但仅仅围绕课堂案例教学的整合式建构还不能从系统上发挥案例教学模式的综合效应。根据建构主义学习观及相关支撑理论，并结合案例教学理论与实践的需要，案例教学模式的构建应该包含案例开发采编、案例教学、案例实训和案例评价四个大模块。每个模块都有其特定的内涵和形式，并且形成有机联系和互相推动的循环整体，这构成了广义案例教学模式的内涵。

基于建构主义视角下整合式案例教学模式的分析，原创案例的采编和设计是案例教学模式的源头。采集中如何做好案例的选取、目标设计及案例使用说明的撰写是案例教学课堂的重要源头。案例的采编是情境设计的第一个源头性环节，没有高质量的案例，课堂案例教学就是无源之

---

① 约纳森. 学习环境的理论基础[M]. 华东师范大学出版社，2002：4.

② 章达友. 试析 MBA 教育的本质和特点[A]. 北京：机械工业出版社，2011：267—275.

水。在案例课堂教学环节，除前面所述的小整合式环节打通之外，案例的呈现形式、问题情境创建的梯度层次、突破时空和学科壁垒限制创设的教学情境、创新的教学模式以及师生角色在特定情境下的互动性把握等都是需特别关注的问题。在案例课堂应用以外，还需要发挥基于真实场景的非文本案例的实训作用，将案例课堂进行延伸和拓展，丰富教学的情境。通过对这种案例教学升级版的补充，可以利用多途径的思维训练方法和立体化的能力点提升平台创设，全方位地增强学习的迁移效果。案例教学评价阶段，需要构建适用的、科学可行的案例教学效果评价指标体系，以求多角度、多层次、动态化地反映教学的各个环节，并据此反观整个案例教学设计，以构建更系统和全面的案例开发、案例教学、案例实训等可持续的互动循环。而这一过程中的每次建构都是在原有基础上不断补充和调整、由表及里、去芜存真、从具体到抽象、从低级到高级的过渡，最终帮助学习者形成科学、有效并适应时代需要的思维方式与行为能力，这就是案例教学中对知识和能力的充分建构原则在教学模式上的具体体现。

五、构建的模式

“与其他教学模式一样，案例教学也存在需要进一步探索和解决的问题，如构建一门学科完整的案例存在着一定的难度；如何根据学生的发展水平设置案例情境与问题，使学生对案例的学习既有兴趣又能建构较系统的知识体系；同时，高校教师运用案例教学面临的是一种全新的教学模式，从初次使用到掌握还需要一个过程”[①]，这段话揭示了案例教学作为一种教学模式，如何发挥其综合教学效应、激发其内生活力尚面临着不少深层次的问题。因此，推进深度的教学研究并形成科学、合理且具有较高可操作性的案例教学模式来推动案例教学的有效实施就显得颇为重要。根据整合式案例教学模式的整体分析，本书假设工商管理专业硕士案例

---

① 徐延宇. 案例教学及其运用[D]. 湖南师范大学，2002：56－58.

教学效果的有效发挥需要构建一个系统化的案例采编研究、案例课堂训练及案例实训的整合式教学模式。这个模式中的几个环节都是相互影响和贯通的，既是具体环节之间的小整合，也是模块之间的大循环，以获得持续性、系统性、综合性的案例教学效应，并形成完整的案例教学全生态运作体系。

案例教学在MBA人才培养中的作用和价值已经明确，除了社会文化和体制机制等因素外，还体现在MBA人才培养中所凸显的现实问题：第一，案例教学更偏重于单课程的案例讨论与师生互动，与人才培养各环节的黏合度不强，未能凸显案例实训在各个培养环节的作用；第二，案例教学和实践教育是MBA人才培养的重要环节，但是以模拟商业环境为特征的案例教学与以实战商业环境为特征的实践教育之间缺乏贯通，未能构建起以职业能力训练为核心要素的体系性做法。鉴于此，把案例教学在MBA人才培养模式改革中的实效聚焦在整合式案例教学模式的构建上显得尤为必要，主要假设将原创案例研究与开发、多情境的课堂案例教学、多维度的案例实训三个环节打通，探索以研究反哺教学，以教学训练能力，以实训塑造职业竞争力，实现职业能力和职业胜任力培养目标导向下的整合式案例教学模式构建和在培养环节中的全面渗透。这个体系本身有梯度、分层次，在各个以案例为载体的教学训练过程中，案例采编、案例课堂分析和案例实训等不同的环节对学习者职业能力的训练和提升不尽相同。案例采编着重于信息的归纳、反馈、前瞻等能力训练，案例的课堂教学重在沟通合作能力提升及决策思维训练上。而在案例的应用实训环节，除了沟通合作与决策思维外，还聚焦于学生的创新开拓、整合应用及应变调整等综合行动能力的培育。在这一过程中，学生的知识和能力训练经历由易到难、由浅入深、循环往复的过程，以达到循序渐进、深化认识并进行迁移应用的良好效果。图4—3为整合式MBA案例教学模式的内容。

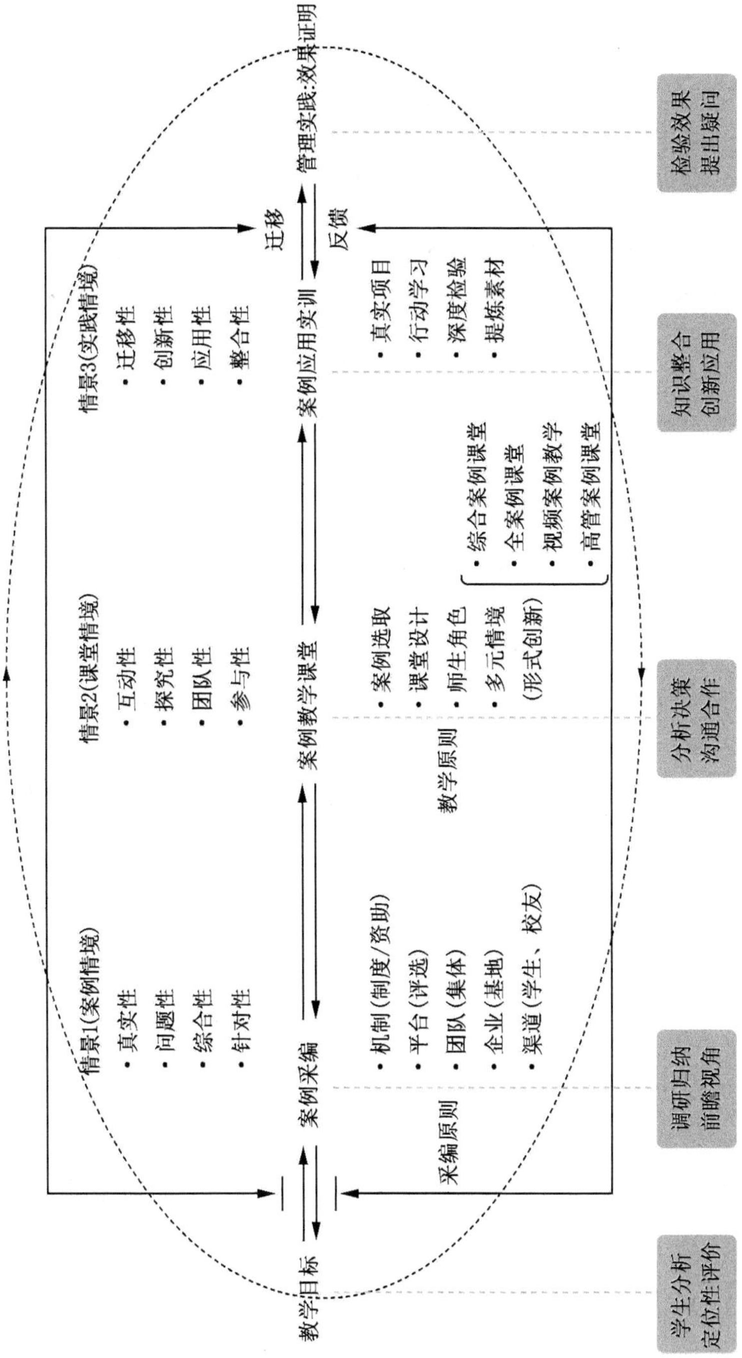

图4-3　整合式MBA案例教学模式的内容

第二节 整合式案例教学模式的案例开发研究

一、作为情境构建的案例开发研究

一篇好的案例是一个运载工具，它把真实的管理情景描述带到课堂，将汲取到的管理经验转化为知识的催化剂。使用案例教学法，教师在课堂上将真实的、特定的案例提供给学员，促使他们进行深刻的分析和公开的讨论，并就应该采用哪种类型的行动做出最后的决策。因此，案例采编的过程就是一个情境构建的过程。

对于管理案例，如实反映现实商业情境的描述应是后续一系列学习活动的基础，创建情境的过程可以帮助学习者在此基础上实现知识转移。从不同角度出发，不同的人会对案例有不同的认识和界定。基于国内外从事案例编写与教学研究的学者的相关观点，本书认为案例至少应该包括以下四个方面的基本要素：

第一，案例内容必须依据事实并建立在客观、真实的素材之上。案例是对实践过程中一个实际情境的描述，讲述的是一个事实的产生、发展的历程，是对现象的动态性的把握。案例的素材应该是真实而具体的管理事件或事例，而不是虚构的或抽象、笼统的事情。这就要求案例与故事、小说不同，在情节上不得虚构，不能为了某种目的或效果虚拟情景。尽管案例中企业的名称与数据在某些情况下需要处理，但不能对案例事实进行篡改及夸大。

第二，案例中必须包含管理问题。并不是所有的事件都可以称为案例，只有蕴含着某些值得借鉴参考的经验教训、可供人们分析研究的问题、能够揭示事物发展变化规律的道理或引起人们思想共鸣的事件才可能成为案例。任何一个案例都应该为教学服务，可以被应用于课堂，能够被分析进而提升学生的理论水平，并培养学生解决实际问题的能力。为了让学生们能够站在某个决策者的立场上进行思考，案例必须将一种管理情境中的决策或面临决策的管理人员涵盖其中。通过对管理问题发展情境的详尽描述，学生们可以设身处地地进入角色，发现问题，提出和比较各种方案、措施，最后予以解决。

第三，案例要有明确的教学目的。案例是为传授给学生特定的知识和培养学生特定的能力而设计和编写的，因此案例所适用课程的章节、理论掌握、分析工具等都需要在案例编写之初进行精心设计。这一点对于实现案例教学的功能和目标十分关键，否则很容易犯一个常见的错误，即"这是个有趣的案例，但教学目的是什么呢？"

第四，案例是需要经过许可的。案例反映的是企业中真实存在的管理问题与情境。因此，案例在被用于课堂教学与讨论之前，须经过案例来源企业的许可，取得使用案例的权利（案例资料全部来自公开发布的信息）。案例使用许可是经企业高层管理者同意后的官方许可文件，具有一定的法律效力，明确企业与教师对于所采编案例的处理权限。

综合以上四点，可以认为案例是包含管理问题真实情境的描述。同时，案例除了以上基本特征外，还具有一些其他特点，例如，案例的普适性，即案例的问题选择在同类问题中具有代表性，而解决方案有供学习、效仿、推广或警示、告诫、教育的意义；选题的典型性，即一篇好的案例通常包含对现实经济社会生活有影响的热点、难点，或值得关注的新情况、新问题和新事物；案例的学术型，即案例反映的不确定性结论或事物的发展规律具有较高的学术性研究探讨和利用价值。这些特点将案例与寓言、故事、小说、剧本等区别开来，赋予了案例独特的教学功能。

二、案例库调研方案设计

国内 MBA 教学中所使用的管理案例，除了教师自编案例外，存在着大量使用管理案例库的情形。对案例库的调研，有助于了解作为 MBA 案例教学基础的案例开发情况。

（一）案例库选择

案例教学法是MBA中一种重要的教学方法。工商管理教育市场的庞大需求导致对案例教学的直接需求，而有效开展案例教学的先决条件则是具有一个门类齐全、数量众多、质量优秀的企业管理案例库。在西方，工商管理教育的案例教学已有了近百年的历史，形成了一个以哈佛大学商学院案例库为核心，以加拿大西安大略大学毅伟商学院案例库、欧洲案例交流中心等为补充的案例库体系。①

中国企业管理案例库的建设始于20世纪80年代。1980年，美国商务部与中国教育部、经贸委合作培养的MBA项目"中国工业科技管理大连培训中心"首次引入案例教学法。中美教师组成案例开发小组，深入企业编写了首批83篇中国管理案例。1987年，在余凯成教授的主持下，大连理工大学管理学院着手进行案例库建设，收录300多篇英文案例，编译约100篇外国案例，形成中文案例，还有自主编写的少量的中国企业案例。1997年，全国MBA教育指导委员会在对工商管理硕士培养过程基本要求的修订中，明确规定每门课程都要采用一定数量的案例来实施教学，国内各大MBA培养院校也日益重视企业管理案例库的建设和完善。

当前国内较有影响力的商学院管理案例库主要有：成立于2007年的大连理工大学中国管理案例共享中心（CMCC），案例库目前收录案例2 600余篇；建于2001年的清华大学中国工商管理案例库，目前收录案例500余篇；成立于2000年的北京大学管理案例研究中心，案例库当前收录教学案例500余篇；成立于2003年的长江商学院案例中心，案例库当前收录案例400余篇；建于2013年的中欧商学院中国工商管理国际案例库，当前收录案例1 000余篇；成立于2005年的中国人民大学商学院管理案例与教学创新研究中心，当前收录案例80余篇。此外，南京大学商学院案例研究与教学中心于2009年成立，其编写的案例集《南大案

---

① 何志毅. 对中国企业管理案例库建设的思考[J]. 当代财经，2003(1)：93－95.

例研究与教学通讯》至今已经出版 16 期。中山大学成立了亚太案例开发与研究中心，在与哈佛大学签订案例引进协议并购买引入毅伟商学院案例库的基础上，自主开发中国本土案例库和亚太案例库及出版教学案例集。①

作为 20 世纪 80 年代中美合作培养 MBA 项目的执行基地，大连理工大学最早在国内推广案例教学法并率先进行案例库建设。1999 年，大连理工大学在原有案例库的基础上建立了国内第一个案例库网站，收录覆盖了管理学和经济学等 20 多门管理课程的各类管理案例 2 000 余篇，是当时国内最大的管理教学案例库。2007 年 5 月，在全国 MBA 教育指导委员会的支持下，中国管理案例共享中心成立，工作机构设在大连理工大学。中国管理案例共享中心以"统一规范、分散建设、共同参与、资源共享"为宗旨，依托全国 MBA 教育指导委员会，有效地整合全国商学院的专业和行政力量，目前已有 257 所 MBA 培养院校作为会员院校加入共享中心。

截至 2017 年 1 月，案例库当前收录授权案例 2 600 余篇以及视频案例 28 个，涵盖了人力资源管理、市场营销、管理经济学、战略管理、组织行为学、公司治理、项目管理、创业管理、管理信息系统、电子商务、技术管理、运营与供应链管理、物流管理、财务管理、商法等二十多门管理课程，覆盖了电子工业、纺织工业、服务业、钢铁工业、化学工业、机械电机工业、家电行业、建筑建材与房地产业、交通运输业、科研咨询业、贸易与金融业、能源工业、农林牧副渔业、轻工业、食品工业、通信业、文化体育娱乐业、医药卫生工业以及其他行业 19 个行业，包括 2 600 余个中文案例以及 3 个英文案例。这是目前全球最大的中文管理案例库。案例库中收录的案例除案例正文之外，还都附有明确、详细的案例教学使用说明书。案例使用说明主要包括案例适用课程和主题、相关问题、分析思路以及理论依据等内容。这既为教师上课带来方便，同时也有助于对

---

① 王淑娟，胡芬. 中国商学院管理案例库建设的现状及对策[J]. 学位与研究生教育，2008(1)：42—45.

其进行分析。自 2011 年起，共享中心案例年增长量为 400 篇左右，是世界第一大案例库——哈佛大学商学院案例库年增长量的 3 倍。此外，大连理工大学主编的期刊《管理案例研究与评论》于 2008 年创刊，为中国管理案例共享中心的学术阵地，也为全国 MBA 教育指导委员会会刊、中国管理现代化研究会管理案例研究专业委员会会刊，截至目前已出版发行 53 期，收录各类案例文章 403 篇。自 2010 年起，每年的“全国百篇优秀管理案例”评选迄今已成功举办七届，这是当前我国管理案例开发方面的权威评选。

基于大连理工大学中国管理案例共享中心的历史悠久性、案例的丰富性以及学科的权威性，本书将对中国管理案例共享中心案例库收录的截至 2017 年 1 月 23 日的总共 2 608 条案例信息的挖掘展开分析。图 4—4 为中国管理案例共享中心发展历程。

（二）案例数据采集

本书采用的数据来自中国管理案例中心案例库，入库案例时间跨度为 2007 年到 2017 年，采集字段包括案例分类、被浏览次数（“被浏览次数”的采集设定时间期限截至 2017 年 1 月 23 日）、案例名称、译名、案例作者、作者单位、指导者、译者、背景单位名称、行业、规模、案例涉及的职能领域、案例语种、案例长度（页）、案例类型、中文关键词、英文关键词、中文摘要、英文摘要、适用对象、编写方式、案例年代、案例入库时间、全文是否下载、案例使用说明是否下载。

基于案例库，根据案例适用课程的分类，采集到的数据情况如表 4—1 所示。

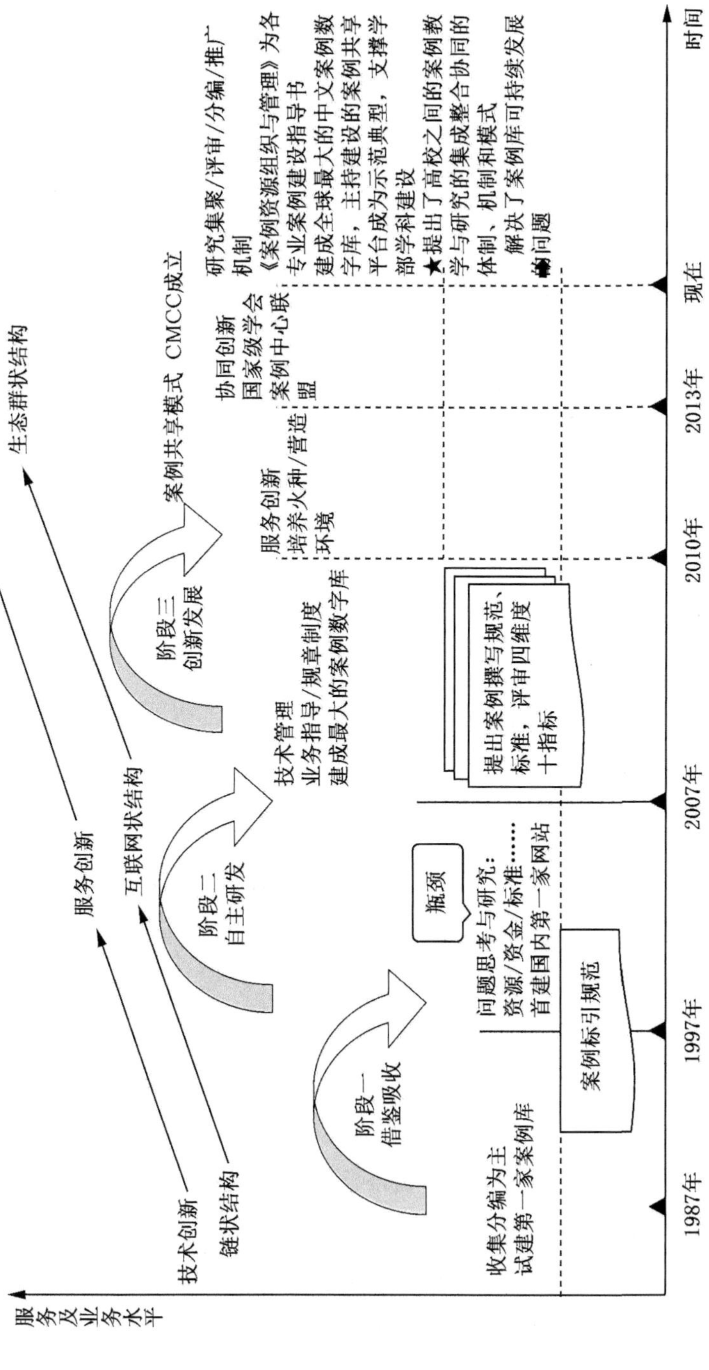

图4-4 中国管理案例共享中心发展历程

表 4—1　　中国管理案例中心案例库课程分类

案例适用课程	入库数量
市场营销	394
战略管理	564
人力资源管理	257
组织行为学	191
管理经济学	40
管理信息系统、电子商务	130
运营与供应链管理、物流管理	210
技术管理、技术经济	54
项目管理(创业管理)	245
商法	18
公司治理	88
会计、财务管理(公司理财、证券投资、金融工程)	349
其他(商业伦理、数量决策、管理沟通)	68
总　计	2 608

(三)分析挖掘方法

本书将运用统计分析法、文本挖掘法(包括分词、词频统计、词共现等具体分析)以及网络分析法(包括网络分析和信息可视化),对上述采集得到的总共 2 608 条案例数据信息进行挖掘、分析与进一步研究。

1. 统计分析法

统计分析法是运用统计学中论述式方法对社会经济现象的数量表现,包括社会经济现象的速度、规模、结构比例、水平、事物之间的联系进行分析的方法,如平均和变异分析法、对比分析法、结构分析法、综合评价分析法、因素分析法、平衡分析法、动态分析法、相关分析法等。本书主要应用统计分析方法对时间维度、课程维度、高使用案例、高入库作者、高入库机构、案例对象单位、案例长度和类型进行描述性统计分析。

2. 文本挖掘法

文本挖掘又称为文本数据挖掘，是数据挖掘的一个分支，顾名思义是从文本数据中抽取有价值的信息和知识的计算机处理技术。本书主要采用文本挖掘方法中的分词、词频统计和词共现等分析方法对入库案例的题录信息进行挖掘，并通过标签云的方式加以展现。

3. 网络分析法

网络分析法作为一种独立的社会研究方法，也可称为社会网络分析。社会网络分析的应用场景不断拓展，从传统对人及其相互关系的描述逐步发展到对各种实体对象及其关系的分析。本书将具体的词作为节点，将词与词在题录信息中的共现次数作为表征两者之间关系的边，在词共现矩阵基础上形成知识图谱，用于显示案例题录信息中所涉及的词语以及互相的结构关系，基于网络分析的可视化技术，能够更加方便、直观地显示知识及它们之间的相互联系。

三、案例库统计结果与分析

(一)基于采编时间维度的案例分布

2007 年至 2017 年(截至 2017 年 1 月 23 日)，中国管理案例共享中心各年案例入库数量如图 4—5 所示。

从图 4—5 可以看出，2007 年至 2013 年，案例库案例入库数量逐年增长，其中，2007 年至 2009 年增速较缓，三年间案例入库数量从 2007 年的 35 篇到 2009 年的 74 篇，仅增长 39 篇；2010 年之后，案例入库数量逐年快速增长，至 2013 年，入库案例数量达到 398 篇。此后每年入库案例数量基本稳定，2013 年至 2016 年每年入库案例数量平均在 380 篇左右。2017 年，由于数据采集截至 1 月，所以入库案例暂不计入。整体看来，该案例库中总案例数量保持高速、稳定增长。

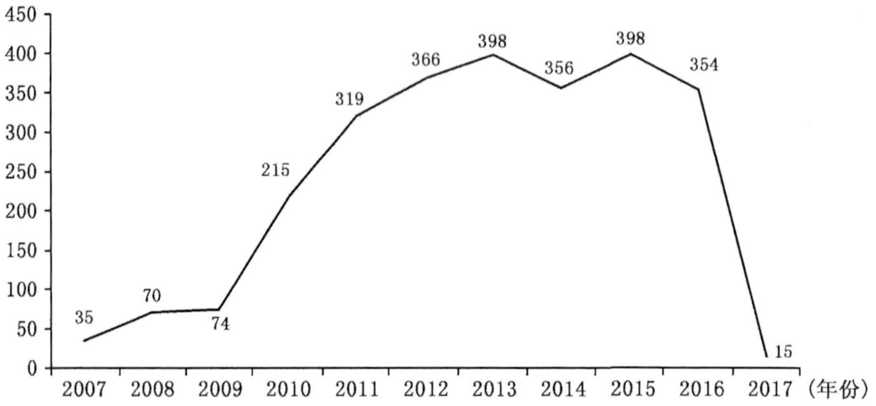

图 4—5　各年案例入库数量

(二)基于支持课程维度的案例分布

根据案例适用课程的不同,中国管理案例共享中心将全部入库案例分为市场营销,战略管理,人力资源管理,组织行为学,管理经济学,管理信息系统、电子商务,运营与供应链管理、物流管理,技术管理/技术经济,项目管理(创业管理),商法,公司治理,会计、财务管理(公司理财、证券投资、金融工程)以及其他(商业伦理、数量决策、管理沟通)共 13 个类别。全部案例所属课程统计如图 4—6 所示。

根据全国 MBA 教育指导委员会的要求,管理经济学(或经济学),组织行为学,数据、模型与决策,会计学,运营管理,人力资源管理,财务管理,市场营销,信息系统与信息资源管理,战略管理这 10 门核心课程至少需要开设 8 门。

从图 4—6 不难发现,适用于这 10 门核心课程的案例占入库案例总数的 70%以上。其中,适用于"战略管理"和"市场营销"这两门核心课程的案例所占比重最大,分别达到 22%和 15%。入库案例中,适用于"会计""财务管理"这两门核心课程的案例数量紧随其后,合计占 13%,"人力资源管理"占比 10%,"组织行为学"也占到 7%。这些课程一般比较适合有情境模拟下的学习和讨论,特别是战略和营销问题。战略决策所受

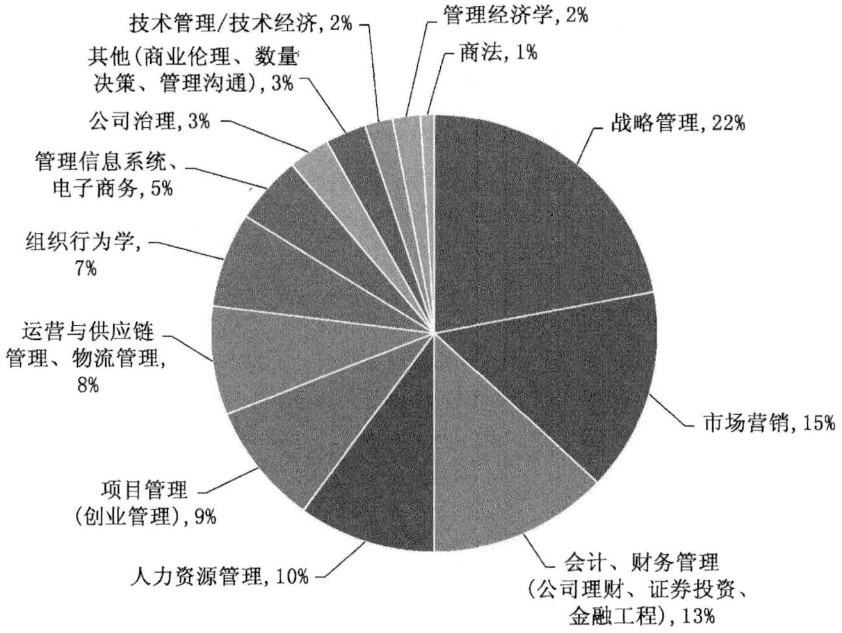

图 4—6　全部案例所属课程统计

到的影响因素较多，而营销方案设计不仅与企业自身有关，也与竞争对手所采取的相应策略有关。此类问题比较容易产生代入感，也容易形成不同的观点，进而引发讨论和思考。这种情况下这些领域的案例有更多的采编以及更多的讨论也是容易理解的。

相较之下，适用于“管理经济学”“数据、模型与决策”“运营管理”“信息系统与信息资源管理”这几门核心课程的入库案例还需增强。当然，这些课程涉及的知识领域也有其特点，相对而言更加定量化一些。如果说管理既是一门科学又是一门艺术的话，这里涉及的管理知识点应该是科学性大于艺术性的，故对应的 MBA 案例常采用描述型案例，即一些最佳实践的客观表述，而非更为常见的决策型管理案例。

（三）高使用率案例的统计分析

1. 高使用率的 50 篇案例

中国管理案例共享中心显示入库案例的信息界面中有“被浏览数”。案例信息的浏览次数能够反映该案例的使用情况。于是，基于中国管理案例共享中心总共2 608篇入库案例，选取被浏览数最高的50篇案例作为高使用率案例，所得案例如表4—2所示。

表4—2　　　　高使用率的50篇案例

案例分类	被浏览数	案例名称	案例作者	作者单位
人力资源管理	18 551	大家为什么离我而去 房地产公司老板的困惑	李明斐、穆健等	大连理工大学
战略管理	17 441	太钢的产业链延伸之路	苏敬勤、崔淼	大连理工大学
人力资源管理	16 632	难请难安的海外派遣人才	李明斐、王梦蓉	大连理工大学
人力资源管理	14 628	泰德煤网“N+1”供应链模式下战略人力资源管理体系	李明斐、李艳言等	大连理工大学
市场营销	14 520	杭州磊和数码公司的市场补缺营销策略	汤理、罗文军等	西南交通大学
会计、财务管理(公司理财、证券投资、金融工程)	12 852	绿大地会计信息造假事件透视	刘婷	北京工商大学
组织行为学	9 473	潞安集团的“工作导师制”	王淑娟、李卉等	大连理工大学
会计、财务管理(公司理财、证券投资、金融工程)	9 264	天舟文化亮剑资本市场定向增发并购手游公司	易玄、杨孝明	中南大学
组织行为学	8 148	固定工资还是佣金制?	余凯成	大连理工大学
人力资源管理	7 502	ANC电子有限公司的人力资源流失	傅永刚、莫佳卉	大连理工大学
组织行为学	7 427	红旗轻工设计院	贺雁重、余凯成	大连理工大学
会计、财务管理(公司理财、证券投资、金融工程)	7 201	海滨天香酒店筹资策略	李宁	大连理工大学
人力资源管理	6 833	太钢集团的人力资源管理变革	傅永刚、胡芬等	大连理工大学
会计、财务管理(公司理财、证券投资、金融工程)	6 484	国美电器收购永乐电器案例	孙秀峰	大连理工大学
运营与供应链管理、物流管理	6 319	中国重汽集团桥箱公司精益物流再造与实施方案	黄少坚、于瑞群	山东财经大学
战略管理	6 210	中国远洋运输集团(COSCO GROUP)	武春友、傅永刚	大连理工大学
组织行为学	5 871	米高公司北京代表办事处重生与腾飞不是梦:成都市	邓婉兰	大连理工大学

续表

案例分类	被浏览数	案例名称	案例作者	作者单位
战略管理	5 829	龙泉驿区第一人民医院发展变革之路	王剑虹、任思冲	西南交通大学
技术管理/技术经济	5 608	“太钢不锈”的自主创新之路	苏敬勤、吕一博	大连理工大学
管理信息系统、电子商务	5 593	XH-MIS新华农药厂集成化管理信息系统	耿立校、曾珍香等	河北工业大学
其他(商业伦理、数量决策、管理沟通)	5 558	三峡工程移民	苏敬勤、徐雨森	大连理工大学
项目管理(创业管理)	5 538	潞安集团“煤变油”项目	俞明南、胡芬	大连理工大学
技术管理/技术经济	5 385	中国华录・松下电子信息有限公司(CHPAVC)	苏敬勤	大连理工大学
市场营销	5 181	青岛啤酒的品牌管理	赵昊、郄永忠	长江商学院
公司治理	4 973	上海宝钢集团公司的股份制改造	陈树文	大连理工大学
人力资源管理	4 950	海尔集团SBU再造机制	苏慧文、何冉	中国海洋大学
市场营销	4 893	血栓病中西医医疗中心	李弘、高杨	大连理工大学
其他(商业伦理、数量决策、管理沟通)	4 888	阳煤集团:履行社会责任,创和谐发展环境	王淑娟、王晓天	大连理工大学
市场营销	4 695	珠海电信局2002年小灵通业务营销策略	熊志刚、卫海英	暨南大学
会计、财务管理(公司理财、证券投资、金融工程)	4 651	大连市龙腾铝业有限公司会计案例	刘彦文	大连理工大学
商法	4 636	鞍山制药有限公司的股权纷争	任玲、闫海	辽宁科技大学
人力资源管理	4 630	大连中隆仪表股份有限公司	朱方伟、李卉	大连理工大学
战略管理	4 626	泰昆集团的战略规划	汪克夷	大连理工大学
商法	4 461	盛昌化工设备厂	周英男	大连理工大学
会计、财务管理(公司理财、证券投资、金融工程)	4 456	吉祥无线电股份有限公司的资产剥离计划	李延喜	大连理工大学
技术管理/技术经济	4 403	兴达:任重而道远	苏敬勤、洪勇	大连理工大学
市场营销	4 372	苹果公司的品牌组合战略	刘世雄、温小山等	深圳大学
会计、财务管理(公司理财、证券投资、金融工程)	4 318	大连瑞迪泵业有限公司的财务管理	刘彦文	大连理工大学

续表

案例分类	被浏览数	案例名称	案例作者	作者单位
公司治理	4 267	神华集团法人治理结构的建立与完善	汪克夷	大连理工大学
组织行为学	4 248	枣树上,有枣,无枣?	周修亭	郑州大学
技术管理/技术经济	4 216	The Development of Chinese AV Industry—The Development of CHPAVC	Su Jingqin	大连理工大学
人力资源管理	4 165	GDC公司内部的文化冲突	马晓蕾	大连理工大学
人力资源管理	4 141	GDC公司内部的文化冲突	马晓蕾	大连理工大学
公司治理	4 121	宝钢股份的公司治理改革与创新	李胜楠、牛建波	天津大学
市场营销	4 015	云南白药牙膏营销策略	朱立、谢翔等	云南财经大学
战略管理	4 014	康佳的彩电发展之路	曹洪军、高松	山东财经大学
会计、财务管理(公司理财、证券投资、金融工程)	4 005	吉利并购沃尔沃及并购绩效评价	李海东、王善勇	中国科学技术大学
会计、财务管理(公司理财、证券投资、金融工程)	3 954	中航油事件	陶莹	西南交通大学
公司治理	3 879	河北大午集团的“家族企业立宪制”	杜玉平	广东外语外贸大学
人力资源管理	3 861	红星公司绩效考核的难题	吴继红、陈维政	四川大学

2. 高使用率案例课程分布

如图 4—7 显示,高使用率 50 篇案例中,适用于“人力资源管理”课程的案例最多,占总数的 20%,其次就是适用于“会计、财务管理”的案例,占 18%。此外,“市场营销”“战略管理”“组织行为学”分别占 12%、10%、10%。同时,表 4—2 中被浏览次数最多,次数均超过万次的前 6 篇案例中,有 3 篇案例的适用课程是“人力资源管理”。可见,虽然适用于“人力资源管理”课程的入库案例总数不是最多,但其中有着一批使用频率较高、质量较高的经典教学案例。

3. 高使用率案例高发文作者

如表 4—3 显示,高使用率 50 篇案例中,发文量最多的作者是大连理工大学的苏敬勤,共入库 5 篇案例。随后是大连理工大学的傅永刚和李

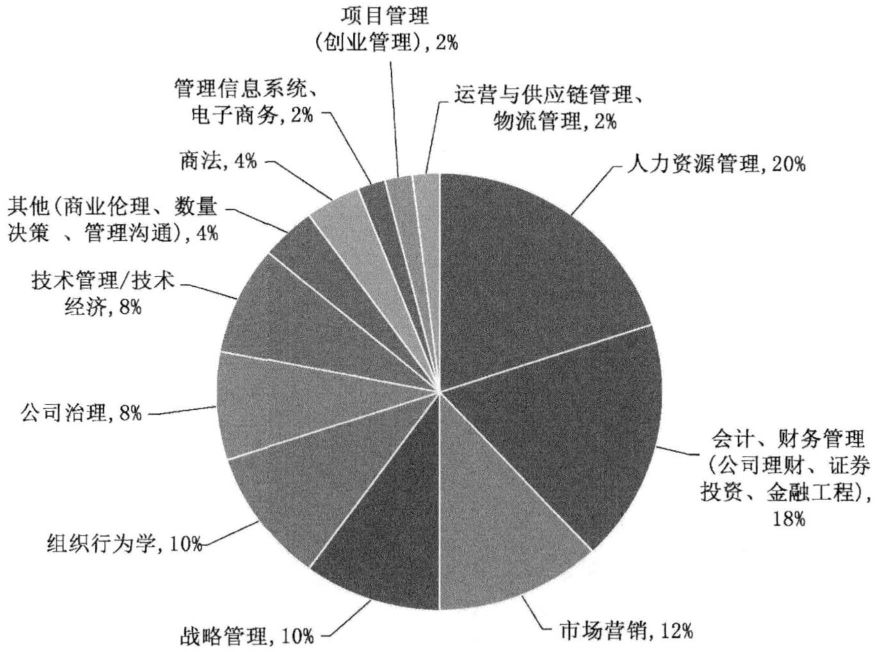

图 4—7　高使用率 50 篇案例的课程分布

明斐，分别入库 3 篇案例。如图 4—8 所示，高使用率 50 篇案例发文机构统计中，大连理工大学独占鳌头，发文量达到 31 篇，占 50 篇总数的 62%。其次是西南交通大学，发文 3 篇，以及山东财经大学，发文 2 篇。此外，被浏览次数均超过万次的 6 篇案例中，4 篇案例的作者所属机构为大连理工大学；3 篇案例的第一作者为大连理工大学的李明斐，1 篇案例的第一作者为大连理工大学的苏敬勤。由此可见，作为最早在国内推广 MBA 案例教学法和进行管理案例库建设的 MBA 培养院校，大连理工大学在案例编写开发上确实卓有成效。表 4—3 为高使用率 50 篇案例中发文量前三的作者及其所属机构。

表 4—3　　　高使用率 50 篇案例中发文量前三的作者及其所属机构

作者名	发文篇数	所属机构
苏敬勤	5	大连理工大学
傅永刚	3	大连理工大学
李明斐	3	大连理工大学

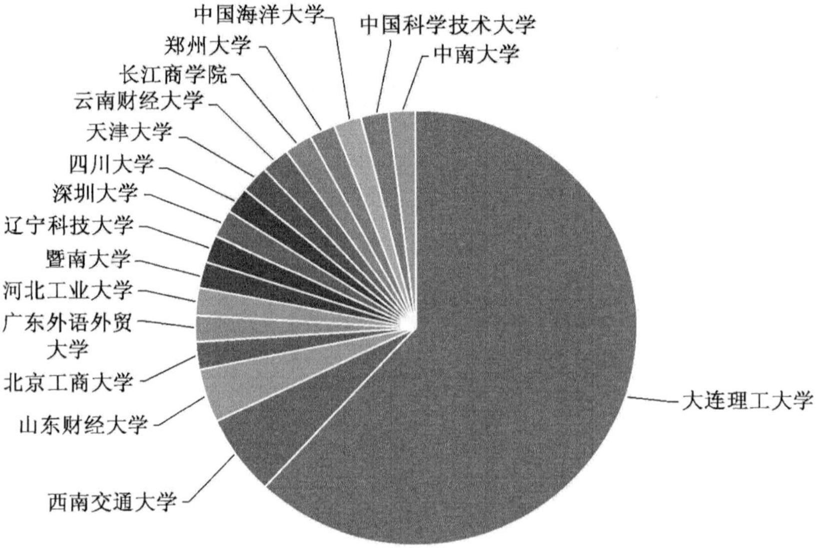

图 4—8　高使用率 50 篇案例的发文机构统计

(四)高入库案例的作者分析

基于对中国管理案例共享中心总共 2 608 篇入库案例的作者信息统计,得到发文量居前的案例作者(见表 4—4)和发文数量前 10 的作者及其入库案例(见表 4—5)。

表 4—4　　发文量居前的作者(部分)

排名	作者	入库案例数量	所在机构
1	姚宏	25	大连理工大学管理与经济学部
2	李海涛	19	天津大学管理与经济学部
3	郭焱	18	天津大学管理与经济学部
4	苏敬勤	17	大连理工大学管理与经济学部
5	李海东	15	中国科学技术大学管理学院
6	魏玖长	15	中国科学技术大学管理学院
7	雷善玉	14	大连理工大学管理与经济学部
8	马向阳	14	天津大学管理与经济学部
9	范莉莉	13	西南交通大学经济管理学院
10	罗彪	13	中国科学技术大学管理学院
11	张悦玫	10	大连理工大学管理与经济学部
12	朱方伟	10	大连理工大学管理与经济学部
13	贺广明	10	青岛大学 MBA 教育中心
14	黄小葵	10	内蒙古大学经济管理学院
15	夏建胜	10	浙江工业大学 MBA 教育中心
16	杨恺钧	10	河海大学 MBA 教育中心
17	蒋石梅	9	河北工业大学管理学院
18	吕一博	9	大连理工大学管理与经济学部
19	王宁	9	郑州大学商学院
20	王世权	9	东北大学工商管理学院
21	刘志迎	9	西南科技大学经济管理学院
22	刘志超	9	华南理工大学工商管理学院
23	欧阳桃花	9	北京航空航天大学经济管理学院
24	张俊艳	9	天津大学管理与经济学部
25	邓路	8	北京理工大学管理与经济学院
26	曲洪敏	8	大连理工大学管理与经济学部

续表

排名	作者	入库案例数量	所在机构
27	胡芬	8	大连理工大学管理与经济学部
28	刘毅	8	西安石油大学 MBA 教育中心
29	武欣	8	北京航空航天大学经济管理学院
30	郑飞虎	8	北京师范大学经济与工商管理学院
31	段万春	8	昆明理工大学管理与经济学院
32	李攻	8	浙江工业大学 MBA 教育中心
33	赵黎明	8	天津大学管理与经济学部
34	李世杰	8	东北大学工商管理学院
35	王东华	8	大连理工大学管理与经济学部
36	刘宏	7	河北工业大学管理学院
37	李春玲	7	中国民航大学 MBA 教育中心
38	赵向阳	7	北京师范大学经济与工商管理学院
39	庄贵军	7	西安财经学院
40	张莉	7	哈尔滨工业大学 MBA 教育中心
41	何波	7	西南科技大学经济管理学院
42	周修亭	7	郑州大学商学院
43	周宁	7	北京航空航天大学经济管理学院
44	许小东	7	浙江大学管理学院
45	崔淼	7	大连理工大学管理与经济学部
46	王淑娟	7	大连理工大学管理与经济学部
47	许晖	7	南开大学商学院
48	蒋玉石	7	西南交通大学经济管理学院
49	傅永刚	7	大连理工大学管理与经济学部

表 4—5　　　　发文数量前 10 的作者及其入库案例

排名	作者	入库案例数量	所在机构
1	姚宏	25	大连理工大学管理与经济学部
2	李海涛	19	天津大学管理与经济学部
3	郭焱	18	天津大学管理与经济学部
4	苏敬勤	17	大连理工大学管理与经济学部
5	李海东	15	中国科学技术大学管理学院
6	魏玖长	15	中国科学技术大学管理学院
7	雷善玉	14	大连理工大学管理与经济学部
8	马向阳	14	天津大学管理与经济学部
9	罗彪	13	中国科学技术大学管理学院
10	范莉莉	13	西南交通大学经济管理学院

观察上述两表可以发现，入库案例数量最多的作者首先是大连理工大学管理与经济学部的姚宏，入库《新疆农村信用社银行卡产品创新战略》《“蚂蚁”围攻“大象”：淘宝遭遇转型之痛》《A 市自来水定价：当价格杠杆遭遇民生福利》《大连市菜管家：从菜园子到菜篮子的定制化服务》等共 25 篇案例；其次是天津大学管理与经济学部的李海涛，入库《蓝海攻坚战：LG 天津吸尘器的覆灭》《“双十一”助推阿里构建全球最大电商生态系统》《“饿了么”能否成为我国外卖 O2O 领域的 GrubHub？》《蚂蚁撼大树，可笑不自量？》等共 19 篇案例；再次是天津大学管理与经济学部的郭焱，共入库《联想：借船出海——机会还是陷阱？》《吉利收购沃尔沃——高攀的跨国姻缘》《“乐计划”能成就联想移动互联网智能终端的霸主地位吗？》《“华文传媒”与“非洲象”共舞是机遇还是挑战？》等 18 篇案例。最后，大连理工大学管理与经济学部的苏敬勤入库 17 篇案例，中国科学技术大学管理学院的李海东和魏玖长分别入库 15 篇案例，大连理工大学管理与经济学部的雷善玉和天津大学管理与经济学部的马向阳分别入库 14 篇案例，中国科学技术大学管理学院的罗彪入库 13 篇案例，西南交通大学经

济管理学院的范莉莉入库13篇案例。

入库案例数量前10的作者中,3位来自大连理工大学管理与经济学部,3位来自中国科学技术大学管理学院,3位来自天津大学管理与经济学部,1位来自西南交通大学经济管理学院。

(五)高入库案例的机构分析

基于中国管理案例共享中心总共2 608篇入库案例的第一作者的所在单位,可以统计出各高校案例入库数量。统计得到的入库案例数量排名前20的高校机构如图4—9所示。

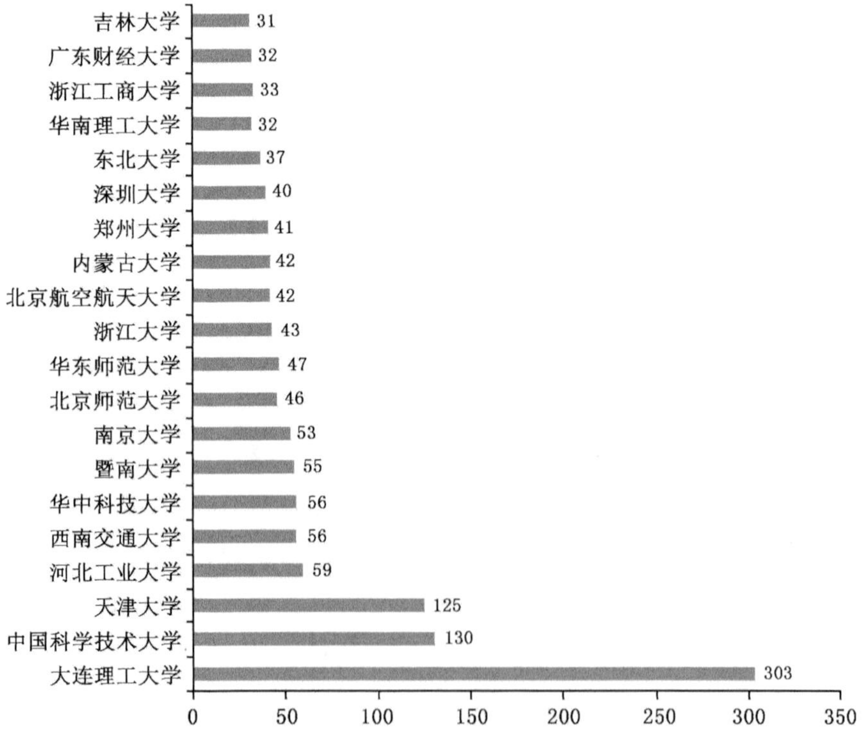

图4—9　入库案例数量排名前20的高校机构

入库案例数量最多的高校机构是大连理工大学,共入库303篇案例,其次是中国科学技术大学,共入库130篇案例,再次是天津大学,共入库

125 篇案例。其他入库案例数量较多的单位还有河北工业大学、华中科技大学、西南交通大学、暨南大学、南京大学、华东师范大学、北京师范大学、浙江大学等高校。其中，大连理工大学、中国科学技术大学及天津大学这 3 所高校也是入库案例数量超过百篇的单位。上文已经统计过的入库案例数量前 10 的作者中，有 90%的作者都属于这 3 所高校机构。

入库案例数量排名前 20 的机构中，有 13 所属于国家“985 工程”重点建设高校，位于华北地区的高校有 5 所，位于华东、华南、东北地区的高校各有 4 所，并且多集中于京津唐、长三角、珠三角一带。

（六）案例对象单位背景分析

中国管理案例共享中心在各个入库案例的信息界面都详细显示了该案例的背景单位相关信息，包括背景单位所属行业、案例涉及的职能部门以及背景单位规模。基于采集到的 2 608 篇入库案例的背景单位信息，本书对入库案例的背景单位也展开了一系列统计分析。

1. 背景单位所属行业统计

中国管理案例共享中心将入库案例背景单位所属行业分成服务业，机械、电机工业，食品工业，贸易与金融业，电子工业，建筑、建材与房地产业，能源工业，交通运输业，化学工业，通信业，家电行业，文化、体育和娱乐业，医药卫生工业，农林牧副渔业，科研、咨询业，纺织工业，矿冶业，轻工业，钢铁行业，石油工业，新闻出版业，公共管理和社会组织，仪器、仪表工业以及其他共 24 个类别(见图 4—10)。

图 4—10 显示的是背景单位所属各个行业的入库案例的数量。其中服务业的案例数量最多，共有 319 篇。紧随其后的行业是机械、电机工业和食品工业，分别有 246 篇案例和 228 篇案例。贸易与金融业，电子工业，建筑、建材与房地产业，能源工业，交通运输业和化学工业的案例也较多，数量都超过了 100 篇。这几个行业也是案例教学中涉及较多的行业。相比之下，仪器、仪表工业，公共管理和社会组织，新闻出版业，石油工业的案例较为短缺，这与行业本身的发展状况有关。

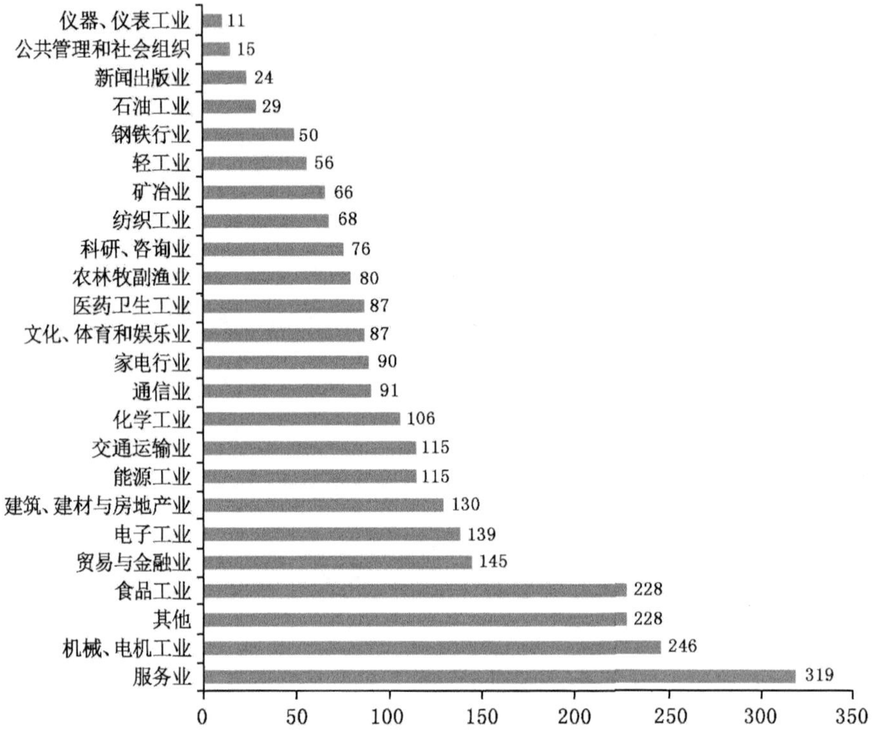

图 4—10　案例背景单位所属行业统计

2. 案例涉及的职能部门统计(见图 4—11)

图 4—11 显示,中国管理案例共享中心入库案例涉及规划设计部门、财务管理部门、营销部门、人力资源部门、市场营销部门、生产运营部门、信息管理部门、运营管理部门、财务资产部门、科技发展部门、研发部门、综合管理部门、总经理办公室、企业文化部门、采购供应部门等二十几个职能部门。其中,涉及规划设计部门的入库案例数最多,共有 515 篇;其次是涉及营销部门和市场营销部门的案例,共有 387 篇;再次是涉及财务管理部门的案例 289 篇、人力资源部门的案例 284 篇、生产运营部门的案例 128 篇和信息管理部门的案例 106 篇。从图 4—11 中还可看到,涉及监察与纪检部门、基层部门、仓储部门、运输部门、公共关系/外事部门、采

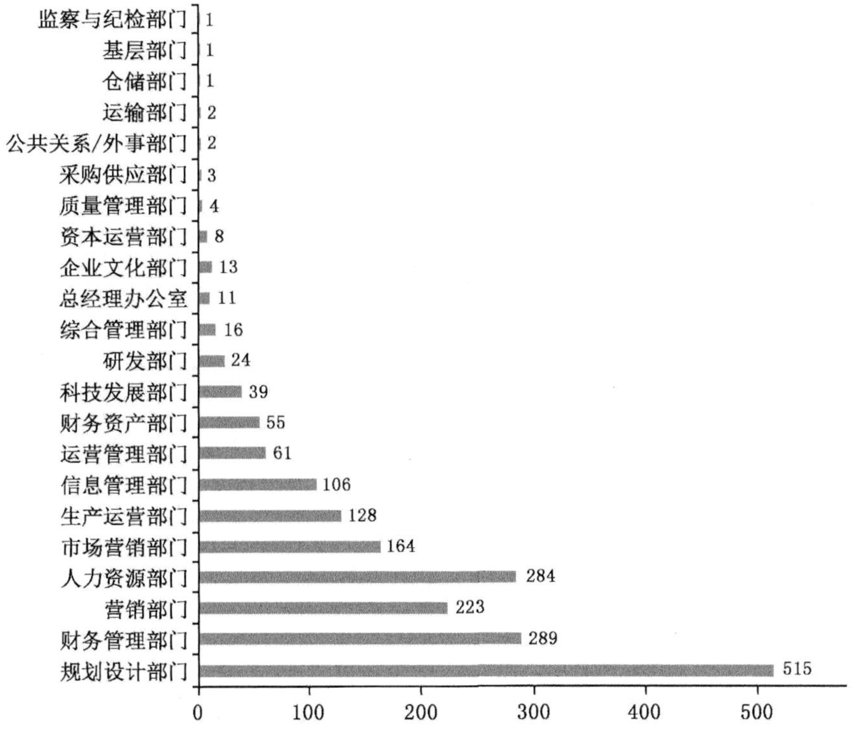

图 4—11　案例涉及的职能部门统计

购供应部门、质量管理部门、资本运营部门的案例数量明显不足，都不到 10 篇。

3. 背景单位规模统计（见图 4—12）

中国管理案例共享中心入库案例的背景单位规模划分为大型、大中型、中型、中小型、小型 5 个类别。如图 4—12 所示，背景单位规模为大型的案例数量最多，共有 1 611 篇，超过案例总数量的一半。其他的案例分布则比较平均，背景单位规模为中型的有 303 篇案例，大中型的有 238 篇案例，中小型的有 254 篇案例，小型的则有 190 篇案例。可见，大部分入库案例的背景单位规模都是中型及以上，中小型及小型单位的相关案例数量较少。

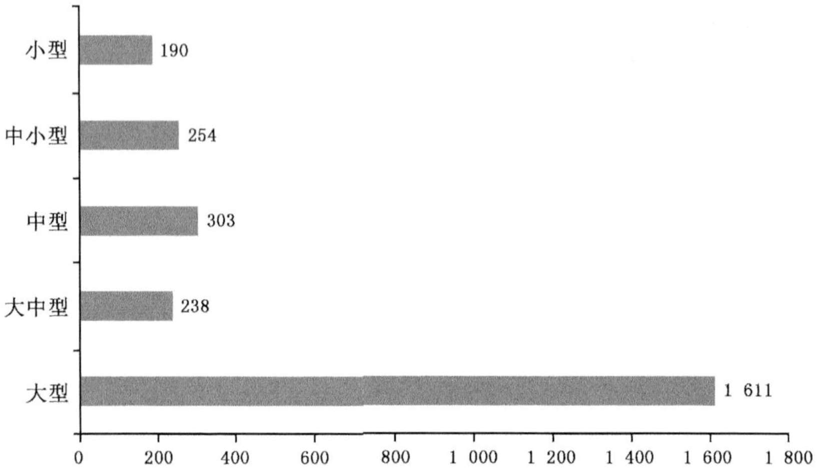

图 4—12　案例背景单位规模统计

(七)案例长度与类型的统计(见图 4—13)

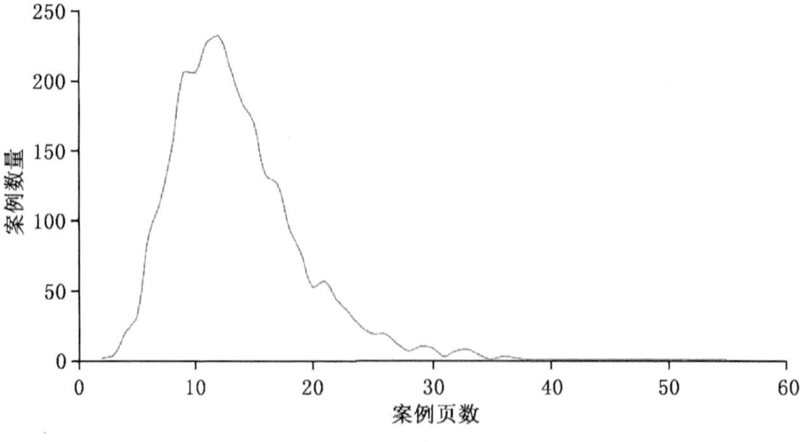

图 4—13　案例页数长度分布

图 4—13 显示了入库案例的长度分布曲线。案例长度以页为单位，页数以案例正文的实际页数为准。不难看出，入库案例的长度多数集中在 5—20 页之间，其中，8—15 页的案例数量最多，这也是教学案例最适宜的长度。少部分案例长度在 5 页以下或 20 页以上，但长度在 60 页以

上的入库案例基本没有。

中国管理案例共享中心的入库案例均分成描述型和决策型两种案例类型。其中，入库案例大多数为描述型案例，占到案例总数的 67%，而决策型案例则相对较少，只占入库案例总数的 33%。

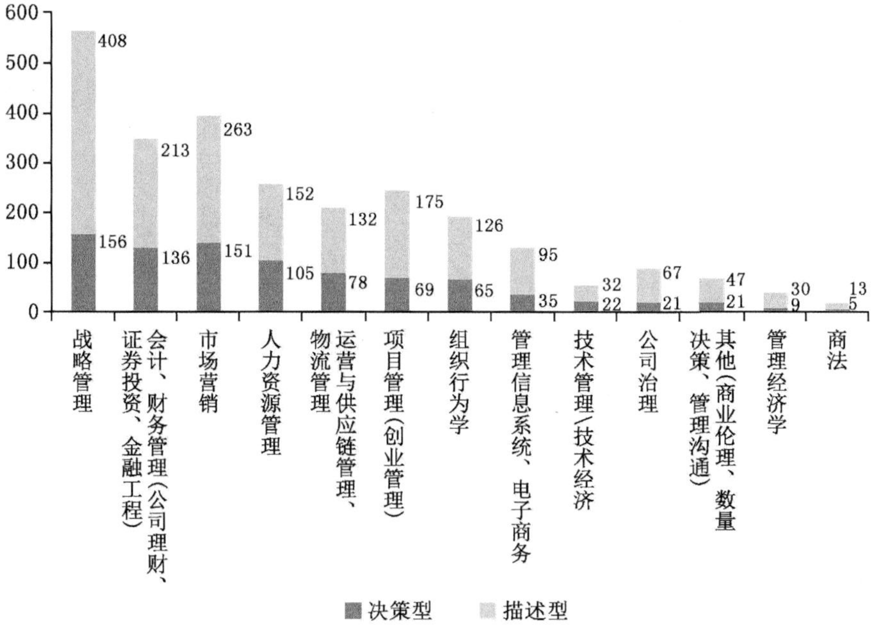

图 4—14　各学科案例类型分布统计

图 4—14 显示了各个分类学科中案例类型的分布统计。各个分类学科中，描述型案例的数量也都要高于决策型案例。其中，“人力资源管理”的描述型案例与决策型案例的数量相对平均，描述型案例数量为 152 篇，决策型案例数量为 105 篇。其他分类学科中，描述型案例的数量都远高于决策型案例。例如，“战略管理”的描述型案例数量为 408 篇，而决策型案例数量仅为 156 篇，描述型案例数量是决策型案例数量的 2.5 倍之多。又如，“项目管理(创业管理)”的描述型案例有 175 篇，而决策型案例有 69 篇，描述型案例同样是决策型案例的 2.5 倍之多。再如，“市场营销”

的描述型案例为263篇,决策型案例为151篇,描述型案例是决策型案例的1.7倍。

四、案例题录信息文本挖掘

1. 案例高频词分析

在课程选择上,本书选择了与案例库分类一一对应的6门MBA核心课程进行挖掘分析,包括战略管理、市场营销、人力资源管理、组织行为学、公司治理和管理经济学。

各领域高频词分析过程如下:对案例的摘要进行分词,去除“同时”“由于”等词以及“公司”“案例”等大部分摘要中都出现的无解读意义词汇后,将整体以及各个学科领域出现频率最高的30个词输出,得到的结果如表4—6所示。

表4—6　　各课程案例摘要高频词

整体	战略管理	市场营销	人力资源管理	组织行为学	公司治理	管理经济学
发展(2 800)	战略(919)	品牌(679)	问题(281)	管理(241)	治理(127)	市场(55)
管理(2 692)	发展(909)	营销(667)	人力(273)	发展(196)	管理(99)	发展(48)
问题(1 767)	市场(444)	市场(621)	绩效(210)	组织(191)	发展(90)	创新(30)
市场(1 698)	集团(369)	发展(358)	发展(190)	文化(175)	股东(64)	竞争(27)
战略(1 681)	模式(367)	产品(264)	描述(171)	问题(143)	股权(60)	管理(27)
过程(1 566)	中国(328)	问题(257)	过程(136)	描述(141)	描述(59)	战略(25)
描述(1 369)	管理(320)	如何(245)	人才(134)	员工(127)	控制权(59)	过程(23)
如何(1 310)	过程(317)	管理(236)	如何(124)	过程(126)	问题(56)	如何(22)
模式(1 290)	行业(311)	战略(206)	进行(119)	变革(105)	集团(54)	模式(21)
通过(1 225)	如何(304)	描述(201)	通过(119)	如何(83)	中国(50)	品牌(20)
进行(1 206)	描述(287)	服务(194)	工作(101)	集团(80)	通过(44)	产品(20)
集团(1 107)	创新(284)	渠道(194)	人员(99)	以及(79)	过程(43)	价格(19)
分析(1 097)	问题(271)	过程(192)	体系(98)	冲突(74)	以及(39)	进行(18)
中国(1 069)	通过(270)	通过(190)	战略(97)	通过(71)	结构(34)	描述(17)
品牌(1 053)	转型(260)	中国(187)	以及(94)	进行(69)	收购(32)	产业(17)
以及(943)	竞争(255)	进行(185)	激励(93)	中国(67)	模式(32)	问题(16)
创新(928)	进行(246)	竞争(175)	考核(93)	工作(66)	上市(32)	差异(15)
行业(898)	分析(239)	分析(164)	文化(89)	领导(62)	如何(31)	我国(14)
营销(852)	环境(217)	策略(163)	组织(82)	结构(58)	万科(28)	思考(13)

续表

整体	战略管理	市场营销	人力资源管理	组织行为学	公司治理	管理经济学
项目(803)	业务(213)	模式(160)	中国(82)	建设(53)	分析(28)	经济(13)
竞争(779)	品牌(210)	销售(144)	分析(81)	社会(49)	股份(28)	文化(12)
产品(763)	以及(205)	定位(143)	实施(80)	创业(48)	民营(27)	成为(12)
创业(760)	商业(204)	行业(139)	集团(80)	有限公司(48)	进行(26)	转型(12)
服务(757)	面临(194)	以及(122)	制度(80)	制度(48)	改革(25)	成长(12)
业务(704)	实现(186)	文化(118)	一个(74)	实现(47)	董事会(25)	服务(12)
资源(699)	经营(185)	创新(115)	背景(72)	面临(47)	国有(24)	信息(12)
经营(690)	产业(182)	经营(113)	方面(71)	战略(46)	投资者(24)	互联网(12)
面临(686)	成功(172)	客户(109)	面临(71)	模式(45)	我国(24)	一个(12)
提供(668)	并购(168)	价值(105)	解决(70)	资源(45)	转型(24)	通过(11)
技术(652)	提供(168)	集团(104)	流失(69)	思考(43)	成功(24)	规模(11)

将上述高频词绘制成标签云的形式，见图 4—15。

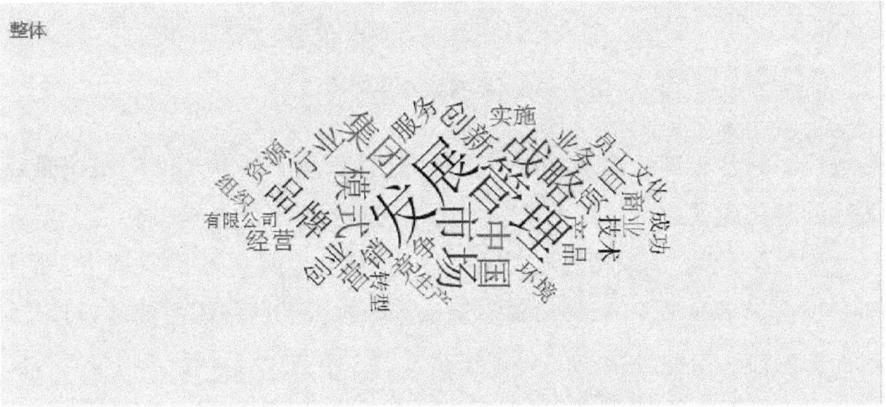

图 4—15 所有案例 Top30 高频词标签云

将案例摘要分词，根据词与词在摘要中共同出现的情况绘制共词网络之后发现，目前 MBA 案例主要聚焦在战略、市场、品牌、管理等高频词汇方面(见图 4—16)。

2. 全案例教学视角下的比较

前文从两个方面对案例题录信息进行了文本挖掘和可视化展现，对重点关注的六门课程进行了分析，不过所对应两类图的侧重点是不同的，

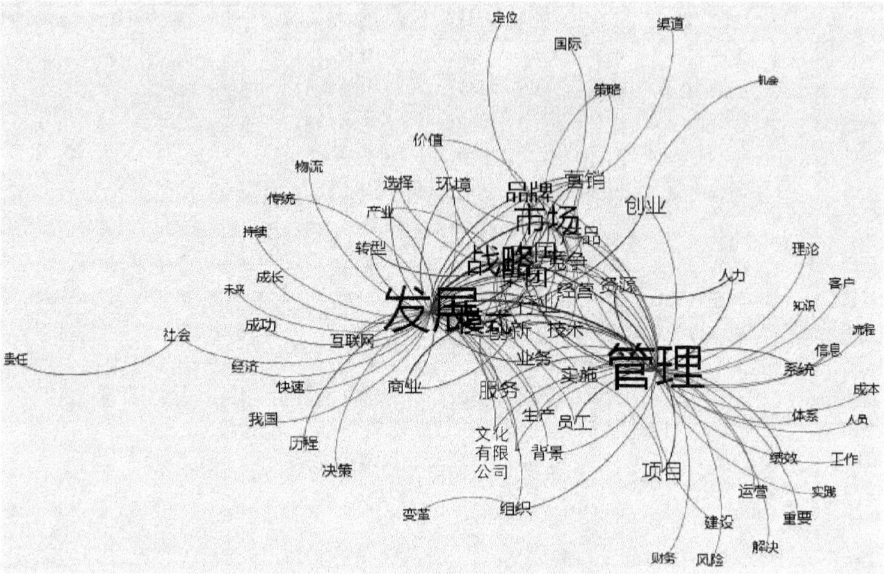

图 4—16　所有案例共词网络图

高频词的标签云展示重点关注的是热点话题，基于词共现的网络图重点关注的是彼此的关系。案例教学本质上还是为了知识的有效传递。通过全案例教学，可以争取覆盖传统课堂教学传授知识点的 80%以上，而任何知识点都不是孤立的，通过对不同课程标签云和网络图的比较，可以为后面案例使用策略及效果的讨论提供支持。在实际案例教学中，能否实施全案例教学？需要哪些前期知识储备？教师的课堂引导应该如何开展？不同知识点如何协同起来让学员加强理解？

(1)战略管理

图 4—17 与图 4—18 分别展示了战略管理类案例的高频词标签云和共词网络图，可见案例覆盖的知识点主要集中为“战略管理理论”“竞争优势”“企业外部环境”“竞争战略”“并购”，而全国 MBA 教育指导委员会编写的教学大纲中涉及的“企业内部能力”“业务层面战略”“动态竞争”“公司层面战略”“战略联盟”“战略领导力”等知识点的案例则明显不足。

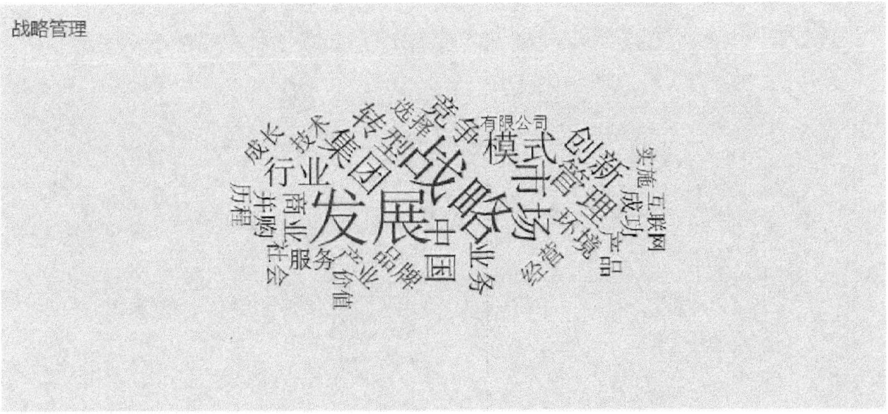

图 4－17　战略管理类案例 Top30 高频词标签云

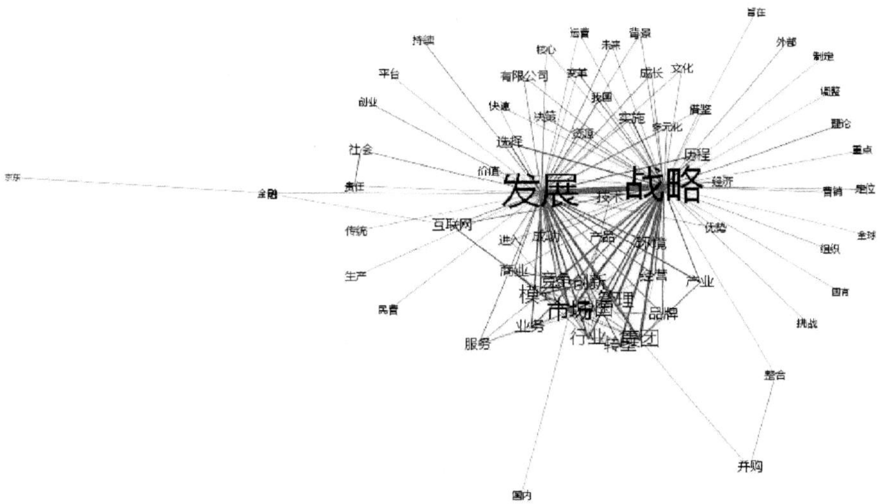

图 4－18　战略管理类案例共词网络图

(2)市场营销

图 4－19 与图 4－20 分别展示了市场营销类案例的高频词标签云和共词网络图，可见案例覆盖的知识点主要集中为“市场营销环境”“市场定位”“产品策略”“品牌策略”“营销创新”以及“渠道策略”，教学大纲中涉及

"企业市场""差异化战略""产品组合策略""产品生命周期""品牌命名""包装策略""价格策略""促销策略"等知识点的案例也相对不多。

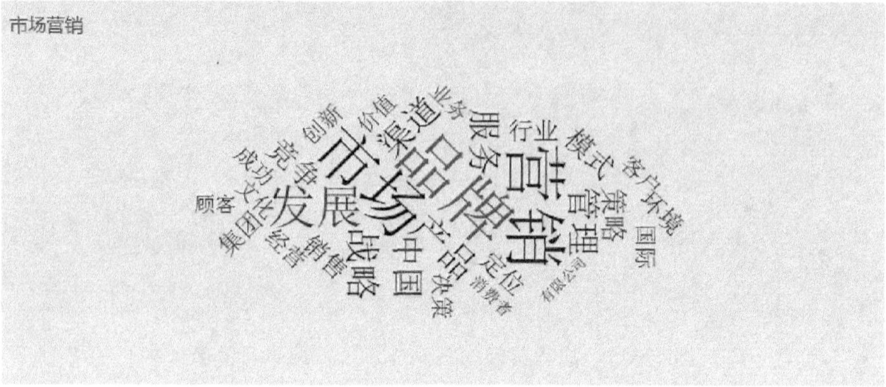

图 4—19 市场营销类案例 Top30 高频词标签云

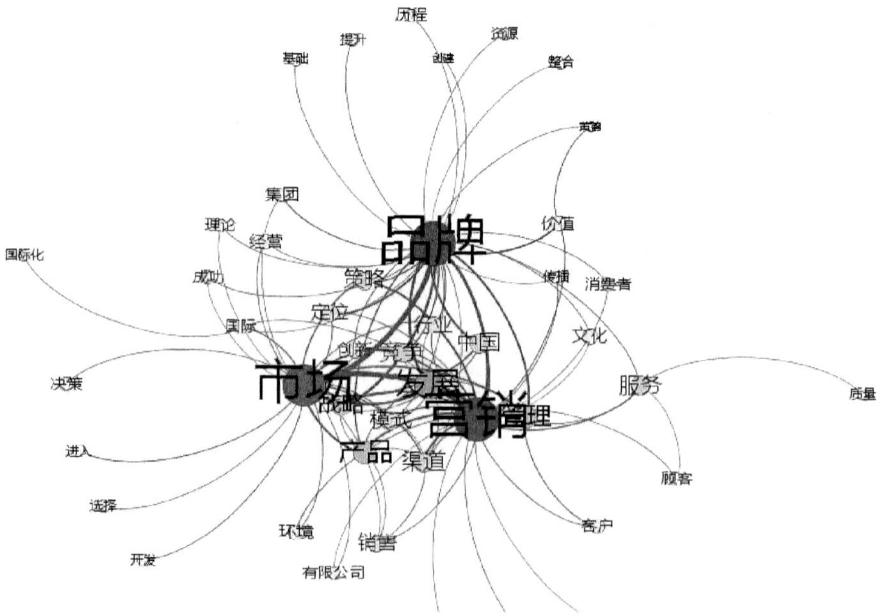

图 4—20 市场营销类案例共词网络图

(3)组织行为学

图 4—21 与图 4—22 分别展示了组织行为学类案例的高频词标签云

和共词网络图，可见案例覆盖的知识点主要集中为“冲突管理”“领导决策”“结构战略”“文化策略”“变革发展”，而教学大纲中涉及“研究方法”“个体行为”“群体管理”“谈判策略”“组织学习”等知识点的案例则相对不多。

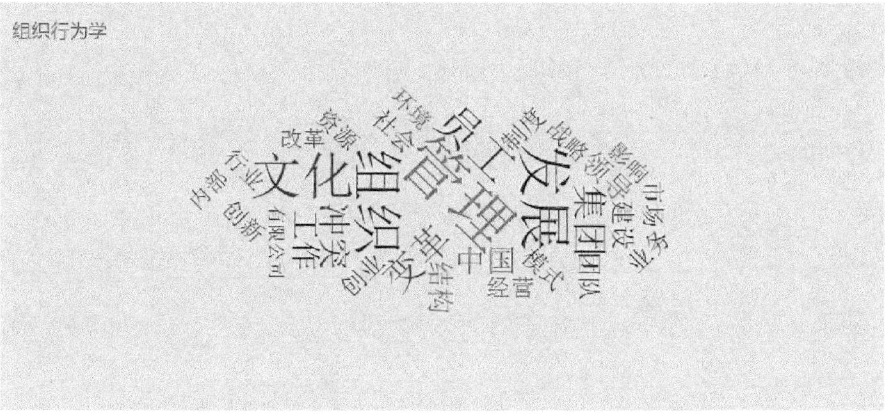

图 4—21　组织行为学类案例 Top30 高频词标签云

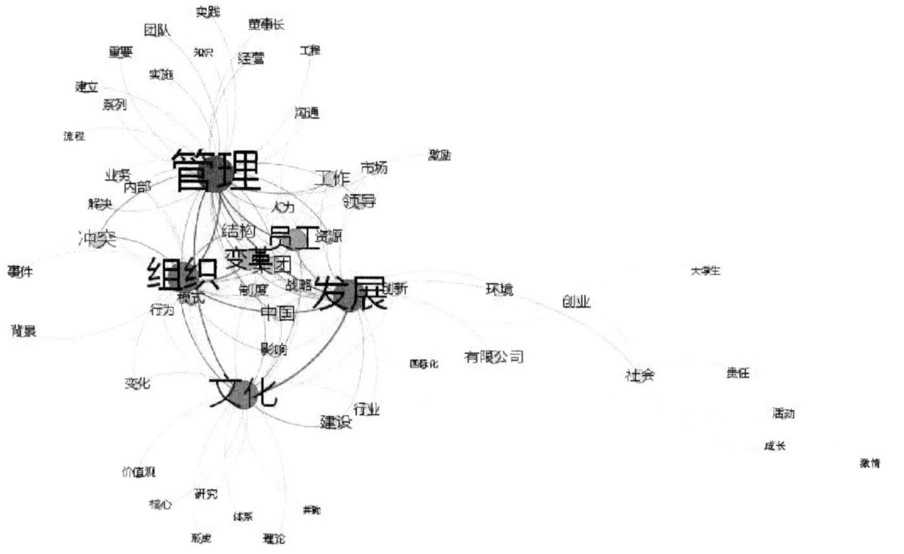

图 4—22　组织行为学类案例共词网络图

（4）公司治理

图 4—23 与图 4—24 分别展示了公司治理类案例的高频词标签云和

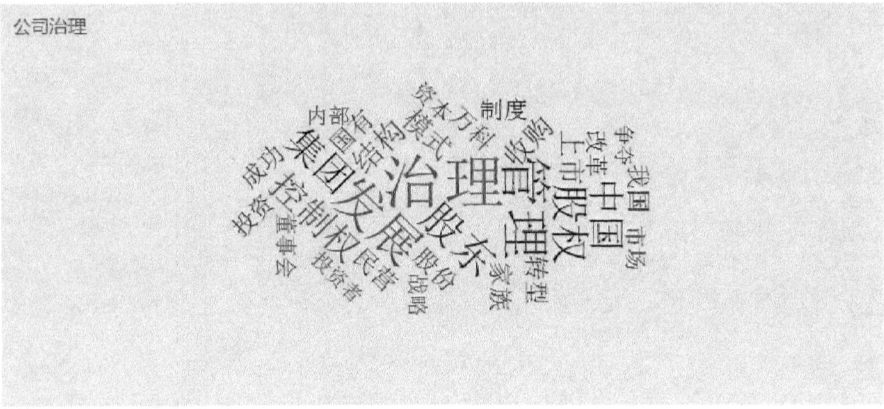

图 4—23　公司治理类案例 Top30 高频词标签云

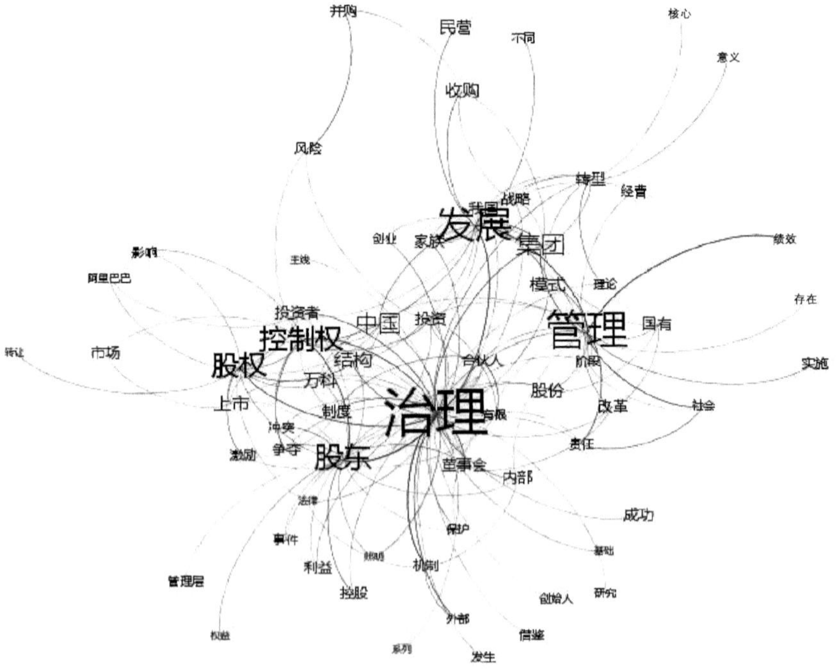

图 4—24　公司治理类案例共词网络图

共词网络图。从图中可见，案例覆盖的知识点主要集中为“控制权”“董事会结构”“股权治理结构”“投资者治理”“内部治理”“股权激励”“集团治理”，而教学大纲中另外涉及“公司治理基本理论”“董事会的功能、形式、运行、特征、规模、权利、义务”“独立董事制度”“经营者激励机制”“证券市场”“银行治理”“跨国公司治理”“网络治理”“公司治理评价与应用”等知识点的案例则明显欠缺。

(5)管理经济学

图 4—25 与图 4—26 分别展示了管理经济学类案例的高频词标签云和共词网络图。从图中可见，案例覆盖的知识点主要集中为“竞争市场”“价格竞争”，教学大纲中涉及的其他知识点大多没有提及，包括“需求与需求弹性”“需求函数”“生产与成本函数”“完全垄断市场的企业决策”“垄断企业定价”“寡头垄断市场的企业决策”“博弈模型”“定价实践”“要素市场”“市场失灵与信息不对称”“外部性”“公共品”“政府管制”等知识点。

图 4—25　管理经济学类案例 Top30 高频词标签云

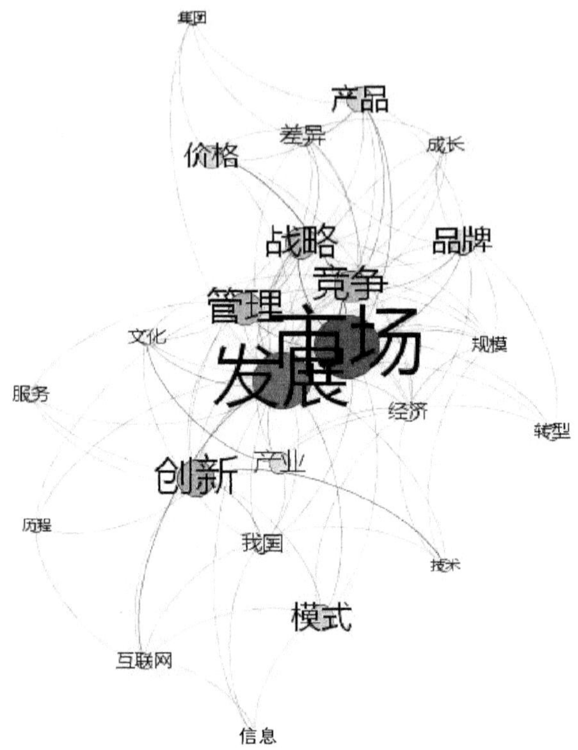

图 4—26 管理经济学类案例共词网络图

五、教学案例开发的现状、问题及对策

案例的采编和设计是情境构建最基础和核心的载体，基于对国内最权威且适用度最广泛的管理案例库里的案例的分析和挖掘，可以从一个侧面看出我国 MBA 案例采编存在的问题，而这些问题也将影响案例使用的效果，所以说案例开发作为管理情境再现的手段，对于后续基于情境的学习将产生深远影响。概括来说，我国 MBA 教学案例开发存在如下可改进的方面：

（一）注重情境创设的真实性，原创高质量案例的数量和质量不均衡

案例的真实性指案例所涉及的情节属实且读起来真实、可信，指的是

案例描写真实的情节，讲真实的故事，把曾经发生的一系列事件按照一定的逻辑描绘出来，即对已存在的事情的再次阐述。所以，描写真实的事件是对案例撰写的最基本要求，也是案例的基本属性。学生进入各行各业所面临的是真实的场景和真实的环境，现实社会和职场的复杂性都是真实的任务和活动，基于这种"真实情境"中创设的知识教学有助于激发学生的情感和兴趣，让他们积极地调取已有经验去解决现实生活中的各类问题，更容易形成综合性和整体性的知识和探究性、创造性的能力。只有真实的案例情节才会让学生学到可用于真实的管理情境的知识。不然学生在面临真实环境的时候就难以做出正确、有效的抉择。而要想使案例的情节发展合情、合理，来龙去脉经得起推敲，就必须保证案例的内容真实、可靠。换句话说，凭空编造出来的故事或者是在故事的某些地方"添枝加叶"会使整个故事显得不自然，也容易出现逻辑错误。[①] 中国的管理教育实践已经越来越意识到本土案例开发的重要性，而各个培养院校及工商管理硕士专业教师的原创案例的采编则是案例教学工作的重点。从数据统计来看，从 2007 年到 2017 年，全国各大 MBA 培养院校的案例开发及入库数量逐年增长后趋于平稳，每年保持着高入库案例数量。自 2010 年启动至今完成八届评选的全国百篇优秀管理案例已经得到各 MBA 培养院校的重视。整体来说，原创采编入库的百优案例质量和规范性稳步提升，不仅体现在案例正文上，而且在案例使用说明上有显著的变化。原创案例的采编作为案例教学工作的源头，已经越来越被 MBA 培养院校视作案例教学质量的重要一环。但基于案例库分析，院校之间在案例开发及入库上仍存在失衡，一定程度上反映了各院校案例教学整体水平的差距，应当引起相应的高度重视。入库案例数量的多少与质量的好坏，直接反映了不同院校的重视程度及案例开发的差异。从数量上看，大连理工大学、中国科学技术大学、天津大学的入库案例数量最多，高发文量的作者也多来自这 3 家院校，其次是河北工业大学、西南交通大学、

---

① 朱方伟，孙秀霞，宋昊阳. 管理案例采编[M]. 科学出版社，2014：9.

华中科技大学、暨南大学、南京大学、北京师范大学、华东师范大学、浙江大学等院校，其余院校在案例入库数量方面则显得薄弱。从案例质量方面看，高频使用案例绝大部分与案例数量结构成正比。因此，根据对案例入库的数量和质量的分析，发现大连理工大学、北京航空航天大学及华东师范大学等几所学校在数量和质量上均有相对明显的优势，其在案例教学和应用探索方面处于创新前沿，已形成了各具特色的案例教学模式。

案例采编还出现案例适用课程上的不平衡。例如，“战略管理”“市场营销”这两大课程涉及的案例最多，远多于其他课程。这种不平衡主要表现在两个方面：第一，核心课与非核心课之间的不平衡。入库案例大多指向核心课程，而非核心课程。除“项目管理(创业管理)”“运营与供应链管理、物流管理”“技术管理”等课程之外，其他多数课程的相关案例很少出现。第二，核心课程中不同课程涉及的案例数量也有明显差异。即使同属于核心课程，在案例开发中出现的频率也存在差异。入库案例中超过1/3都适用于“战略管理”和“市场营销”两门课程，其次是“财务管理”“人力资源管理”“组织行为学”等。相较之下，适用于“管理经济学”“数据、模型与决策”“信息系统与信息资源管理”等核心课程的案例则明显不足。

（二）注重情境创设的适应性，案例编写需要把握适切性的难度

案例采编的难度并不是越大越好，适合的才是最好的。不同类型的学生有不同的特点，管理经验欠缺且知识面狭窄的学生很难理解和掌握综合难度大的案例。而对于具有丰富的管理实践经验又积累了一定的管理知识的高级管理者，则很容易适应综合难度较高的复杂的案例情境。真实情境的问题一般具有一定的挑战性。案例除了真实性，也需要在难易程度上适当地把握，两者结合在学习者“最近发展区”，才能有效激发学习者的积极性和获得问题解决后的成就感。

同时，案例设计还要注意考查学生对案例情境的偏好，根据学生的学习偏好设定案例的情境偏好，并由此聚焦案例的类型、行业和目标企业，如根据学生来源和兴趣爱好，选择学生更感兴趣的行业、企业规模、企业所属区域及案例主要决策人的角色等，以便更好地激发学生的学习兴趣。

所以在案例设计初始要注意做好难度控制，注重根据学生的职业背景和已有的知识经验进行需求识别，在教学设计和策略上思考如何能有效地促进学生积极利用原有知识和经验的动能来重新建构，并对学生的背景进行调研和对学习偏好进行了解。在这里学生的知识学习、能力锻炼和思维转变目标也是案例难度定位的基础依据。具体而言，需求识别阶段主要做好三个部分的难度水平控制：第一，决策维度，即根据教学对象的经验基础、逻辑分析和判断能力的平均水平，在案例采编时初步确定案例涉及的决策层次到哪一等级，是提供现有决策的判断评价还是使用开放式的决策讨论，主要锻炼的是参与者对具体情况分析后作出决策的能力。第二，概念难度，即采编者通过分析课程教学目标和教学对象的知识基础水平来确定案例概念或理论的深度及广度，主要挑战是参与者对相关理论和技术工具正确理解并加以应用的能力。第三，陈述难度，案例结构清晰还是复杂，案例信息明了还是分散及案例教学的对象能力锻炼层次高低均取决于案例的学习目标。陈述难度以锻炼选择、分类、处理和组织复杂信息的能力为主。

（三）注重情境创设的目的性，强调案例知识点的覆盖和平衡

案例教学的根本原则和意义是传授知识、提升技能、改变理念，即通过生动全面、情节丰富的案例，让学习者在分析讨论的过程中掌握理论概念并懂得如何应用于实际管理问题。案例课程教学目标的制定，应结合学生特征、课堂回顾、学生立场和偏好，充分挖掘学生的隐含需求，有助于使案例教学目标更切合学生真实的需求，大大提升案例教学的效率和效果，也有助于形成更加细微的、具有针对性和特色化的案例教学目标。教师根据学生已经具备的基础课程知识，丰富与案例所涵盖的知识点有内在关联的知识点。学生在应用已学知识的过程中体会案例表达主题的内在知识结构。

为了达成教学目的，案例采编时要注意以下几点：

首先，明确案例要传达的知识点及理论依据。知识层面规定了学生所要实现的知识学习的内容和水平，包括对哪些核心概念或理论的理解

和掌握、对哪些工具与方法的熟练运用、对哪些议题或观点的学习与认识。知识层面的课程教学目标与案例的选题、内容和难易程度紧密相关,是案例教学所要达成的基本目标,为案例采编需求提供了最基础的知识目标。采编者需要事先围绕培养目标和教学大纲明确特定课程的知识结构,即对知识层面的需求,并在案例规划中将知识点结合案例情节进行布局。学生的培养方案是针对目标学生发现案例采编需求的重要依据,借此了解学生的培养目标、学生的课程基础知识及知识结构、学习时间的分配安排,并由此确定案例采编的类型、内容、目标、难度设计、需要强化的知识点及需要锻炼的能力。案例教学的针对性见图 4—27。

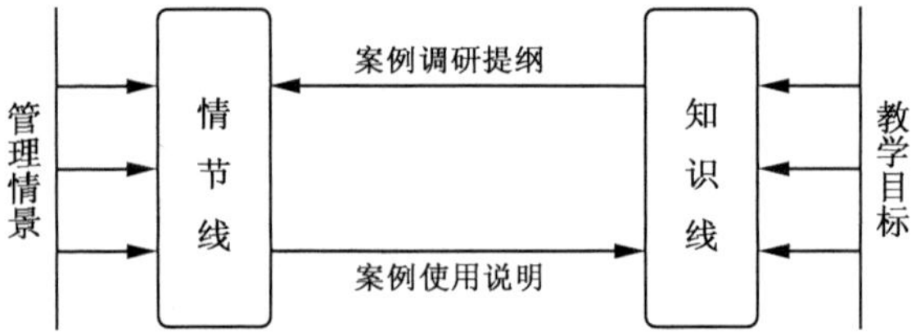

图 4—27　案例教学的针对性

其次,思考案例教学需要锻炼的能力和提升的思维理念。采编者在编写过程中需要有意识地构思特定的传授方法,以便学生在案例学习中同步提升相关能力。不同课程对于重点培养的能力指向(如分析能力、表达能力、合作能力等)和能力到达的期望水平都是不同的,所以在需求识别阶段需要加以体现。理念层面的目标是指通过案例学习使得学生加强理解、重构观念、形成态度或发展心智,可以说是案例教学的终极指向。而案例教学中学生的参与优势是提升思维理念的良好基础。不同的能力及理念训练目标会对案例产生不同的需求,相应地影响案例中情节的设计和编排。

总体来说,知识线是根据案例要实现的知识传授功能所布局的概念理论,它贯穿于案例采编的全过程。情节线是案例所要展现的素材和信息所依据的故事逻辑,蕴含着案例教学所关注的重要知识点。从两者关系看，可谓内在统一、相辅相成，知识线依托情节线埋藏案例的知识点，情节线依托知识线勾勒案例故事。案例教学需要厘清教学目标及理论要点，并将其隐含在案例的情节中，在既定教学目标的指导下完善案例知识线和情节线的匹配并使其融为一体，在情节编排中设计好焦点问题，以便于学生围绕焦点进行讨论，是案例教学目标达成的有力保障。案例正文编写时将收集的信息加工编辑为富有情节的故事的同时，也需将案例教学所规定的知识点蕴含其中，而案例使用说明的编写作为案例教学的指导材料，又将知识线与情节线结合梳理，在教学过程中清晰展现并引导对案例的分析和知识的传授。

知识点涵盖比例的不平衡主要体现在各案例知识点涵盖比例较小。通过对大连理工大学管理案例库的案例进行分析发现，即使是涉及案例数量较多的课程，案例也未能覆盖相应课程的全部知识点。例如，“战略管理”和“市场营销”涉及的案例数量最多，但其中覆盖到的知识点也只占教学大纲设计的全部知识点的一部分。在案例使用中，多数课程中案例知识点的涵盖比例仅为 30%－40%。一般来说，全案例教学需要案例覆盖一门课程 80%左右的知识点，而目前案例覆盖的知识点显然还不能满足这一需求，在一定程度上影响了案例教学的开展和效果的达成。从案例类型看，描述型案例的数量要高于决策型案例的数量，描述型案例与决策型案例的数量也存在失衡情况。案例性质也在很大程度上存在不平衡的现象，一是入库案例背景单位的行业多集中在服务业，机械、电机工业，食品工业，贸易与金融业，电子工业等，仪器、仪表工业，公共管理和社会组织，新闻出版业，石油工业等行业的案例则明显短缺。二是案例涉及的背景单位的职能部门多集中在规划设计部门、营销部门/市场营销部门、财务管理部门、人力资源部门，而监察与纪检部门、基层部门、仓储部门、运输部门、公共关系/外事部门、采购供应部门等的相关案例则较为稀少。三是入库案例背景单位的规模多为中型及以上，中小型及小型单位的相关案例数量较少。

（四）注重情境创设的故事性，强调案例的可读性和带入感

所谓故事性，是指案例内容不能仅仅是信息的简单拼凑或堆砌，而是要具备一定的情节发展逻辑、时间上的先后顺序或逻辑因果关系等。故事性对于案例至关重要，一方面，丰满的案例故事能够增加读者的带入感，让读者产生身临其境的感觉。这种带入感能够使学生快速进入决策人的角色，提高学习效率；另一方面，案例的故事性能够加强学生对案例情节的记忆，迅速与所要掌握的知识点进行结合。这样一来，学生在牢记故事情节的同时也掌握了与其相关的知识内容。

增强故事性一般可以通过以下三个策略来改进：第一是制造气氛，感染大家，让大家能愉悦地听；第二是展开故事情节，要有合情合理但又跌宕起伏的情节；第三是引发共鸣，触及内心，达成观点的一致。以上三点是增加案例故事性的三个主要方面。学生在案例采编过程中的主要作用是提供需求、定位难度和设定案例适用环境的依据。案例采编成功与否取决于案例是否可以有效地实现学生的学习目标。而案例重视实践和强调参与的特性要求学生在案例课堂教学中站在案例焦点人物的角度思考、分析问题，与师生进行讨论，交换对问题的看法，以实现"做中学"的教学目标。同时，案例对学生的带入性也为案例质量评价提供了重要的标准维度。

（五）案例研究与开发的启发和建议

一是案例研究与开发旨在引领和深化案例教学。案例教学效果很大程度上取决于所选择案例的质量。目前，我国大部分 MBA 教学用的管理案例主要来自一些公开出版的收录知名企业发展历程的经典案例的案例集，更多的院校则是用世界公认的来自哈佛大学商学院和毅伟商学院的经典案例，这也是在 MBA 案例教学中最主要的案例库。这些案例虽然是公认的经典，但未必适用于国内高校的管理学案例教学。哈佛大学商学院和加拿大毅伟商学院的 MBA 案例大多数是国外的企业案例。企业案例所处的经济环境、文化制度、市场条件、管理模式和理念都与国内

企业具有较大的差异性。二是国内的高校教师对这些案例企业的背景及运作方式很难达到与本土企业案例一样的熟悉程度，不能很好地引导学生开展案例讨论，案例教学的效果欠佳。基于此，笔者认为要实现案例教学在工商管理教育中的良好收效，推动原创管理案例开发与研究应作为案例教学的"源头"工作来抓，明确案例开发引领案例教学的观念，引导授课老师基于本国企业的实际运行状况开发原创企业管理案例。

第三节　整合式案例教学模式的案例应用研究

根据整合式案例教学模式构建的理念、原则和具体策略，案例开发是情境创设的重要源头，决定了课堂案例教学的质量，而案例实施和应用则是整合式案例教学模式里提升学生职业能力的关键环节。案例教学旨在以案例为载体(真实且复杂的情境)，通过科学、有效的课堂案例教学组织形式训练学生的综合职业能力。案例实训旨在搭建多情境模式下对学生进行多维度、多形式的训练，以达到知识迁移应用水平提升的目标，一般先通过企业现场调研、企业问题诊断到解决方案等过程训练学生，最后由企业来检验解决方案和训练结果。而且企业实训也是原创案例开发的不竭来源，可形成用于课堂教学的案例或者具有管理理论色彩的研究案例。从教师的案例开发、案例课堂使用到真实案例实训，整个过程就是整合式案例教学模式的闭环和体现，其中，真实案例实训又能形成教师的案例开发的不竭源泉。为了更好地考察案例教学和实训环节的有关不足、影响因素和相应的举措，笔者选择了 H 大学案例教学具有代表性的教师进行深入的访谈。

一、访谈研究的目的和设计

(一)访谈研究的目的和技术路线

案例教学是一种情境导入式的教学模式，强调的是学习者主动的知识建构过程。在此过程中，案例本身的质量、教师的驾驭能力、学生的差异和主动性及课堂环境等因素都会影响效果的生成，而且案例教学强调的是形成性而非终结性评价，环境的变化和教学形式的创新又对教学环节产生了内在创新的要求。因此，整个案例教学过程是教学的预设性和教学过程、教学效果的创生性的有机结合。教师要认真、严谨地对案例教学活动进行事先设计，如依据学生的知识经验和职业背景并结合课程学习目标设计案例情境，构建相应的教学环境，并预想与之相适应的教学策略等。但教学的预设性不代表整个教学活动过程需要按照既定设计照搬实施，实施过程中通过师生主体的互动和生生之间的互动等碰撞，可能会产生二次设计和留白弹性，从而引发优质而高效的学生学习体验。

鉴于此，围绕教学案例模式构建的要素、不足、建议等，笔者采取访谈的形式展开研究，从教师角度获得在案例教学的研究和实训等方面的真实、全面和系统性的信息，从多角度对案例教学的全过程和体系化建设展开较客观且深入的分析。

访谈研究的目的在于围绕教学案例的选取和设计、案例课堂教学的管理形式、教学形式的创新、教师案例采编方法、案例教学的不足和补充做法等，与整个案例教学模式相关的要素进行整体关注、相互联动，并对这些重要环节的微观方法进行探究，整体而言，需要考察以下几个方面：第一，通过访谈研究，明确教师对案例教学法在工商管理硕士培养过程中的认识和定位；第二，通过访谈研究，确定当前教师在案例教学过程中所碰到的“痛点”、难点及相应的策略和方法；第三，围绕案例教学功能的有效发挥，就课堂内外多情境构建、多形式创新等给出建议和说明，以期从教师教学实践经验和学理角度建构一个优化的案例教学模式。

（二）访谈样本的选取和问题设计

研究基本采用半结构访谈的方式进行，即较为严谨的一种主体控制、细节留白的访谈方式。笔者设计了一些统一的问题，但也在主线之外留有一些自主补充和发挥的空间。这也是为了保证收取到更多教师受访者无法预知的信息补充和疑问，来获取更多有效信息的一种深度沟通。为保证访谈过程中访谈对象能够紧扣核心问题回答，以获得充分的信息，笔者在准备过程中查阅和分析了大量的有关案例采编现状和案例库分析、案例教学学习效果和不足、案例教学的学习过程、教师角色、学习策略等相关文献，并根据自己工作十年的实践、观察和接触经验，结合这些文献资料初步设计了相关问题。此外，笔者还与长期从事案例教学一线研究和教学且具有丰富经验的教授们进行了交谈，在充分吸取了他们的建议后形成初步的访谈问题，接着对这些访谈问题进行组织。访谈问题的组织以呈现开放式的一般问题和较特殊的具体问题相结合的方式，最后又以较宽泛的问题结束的逻辑完成。

根据访谈研究的目的，访谈问题主要包括三类：第一类是受访者的基本信息，包括教龄、职称、任教课程、代表性做法和成果（根据笔者与这些教师的接触和工作了解已经获悉）等；第二类是受访者对案例教学的基本认识（优势）及课堂案例教学的困境、策略和创新思考，如教师如何设计流程，如何做好师生角色定位和互动，愿意在哪些方面尝试改革和创新传统的课堂教学形式等；第三类是关于案例选择和采编方面的认识，如选择案例所考虑的因素、采编的重点和技巧、案例库的使用现状及需要的支持等，主要是了解受访教师对课堂外案例实训活动的认知和对发挥案例教学综合性效果的建议等，主要考察教师对于传统课堂案例教学的短板认知及对真实情境下案例实训活动的整体思考（优点、缺点、困难和机制等）和开放式的建议等，据此，形成了三个层面的访谈问题（具体见附录）。

教师访谈的对象均来自 H 大学的 MBA 任课教师，具有 8 年及以上 MBA 教龄的副教授和教授，在案例教学的接触和实践上有多年的积累。访谈采取自愿原则，即根据被访谈的教师的意愿和他们取得联系并逐一访谈。此外，在对访谈教师的选择中，笔者还采用了“目的性抽样”的原则，即考虑了不同性别、年龄、职称的教师在访谈对象中的分布。尤其关键的是在确定访谈对象的过程中，笔者根据案例教学工作第一线十余年的接触、观察和对教师的了解，圈定的十位访谈对象都具有不同的代表性，有的在案例采编和案例研究中颇有造诣，有的在案例教学过程中不断创新并深受学生欢迎，也有的是在案例赛事指导、案例实训活动中承担资深教练角色的教师。教师角色既有专业理论课教师，又有专业实践课教师，也有双师型教师。

二、访谈的信息整理和分析

（一）案例教学的基本认知和制约因素

关于案例教学法在工商管理专业学位研究生教育中的应用，所有的老师都给予了较为一致的认可，认为它是一种非常契合 MBA 培养的教学方法。此外，经过总结，发现所有教师认可案例教学的独特优势在于提供管理情境，促进理论知识的融会贯通，训练分析决策的能力和能力在实践中的迁移。如教师 ZY 认为案例教学是将商业情境引入案例情境，并结合所学知识点进行融会贯通的分析。MBA 的教学目标可以通过案例践行“做中学”，通过真实的参与和体验加深对知识点的理解，培养学生理解问题和应用实践的能力。教师 YLF 认为案例教学可以将隐藏在具体情境中的商业知识抽取出来，将书本不能呈现的隐性知识用案例的形式呈现并传授给学生，而且这种商业知识并不是单一维度的，而是多向度综合性的知识。教师 CGS 认为案例教学能更好地阐释理论，同时可以让学生置身情境感受管理者的决策。教师 ZY、YLF、CGS 都提到了案例教学可以避免教学过程枯燥（YLF），极大程度地解决理论的枯燥性问题（LZ），活跃课堂气氛（CGS），让学生更加积极而主动地参与。在学习方式上，XX 和 FXJ 等教师均提到案例教学可以促使学生主动学习和多向交流，并促使知识的有效迁移。如 FXJ 认为，“案例教学是一种开放式、互动式的教学方式，优势在于将学生从被动的学习状态中解放出来，进入主动的学习状态中，将注重知识传授转为注重实践讨论，鼓励学生独立思考，注重多向交流，达到培养学生分析实际问题与解决实际问题的能力”的目标。XX 认为“案例教学的最大优势在于启发式教育，训练学生的思维。他们在课后碰到类似问题的时候，也能够主动思考和学习，即将这样一种学习习惯延伸到课后，使得案例教学和实际工作结合紧密、无缝对接”。YLF 认为“案例教学可以针对性地分析具体问题，并与自己的职业和现实工作联系起来”。LJQ 和 SUY 均认为案例教学最大的特点在于学以致用，能“通过模拟市场环境减少学生将来在工作和实践中的试错成本，形成了知识到能力、能力到实践的嫁接”（LJQ）。总体来说，各位接受访谈的来自不同学科，但在案例教学上有代表性和发言权并在 MBA 教学中取得良好的教学效果的教师一致认可这种教学方式对 MBA 教学的重要性，“案例教学是 MBA 教学的生命，没有案例就无法传授隐性知识”（YLF），“案例教学法可以说是目前为止对 MBA 教学最好的、最核心的方法，因为这种方法与培养目标是相契合的”（LJQ）。

在案例教学中这种公认的学以致用的教学优势是否能在课堂上实现的问题上，大部分教师均表示能够实现或能够部分实现，并就不能完全实现的原因归纳为课程性质差异。例如，对于“组织行为学”“战略管理”“市场营销”“管理沟通”“人力资源管理”“创业管理”等软技能课程，案例教学的适用度更高。但是在“管理经济学”“管理信息系统、电子商务”等计量类、工具类课程上，案例教学的效果会在一定程度上受限。即使是同一位教师在讲授两门课程时也会有不同的案例应用策略和效果体验，如 LZ 的“公司治理”，案例使用的通常是以大型的和综合的案例为主。这门课程集管理、经济与金融三门课程知识点为一体，对于目前大多数尚未处于公司高管位置的学生，即公司的中层管理者，很难理解和把握理论含义，所以这种情况下案例教学显得尤为重要。这在一定程度上解决了课程理论的枯燥性，并由浅入深，形象地解决公司治理中一些繁琐的问题。而选修课“博弈论”要求具备深厚的数学功底，面对 MBA 背景和知识程度的差异性，传统教学法完全不适应，所以课堂上应用小型案例和微案例、沉浸式博弈体验（构造现场对立）、课堂游戏等方式去理解博弈论的重点知识就显得更为有效。

此外，通过对教师访谈结果进行梳理，发现制约案例教学效果发挥的主要因素包括案例选取、学生个体（职业背景差异、参与度和投入度不够、互动讨论不足）、教师个体（提前准备、案例选取、流程编排、讨论把控）及硬件保障等。

第一，案例本身的选取和设计。如案例的本土性、针对性、时效性不够，与学生有距离感。“百优案例背景离我们很远，有的同学并没有进入情境中，有些隔靴搔痒。距离感使得分析的深度有局限性”（ZY）；“教师选了一些案例，甚至是经典的案例，但是不代表学生能分析得好，因为它离得较远，学生不一定有感觉，尤其对我们中国的学生来说是这样”（YY）。“教师为研究和参评而采编的案例未必适合课堂教学之用（YLF）”。“与案例的丰富程度有关，有一些经典案例在现实生活中有一些变化，并不是一模一样的无缝对接，因为新技术和新经济的更新换代太快了，所以我们的案例需要及时更新补充。这时候学生的思考和学习就需要一定的深度和一定的知识背景”（XX）。

第二，学生的个体因素。如学生的投入度和参与的积极性受限。“学生是否投入感情和精力，学生通过提前阅读和分析搜集相关资料，才能真正起到案例教学的效果”（YY）。“学生大多是在职学习，投入学习的时间得不到保证，课前准备不足，所以很难取得预期的教学目的”（FXJ）。“学生的参与程度不高，动机愿望不足，原因在于没有事先准备，没有时间阅读”（CGS），如学生的背景和程度的差异导致不同的课堂吸收效果，“现在的学生知识结构和教育背景也各不相同，对相关课程的理论知识储备不同，他们在分析案例时还是运用已有的知识点和经验，分析问题更多凭直觉和本能，并不能达到课程要求的高度”（FXJ）。“从案例讨论的活跃度来说，总体来讲不尽如人意，因为教师和学生接受的教育都是灌输式的教学方式。在这种教学方式的熏陶下，学生一般不愿意发言，或者没有案例训练，基本上只有少数比较活跃的同学参与度高一些，大多数同学属于被动参与，这与我们一直接受的教育模式有关，大家不知道怎么讨论，这个方面可能是很多教师都遇到的大问题”（SBY）。

第三，课程编排和设计因素。教师是否能很用心地进行案例的选取、设计及课堂教学过程的管理和创新是非常重要的影响因素。“目前，百优案例用得最多，但是我感觉百优案例背景离我们很远。所以每个学期我都会使用一个我自己写的原创案例，在应用教学中可以给大家提供更丰富的背景和线索。带动学生参加移动课堂体验是案例教学的一种延伸，但大量的案例教学还是在教室内用纸质材料进行，无法全覆盖、全铺开”（ZY）。“在我的课堂上他们叫我故事大王，我的案例有小案例、大案例和情境案例。一般来说，一堂课中最多用一个商学院主流的大案例，但是作为 MBA 教师很多时候需要很多小故事、小案例，所以我的优势就在于会用案例，局限就是时间很短，不可能大量使用西方的长案例。情景案例相比来说非常需要，这种大案例篇幅长、情境更加复杂”（YLF）。“第一是老师能否进行前期仔细的设计，设计好了才能把案例做好。案例教学不是给一个案子让大家分析，不是给大家介绍一些例子。案例教学需要基本的教学方法和课堂组织流程，在此过程中需要评估反馈”（YY）。“案例教学要达到预期效果有一个前提条件：只有掌握必要的科学理论知识，才能形成正确的思维方式并掌握基本的分析问题和决策能力。案例教学的开展如果脱离了系统理论知识学习，就会变成零散的、浅层次的思想交流”（FXJ）。就像多位教师提到的学生参与性、准备程度、知识背景差异等制约因素，教师个体的投入和教学编排技能可以有效地“刺激参与度不高的学生主动参与”（XX）、“如何使没有背景和没有需求的学生愿意参与你的活动，这就需要教师和学生在课前、课中和课后充分沟通，教师上课的技巧以及案例的选择和设计”（LZ）。“冷场以后，我也没办法让案例讨论更加活跃地进行下去，自己也缺乏技巧。假如解决的话，需要在两个方面进行，包括教师如何诱导同学发问，对教师进行技巧性的培训，做一些相关的培训，效果会提升一些”（SBY）。“就博弈论来说，这种课堂案例使用最大的难点在于我们使用的案例大多是情景式的，但现实当中的复杂状况和情景式案例理想状况是有差异的，因为课堂上所说的理论假设是一个完美的情境，而现实具有多变性，这种情况下两者如何更好地结合是我们要思考的。对公司治理课程来说，案例使用的困难在于这门课程离学生工作比较远，做公司高管的很少，有一部分创业者会对公司治理课程比较感兴趣，目标是做大做强公司”（LZ）。

第四，硬件设施和保障不足。如 YY 老师认为案例教学除了案例选取、教师准备和课程流程管理及学生投入参与外,"硬件设施、教学条件、设备、教室的编排、辅助团队等也是非常重要的保障"(YY)。"其次,还有一个困难就是,教学需要足够的硬件设施去匹配。比如,国外有电脑房,相关配套要求高,这些可能后续还需要经费、课程建设等多方面的配套措施来解决"(LZ)。

(二)案例教学中师生角色和课堂流程管理

在教师和学生这两大案例教学课堂主体如何进行角色定位和互动合作上,教师们对自身角色的定位都达成了共识即导演、教练、引导者,认为学生是案例教学的主体、演员和决策者。YY 教师认为"教师的角色是教练,还兼任导演。教师引导学生积极配合,才能把案例教学的效果做出来;教师需要对整个案例过程进行编排,包括时间的设置、流程控制、问题的提出和导入、学生的进入,学生和教师之间触点的设计等。设计好剧本和脚本之后是学生是否互动的问题。如果按照优良的脚本,学生能做到很好的参与和互动,他们阅读案例、回答问题、积极思考,这是能出现很多好的效果的。教师很多时候承担的剧本和导演的角色,学生能否演好很关键"。LJQ 教师认为"教师是讲授者、教学组织者,也是案例教学的引导者。从讲授者到组织者再到引导者,这是一个课堂翻转的过程。教师要不断淡化主导角色,慢慢地把课堂的主导权交给学生。学生有丰富的实践工作经验,而且每个人一加一的效应一定会大于单个个体的,所以教师其实是智慧的引导者而不是生产智慧的,教师有知识,但是智慧在学生心中,教师的作用是引爆学生的智慧,把智慧培养成一种探索的能力。一开始教师是一个知识的讲授者,后来在案例教学中变成一个组织者,最后变成引导者,因为真正把学生内心的知识点燃后,就不用担心他们会失控,他们本能的一种求知欲望会超出预料的效果,所以课堂翻转是一个循序渐进的过程。随着深入,他们的各种能力会远远超出想象,类似于核聚变的反应,教师在这时候进行把控和引导但不是以你为主,是掌控进程,不干预整个进程"(LJQ)。

在课程案例教学组织这一关键环节上,受访谈的教师都将过程大致归为课前准备、课中引导互动、课后总结三个部分。课前准备一般需要教师提前下发案例，以便学生进行预习、资料的搜集和问题的梳理。在这个过程中，有的教师会采取一些生动的形式来呈现案例（如 YLF 的“故事会”形式），有的“课前要事先发给他们材料，他们先做一个分析，做一个小组团队的 PPT，做完反馈给我。经过来回几轮修改之后，他们再开始课堂讨论，否则没有事先准备是不能达成效果的。只有预先准备案例教学，才能发挥预期效果”（LJQ）。有的教师如 CGS，会根据教学主题和管理理论选择一个合适的案例，同时课前设置问题让学生带着问题思考案例和讨论。“学生的准备工作包括认真通读甚至精读案例，收集与案例相关的最新动态，扩展阅读”（CGS）。有的会“让教师在这种情境下自己模拟几次，大家采取模拟的方式把这些案例放到教师层面，没有学生参与，在这个过程中带有一点模拟和讨论性质；课前提供更多参考的方向和资料、背景知识，让学生多阅读，教师本身要在头脑中预演，预想一下学生可能会从哪些角度想这个问题”（SBY）。有的“课前会下发所有案例，每个学期大约十八周的时间，根据信息的最新情况再请学生更新信息”（LZ）。在课程学习过程中，少数教师会留一些时间如 15－20 分钟给学生再看一次案例，大部分会直接进行小组内讨论和在班级小组间的分享，这样可以考验教师的控场能力和引导能力。“课程当中如何完成理论的讲授和案例教学的同步进行，我的方法是先讲案例，在讨论的环节呈现知识点，以案例带动知识点传授，将两者融为一体，促进学生对案例背后隐藏的知识点的理解”（LZ）。有的教师会在分组中注意控制小组人数（6 人为宜）、学生的专业背景搭配及交叉来达到良好的效果（CGS）。有的教师会根据案例的情境大小进行分类践行，“我所用的案例有两种：第一是大案例。需要提前阅读及分组，讨论的议题也要明确。第二是微案例。这与举例有所不同，举例以教师讲为主，而小/微案例也是一种小的情境，有问题和冲突，以学生研讨为主。这种小案例我们一般不会提前准备，在现场看一个几百字的情境，读完以后现场回答，教师再进行引导和总结，这种也叫做微案例教学”（XX）。在最后的总结归纳和评价环节，教师也都会注重并采取不同的方法来提升效果。XX 和 FXJ 认为在最后的总结中不设置教师的观点,“在总结的时候教师会说一些学生不太对的地方,因为现实商业环境中控制变量太多了,很难说决策谁对谁错,但从商业逻辑来说,不正确的观点可以指出”(XX);FXJ 教师在讨论结束后会重点探讨还不到位或者仍有欠缺的地方;SBY 会设置 15—20 分钟的总结,“前 5 分钟针对各组的表现以表扬为主。不同的观点提出来讨论,不批评”。部分教师认为最后要引导学生“从漫无边际的讨论中回归主题”(YLF),进行“串讲和提升,加大深度”(ZY);也有部分教师为了系统化地提升总结效果,“课后会让学生整理成文档,以作业形式上交”(LZ),或者请“学生写一个案例分析报告,这也是将来毕业论文写作的基础”(CGS)。在这个过程中,老师普遍反馈过程性总结和反馈较为薄弱,也缺乏系统的考量,“课后的总结普遍较为薄弱,不知道学生学到什么。课后的总结是几个方面,老师如何总结和提升,以整个量化的指标来评估,其实非常需要课后的总结,设计指标,分门别类,分几个维度来总结”(YY)。很多时候,如何设计过程、如何总结提升,考验的是教师的悟性和丰富的工作实践经验。

(三)传统课堂的创新和多样化情境的构建

对于传统的课堂案例教学是否可以做出有意义的尝试和创新,教师们都提出了形式各异但理念一致的创新模式。ZY 认为创新形式对于效果的取得非常必要,而且她在践行的过程中也深感受益。她一般采用在适当的条件下使得主体多元化,如采用更多的企业主体参与等形式来创新,在案例课堂请相关企业人员参与,将老总请入课堂,或者针对案例深入企业开展移动课堂,可以让学生的情境带入感更强,对企业的现实问题和实际困惑了解更为深刻,这会在一定程度上弥补案例纸上谈兵的与现实的距离感。ZY、SBY、XX、CGS 等教师还提到了可以采用多位教师针对一个综合案例在课堂上从不同视角讲授的形式来创新,打破学科壁垒,锻炼学生利用多种学科知识从不同视角去解决真实环境中复杂多变的商业问题的能力。如 ZY 专门参与过“美的”综合案例课程教学,XX、CGU 和 HXJ 三位教师也进行过综合案例的实验教学,并在当时的问卷统计中得到了学生明显的反馈认同效果。YLF、LZ、FXJ、XX 均提到了以多媒体形式来创新案例的情境设计，如实施视频案例教学。“一方面，传统方式是以纸质或文字版的案例为准，让学生阅读。这种传统方式的好处是它是信息丰富详尽的案例，但是 MBA 学生精力有限，很难提前进行阅读准备，大多数学生还是在课堂中进行匆忙阅读，所以在改进学员阅读便利性方面还有很大可以改进的空间，比如用视频案例的形式来进行阅读和课堂演练，这可以极大程度上解决时间上的问题”（LZ）。“可以做一些视频案例，对企业进行深度跟踪，带着采编小组和摄像机去拍摄企业的实际运营现状，以视频的方式展示会更加直观”（CGS）。FXJ 特别提到她曾经在北航参加案例培训，听取了北航 OYTH 教授的视频案例教学法，认为这是一种非常有意义的尝试且她本人很愿意去承担这样的一种创新工作。YY、XX、LJQ、FXJ 等教师均提到对管理实践问题的持续关注，加强课堂以外的案例真实训练环节，如“把基本的案例教学变成私人董事会，或者事件咖啡馆的形式，也是类似高级管理行动的一种模式，把学生拉到现场去，大家的感触会深，如果有这样的案例的话，肯定是非常棒的体验，现场体验比用文字更直观和真实，到了这个时代，更需要把案例下沉一步”（YY）。如“加强对 MBA 的其他训练如采编、行动学习等的持续关注，因为很多案例没有答案，所以要看看现实中到底怎么做，从知识到实践类似于一种螺旋式上升的过程”（XX）；如“尝试将课堂案例教学与为某个实体企业解决实际问题结合起来，即引进案例沙盘教学法。案例教学法也是有分类的，我们现在叫做文本案例，还有一种做法是直接与企业挂钩，这个企业不是定点挂钩，而是经过企业反馈需求，我们再组织团队深入企业，根据他们的需求和问题去解决，这个就相对有一定的综合性，而不是一个课堂或一个课程的解决方案。北航的沙盘案例就是以教授为核心，专门组建团队，到企业跟他们谈企业需要解决的问题。这些问题可能不是企业急需解决的，但是未来发展一定绕不过的问题，类似于对未来诊断的一种方案”（FXJ）。除此之外，也有教师如 YLF 提到广泛搜集可能的案例素材，比如从中国历史名著故事和新近出现的时事热点中捕捉案例。LZ认为，“有些课程案例并不适合教师领着大家阅读然后讨论，可能更多的是需要情景式的游戏案例，甚至是角色扮演的形式去完成的”。归结起来，各位受访教师在教学形式创新上都有一个共识，即根据时代变化、学生的实际情况（是否在职、背景差异等）及课程创新的内在需求来创设多种教学情境，发挥课堂内案例教学效果，同时也打通课堂内外进入企业情境，加强真实情境的感受和训练，全方位达成案例教学效果的综合发挥。用LJQ的说法，就是“如果能够把参观实践与学生的实习报告结合，则发动学生参与案例制作。共同制作案例的过程就是发现问题、提出问题、解决问题的过程，把实践活动深化，与案例教学特色深度结合。这样，能力的培养还延伸到课外及整个实践中，形成一个大的案例教学实践的生态圈。我相信学生的力量是无穷的。你可以研究案例课堂教学的生态建设”。虽然大家在多情境构建、多样式训练的案例教学生态体系建设中达成了共识，但在实际的过程中，教师们都认为这是一个两难的困惑和问题。视频案例教学需要大量的资金、时间和人力投入。企业人员进入课堂或者教师带领学生走进企业讲授都需要教师跑企业并发挥个人人脉等作用。种种形式的创新均需要花费教师大量的精力和投入。教师们在尝试中均认可这些尝试的效果，但在自身意愿上，很多教师表示这是靠对学生的一份“情怀和责任去做”（ZY），效果好但无法投入。这些工作“需要资金支持，还需要专业人士各司其职，并且要做好剧本的设计，难度更大；需要学校和政府基金支持，这就不是一个单课程的改革，而是整个培养体系的改革”（LZ）。但现实中教师都认为这些探索工作及相应的成果与目前教师职称评审体系是相背离的，“学校并没有从制度上去认可这些探索的付出，仅有培养单位一些经费的激励和支持”（FXJ）。

（四）案例采编、选择及使用

在案例选择和采编方面，受访教师因为都有改编、自主采编、使用案例库案例等经验，所以他们在优质案例特点方面基本都能达成共识：第一要围绕核心知识点开展，理论点丰富或者少而有深度、可讨论性强；第二是围绕身边的真实案例设计，教师可掌控性强，情境生动“有意思”，学生的可接受性更强；第三是时效性强，经典案例未必适合当下课堂，有时候需要结合时代特点，提出与时代契合的案例；第四是案例留下的决策点和信息是开源式的，这些都符合教师喜欢的好案例的特质。如 CGS 老师所言，"一是要和今天上课课程的教学目标相匹配，你想传达什么知识点；二是考虑案例的可读性，好的案例让人耳目一新、身临其境，所以要先从学生的可读性、接受度出发；三是要与时代相结合，比如营销要和互联网营销结合"。为了达成这个目标，受访教师也从各自的角度对如何有效采编案例进行支招。如 ZY 认为她的案例可以较多地从各大案例库获取，但一半以上的案例还是来自自己的采编，在此过程中，尤其需要加强资源库和关系库的建设，"在采编时教师善于利用自己的资源，建立关系库，通过个人资源和朋友去和行业取得联系，只有公司对教师本人和学术研究信任认可，才会愿意和你合作。如春秋案例就是老总亲自支持合作才产生，老总的视角和案头资料梳理是不一样的。他会帮我们拔高很多，所以和公司合作非常重要，一方面可以得到新鲜的素材，另一方面初稿完成后，春秋老总又再进行指导，会提供很多思维层面如何思考企业运作拔高，案例的采编质量和公司的配合程度有很大关系"(ZY)。YY 教师案例基本不用案例库，都是自己编写或者学生挖掘的企业案例，"案例是不是身边的(是否能直观地理解)、有没有意思、学生是否感兴趣、老师是否能掌控，这些都是重要因素。有些好案例很经典，但你不一定能掌控。如果教师和学生对这一案例没有感情，这个案例就教不好，照本宣科是没有用的，没有感觉，讨论不起来也深入不下去。不是经典的或者大牌的案例就是好案例，学生身边的案例，拿出来进行分析，她们一聊就聊得很开心，最容易起作用。学生讨论的案例是他们自己的创业项目、学生自己的企业。有的学生很会展示，讲的很有感情，因为来自他们身边，一想就知道问题在哪里，怎么来解决问题"(YY)。

LZ 认为"第一，教师选择案例一定要谨慎和认真，包括选择的案例要有代表性和典型性，尽可能有时效性，有些教师使用较老的国外经典案例，但学生并不感兴趣；第二，案例所蕴含的理论点要非常丰富，可讨论性强;第三,最好的理论点还能承上启下,既包括以前学过的知识点,也蕴含现在重要的以及未来的理论点;第四,案例留下的决策点和信息是开源式的。国内很多案例的编写受全国百篇优秀案例的影响,都是以课题为主,但是国外哈佛大学商学院、毅伟商学院的案例都是开放性的,倾向于选择以决策性为主但结果比较开放的案例,这就值得后续观察、讨论,甚至留下争议,所以我不喜欢采集只有一种标准答案的案例”。LZ、FXJ、SBY几位教师因为课程性质受限,在各大案例库中的适切性案例数量非常有限,所以大部分用自己开发或者改编的案例。即使在案例库中数量众多的对应的如“人力资源管理”“市场营销”等软技能课程,YLF、LJQ 等教师也还是倾向于自己采编或者改写的案例,而且他们都倾向于使用中小型案例。如 YLF 认为“下载的案例作为大讨论用,一般一门课也只有一次的时间;但是自己从每天的媒体信息、历史故事等多种途径获得的案例就考验一个 MBA 教师了。我觉得我的一个优点就是刚出现的问题我会很快把它进行改编,形成教学可使用的案例”。LJQ 认为“国家案例库可能更适合 EMBA,非常宏大。一个案例就相当于一本专著,需要删减、简化”。因为使用上的不顺畅,所以他也会根据教学目标和“好用”原则谨慎选取。LZ 认为从案例库下载的案例时效性往往不强,她一般是从媒体素材上采集最新的数据和信息。FXJ 认为因为国外的经典案例虽然好但还是有距离感的,所以她在案例库中几乎找不到需要的可用于金融资本运作的案例。XX 总结了各大案例库的特点,“大连理工大学有先发优势,中欧的理念有国际视野,也结合中国故事和情境,有中国特色”。XX 提出了具有前瞻性和使命感的采编原则,认为“构建起尽可能覆盖多知识点的案例体系,战略、营销等学科有大量的案例,基本包括战略选择和品牌塑造的知识点,而有些知识点领域是没有覆盖的,这时候就要引导教师填补空白。所以采编案例应该是社会需要什么,教师就做什么,而不是我手头有什么企业、我认识什么人就去做什么案例,这也是我不参加案例比赛的原因。为比赛而写的案例可能关注不到知识的空白区,而仅仅考虑比赛可利用的企业等资源。关于培养单位可以提供帮助的问题,其实比较难解决。作为单位只能提出尽可能覆盖知识点这个要求，而且我们在讨论案例的时候，其实每门课都有案例的列表，但并没有确认案例是否被用、用的时候是否覆盖了该有的知识点；可以把课程知识点列出，看看案例覆盖了哪些知识点，不希望老师重复而是开拓新的案例，但是没有人做这些事”。综合而言，大家都认为各大案例库里会提供数量较多的案例供教学选择，但篇幅过长、时效性不够、学科不平衡、知识点覆盖不全、研究和教学脱节等问题还是会被反复提及。

在个人实施采编的过程中，多位教师认为采编非常需要得到企业方的支持，尤其是采编对象愿意提供关键性的信息，其次需要得到培养单位的支持，如前期启动有资金支持的培育计划，认定为科研成果等机制激励，提供写手如学生或者合适的企业资源供教师对接等。在培养单位支持上，教师还提到了一些具体的举措，如 FXJ 认为培养单位能以单位出面与企业沟通，以获得调研机会和事后的授权；CGS 教师建议单位出面提出合作模式和提供案例采编基金，挖掘学生和校友资源，制作企业资源清单供教师参考。鉴于“案例投入时间比平时教学多几倍，组织一次案例讨论的精神压力比较大，对教师相关的培训比较重要，需要集中式的培训提升一下”(SBY)。

在案例采编的具体目标和原则上，基本对应前面教师所提到的好案例的标准据此展开采编，如 FXJ 认为采编案例主要考虑因素有“企业有知名度，事件有典型意义，能承载 MBA 相关课程的知识点，有比较丰富的信息资料(建议是上市公司)”。YY 和 XX 认为案例的典型性、代表性和趣味性比较重要，如 XX 提到他会关注这类企业，“第一，又大又强的本身具有示范效应的公司；第二，新的公司；第三，针对某个知识点填补空白的案例”(XX)。

SBY 会考虑案例采编的难度适切性，“采编围绕相关的课程主题内容、学生的接受程度，稍微高于学生的接受水平”。LJQ 认为“首先，采编应关注社会或经济领域的热点(比如共享单车、网络直播)，所以编写案例需要与时俱进。其次，好的案例就像企业的编年史一样，可以从头溯源，也应持续追踪下去。它有历史生命力，持续做下去会越做越新，企业在发展中总会有新的问题，案例总是伴随企业共同成长，这会加强学生的代入感，因为案例教学要注重学生的情景感和角色感，强调情商的培养和非智力的情商因素培养，所以一个案例可以做一辈子”。图 4—28 为案例开发的渠道—平台—内容—应用模式。

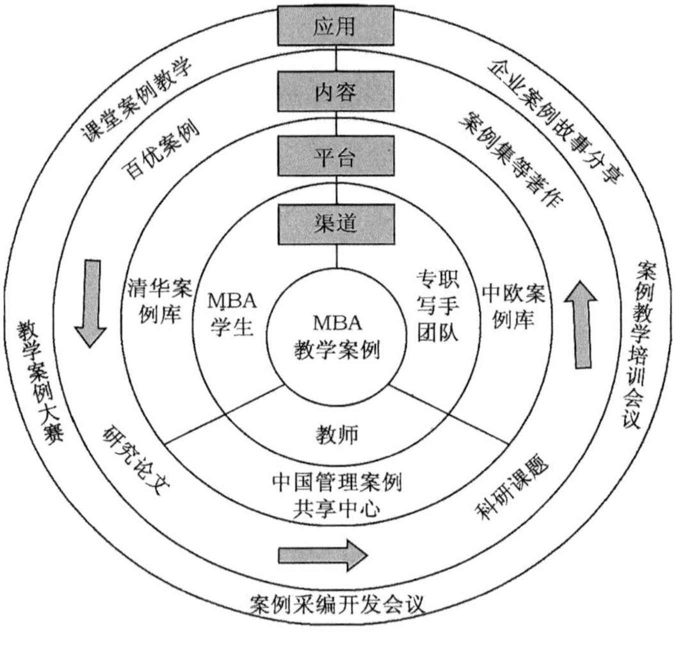

图 4—28　案例开发的渠道—平台—内容—应用模式

（五）案例实训和综合效果

在案例采编和案例课堂以外的实训环节，受访教师表示课堂以外的案例衍生和实训环节是必不可少的补充和教学模式的重要一环。综合受访教师的建议，他们认为案例大赛、企业咨询活动、学生撰写案例报告或者学生跟随教师采编案例、进行多学科案例的训练，或企业专家的参与都是很有意义的补充形式，对于学生的职业能力有全方位的提升效果。YLF 认为“案例竞赛，第一，会提高学生的案例体验，课堂上讲过的知识再走到企业中体验会更加深刻；第二，以案例竞赛的形式让更多人来讲解案例也符合建构主义理论的内在要求，可以提供更多的知识版本，进到企业中更是知行合一”。SBY 认为案例竞赛“能在比较短的时间抓住一个企业的核心，提出有一定操作性的解决方案，促进学生在非常紧迫的情境下进行能力锻炼，有利于提升学生综合管理知识的融合效果，对学生的表达能力、反应能力会有好处”。对企业实际问题的案例训练形式，ZY 认为非常有必要，“因为课堂教学主要是教师起到推动作用，学生围绕教师给定的主线展开思考。案例教学分为课堂内外两个维度。课堂外的维度的案例教学也非常重要，是综合素质提高的一个层面，把不同学科的知识点进行整体融合，通过行动学习的方法进行整合和提升。因此这些活动中的教师团应该是多维度的，导师团应该是比较全面的，比如有财务、战略、组织行为学等。专家团在行动训练（实训）中首先应该判断是什么问题，按照哪个问题选哪个学科的教师来指导”。YY 老师认为“相较于课堂训练，案例大赛强度更大，有对抗性，也有可观赏性，问题在于有些时候，学生为了达到效果，强词夺理，并不是客观地解决一些问题，可能在讲自己并不认可的貌似完美的逻辑。案例大赛参加的人少，能进入区赛的还是比较少的”。为了弥补这种短板，他认为进入企业根据实际问题的训练“落地性更强，更有助于提升学生的综合职业能力，这需要学生真实训练”。但这种真实训练也有内在短板，即“参加的学生数量是受限制的，要找到一个好的现实场景也不容易。这个与案例教学的场景是一样的，要找到一个好的企业训练项目很不容易，也需要选择，面很难铺开。学生和教师的精力都有限，各方面的投入和资金也比较多”。LZ 认为，“站在学生的角度，课堂案例是传统的教师任务分配形式，但企业实训和大赛等更注重学生主体地位的凸显，可以弥补课堂案例教学中学生被动学习、被动讨论的劣势。提升能力上，我觉得差不多；但在效果的达成程度上，案例大赛或者企业实训等效果更为明显，因为它是更为主动学习的过程，但是这种方式的受众面有限，只有少数人受益，所以课堂案例从受众面上具有别的形式难以替代的优点。因此，实训大赛等作为辅助手段，它会让部分学生锦上添花，能力得到更好的提升”。CGS 认为各类实训形式都能够提升学生的职业能力，而创业训练是真实训练，是比较实在和鲜活的体验。综上而言，教师都对案例课堂以外的实训活动持赞同态度并认为是非常必要的补充，但也对案例大赛、企业项目训练等形式的短板提出了顾虑，认为他们更适合作为补充形式。如 XX 提到“我们要把创业案例变成教学案例，把企业参访变成教学案例。以前没有长效机制，而是以教师个体的主动性为主，未来不知道是否可以形成机制。比如 X 企业和 Y 企业都是学生参访的企业，参访后觉得这个案例很值得关注，我们转换为教学案例拿到百优”。他提出了可以将各类活动如企业参访、创业训练、企业咨询等素材转化为教学案例深挖。LJQ 认为课堂教学以外的实训在知识整合和全方位能力训练上可以起到很大的效果，“首先，课堂教学的材料属于二手资料，经过加工之后很多是不完全信息，而且这个信息的时效性是有问题的，也就是说，它们是一种模拟，但是和实战还是相差一段距离。实训提供的信息是全方位的，这种思考会远远超过书本和课堂教学。其次，各个学科如市场营销、人力资源管理、组织行为学，课堂教学的知识是单方面的，但是真实的市场使用的是综合和全方位的知识，这种就超过学科界定的范畴。MBA 培养的是全方位的能力。学生要认知到每门课都是重要的但也需要打破学科本位思维。走出课堂培养的能力才是真正统揽全局的、总裁级的、领袖式的能力，像 EMBA 的教学就是走到这一层”。在这些受访教师中，他们都表示愿意参与指导或设计实训环节。对于教师来说，“有助于教师全面提升自己的分析方法，对教师的案例采编也会有帮助”(ZY)。YY 认为“教师参加实训活动都能受益，提升他们对现实的感知，讲自己直接参与过的案例，他们也更有感情、信心和说服力，这种实训长远来说可以提升教师的专业能力、教学能力。教师指导实训是否能转换为教学案例取决于实训活动的代表性和企业是否能进一步支持，以及教师是否愿意投入一部分的精力，通过知识点的插入和调账，转化成课堂案例资料，确实需要投入额外的精力，学生也是这样”。XX 认为参加实训活动不仅能补充教师实践的智慧，也可以让他们接触商业环境的第一线及更多更新的东西。LZ 认为“能够帮助教师扩大素材来源，也能更好地从学生视角去思考问题，可以促使教师在今后的课堂教学中更好地改进课堂案例教学的流程设计和思考题设计，是一种师生共同体互动的过程。师生都是第一次接触企业，从教师视角和学生视角看待问题可能会有所不同”。LJQ 表示个人很愿意投入参与，并认为这是教师义不容辞的责任。“把学生领出课堂、领向社会，教师会成为一个合作伙伴，要完全相信学生。对教师来说也是一种反哺，这是一种正向循环、一种生态。每一方都在这个生态体中获益，得到生长，最终 MBA 的品牌价值就会聚增长，所以要把这件事做下去，而且要把各项活动打通”。当然在认同这些活动的意义和参与上，教师们认为在机制上还需要下功夫设计，如 SBY 认为“教师总体上还是愿意的，就是认定机制上还需要完善。很多教师通过这样的实训，也能得到一些实际的材料”。ZY 提出“课堂内的教学还是比较有限的，思维的提高需要长期培养和多视角的参与培养，如行动学习和创业训练等。这是一个全方位的设计，但首先需要机制上的推动和保障；其次案例培养的方法需要进行明确的模块设计。每个模块都明确培养目标、配套机制设计和保障措施设计，这样更有制度保障，而不是教师根据个人责任情怀来做，避免案例教学上参差不齐，所以可以设计更宏大的框架，以案例教学为线索，从案例采编到课堂教学中能力的提升，再到课堂外多样化素质的培养，课内课外打通，每个层面都有目标和配套项目及激励机制，这样就会做得更好”。

（六）评价方式和整体建议

在评价方式上，各位受访教师都一致认同案例教学法倡导的是形成性和过程性评价，而非传统教学考试形式的分数制考核。所以在考核体系上，教师们认为很难明确给出一套有评价维度和指标的考核体系。而且在这个过程中，涉及学生能力点培养的环节也很多，很难有一一对应的指标体系。归结起来，从教师的角度，可能更多是考查学生对知识点的掌握程度（CGS）、课内的参与性和积极性、小组内部的组织协调性、小组成员的投入和贡献、讨论发言的质量等（LZ）；从学生角度，更多会涉及学生满意度和能力提升的自主评价，而这种思维和能力评价一定会涉及不少主观的成分。有的教师提出课内和课外两个层面的评价方式，如“课内通过研修报告的书面反馈和课堂口头反馈汇报两种形式。我特别重视学生的表达能力，语言的表达也可以利于沟通。沟通也是领导力的重要方面。课堂外主要是学生综合素质的提高，包括学生思维和能力层面的提高，可以量化反映学生的薪酬等方面，也可以请学生作主观评价，反馈哪些能力提升了”(ZY)。也有较为创新的表达，如LZ认为在效果评价上要发挥企业专家的作用，“对于企业的问题，学生或者企业内部人员更有资格发言，未来是否能请案例涉及的公司人员来现场讲解、评价课堂教学很有意义”。

在案例教学对于学生职业能力提升上，教师们都认为帮助很大，而且“这种帮助是潜移默化的，在这个过程中学生的思维方法和工具的使用是潜移默化地提升其整个管理素养的”(XX)，“能够帮助单一学科的学生用更宽广的眼光去看待问题”(LZ)。但在能力提升上到底有多大的效果，还取决于整个教学模式的有效构建，如YY教师所言，效果取决于“包括案例的选择、教师和学生的参与、教师的指导、案例的设计等。从设定上来说，一个好的案例，肯定有利于提升学生的职业能力，但是理论设定的背后，有很多因素掺杂进来，影响了案例教学效果”(YY)。据此，教师们从各个维度开放式地提出建议和改进措施。在案例的形式和来源上，FXJ针对在职学生阅读较长篇幅文字案例的障碍，提出要开发视频案例，“相对于文字案例，视频案例可以进一步增强体验感，提高学生的学习积极性。好的视频案例都有一个主角，就以这个公司的老总为线索，从他的口中说出企业的困境等，再到企业去拍这个故事发展的经历，最后提出企业需要我们解决什么问题。整个片子像纪录片一样有故事情节，可以做得非常美。这种视频案例非常有代入感，能够抓住学生的兴趣，把问题说得非常生动”。LZ认为案例采集可以尽可能来源于学生自己的企业，如果学生本身担任管理者，更容易驾驭、更感兴趣，也有助于学生解决自己企业面临的问题；CGS认为，案例课堂外可以基于某个问题对案例进行更新，再次对案例进行挖掘。在案例教学的硬件保障上，XX、SBY、CGS 均提出案例教学需要小班规模（20—30 人）才能深入讨论，同时良好的设施设备也非常重要，"弧形的、马蹄形的教室设计，学生座位错开且每个座位上有扩音设备来保证案例教学互动"（SBY），"如多屏智能切换、实时跟踪等，方便录播，也可参加视频案例教学比赛"（XX）。

在案例教学的质量把控和体系设计上，关键的落脚点在教师个人案例教学驾驭能力的提升上，如 ZY 所说，"除了进企业等课堂外的延伸创新，基础的工作也要做扎实，现在对教师的案例教学能力的发展是缺乏培育的，就我个人成长历程来说，我需要自己摸索，让我对案例讲解越来越精彩，并没有一个逻辑和章法，所以需要鼓励教师做好案例教学能力的提升"；YY 提到"课内外结合效果可能会更好，现在课堂还是课堂，学校还是学校，并没有落到实地。以后案例教学课堂和现实结合可能是达到较好效果的一个非常关键的环节。除此之外，还要看课堂是否设计得足够好，如何调动学生的能动性，应该是整个设计过程中最核心的一点。因为学生只有积极参与了，才能学到东西。问题的恰当、学生的介入形式及参与积极性高低，这是教师的能力。你提出问题，学生根本不愿意回答，你能不能引申表达让他回答，这也是关键。有时候我把问题提出来，学生没有反应，那再换一个问题，换一个节奏和角度"。所以只有教师的驾驭能力提升了，精力投入了，才能把学生调动起来，不然案例教学就容易成为形式。

在案例教学的未来发展上，YLF 提出中国案例教学要和中国情境和教学法结合，包含内容的契合和教学方法的契合。中国教学方法中有很多好的方法，比如铺垫、变式等，这是外国教学法中没有的，所以中国的教学法如何融入中国的 MBA 教学模式中是应该关注的问题。比如说，西方编写案例态度中立，资料也比较零散，看起来无趣；中国人写案例一般会有情感注入，其实这就是文化差异。所以西方案例用起来要做情节处理，不然中国学生就不会理解，也没有时间温习零散的内容。同时，YLF 还提到案例比赛中获奖的教师，案例并没有进入教学，也就是案例写得好的教师上课并不一定好，“因为他把案例写作和案例教学割裂了，这是个大问题。把案例用好需要教学的悟性，所以案例开发不能只关注写作，而是需要转化为可以用在教学中的案例。解决这个问题，需要用案例的老师给写作案例的老师一个反馈。这个案例在用的时候还有哪些不足的地方，通过反馈再进行动态的修改，也可以把一个案例做成几个版本，比如长案例、短案例、综合案例、视频案例等”。

大部分教师都提到了考核机制的问题。案例需要教师大量的投入，但在考核指标中总体缺乏这方面的考量。虽然个别院校在这方面做得比较好，但大部分学校都无法形成重要的考核权重，付出和激励不相匹配。因为教师出于教学的情怀和对学生的感情在完成科研的同时还需要投入精力，“建议学院在考核的时候能否把老师在这方面的工作作为考核的一个权重，这样就让老师在投入当中没有后顾之忧”(LJQ)。“这种支持，首先，体现在经费的支持上，调动教师开展案例教学的积极性”(CGS)；其次，“可以纳入课时量考虑，并对案例教学出色的教师做好鼓励和回馈”(CGS)，“教师花费的功夫不同，不同的投入对效果的产生很不一样，应该做好区别激励”(LZ)；最后，做好系列服务和保障工作，比如培养单位可以帮助联络企业，安排高管专访，包括保障硬件和设施等。当然，关键还是指挥棒是否有变化，如 FXJ 老师提到，BH 将百优案例等同为纵向课题，直接与职称挂钩；RD 将一篇百优视为一篇权威 B 刊，如果机制解决不了，这方面教师采用案例教学便无法走更远的路。

三、访谈结论和研究假设

根据对访谈录音的深度整理和分析，笔者认为教师对案例教学在工商管理硕士培养环节中的独特而又不可替代的功能有一个明确的认知，而且对在制约案例教学功能发挥的因素上也有较多共性的观点。如同笔者在文献综述里所总结的国内案例教学存在的困境，通过教师之口，这些困境都有一一的对应，所以在优势和制约因素分析上，教师访谈得出的结果并无太多新意。在案例的采编、使用、设计上，教师们都提到了案例库中的案例在时效性、学科分布、知识点覆盖、研究与教学的对接等方面的不足，并提到有效的案例教学还需要教师主动结合采编，用上自己能驾驭且有感情的案例。最具价值的建议是教师们在案例教学模式上进一步发展和深化的建议和措施。案例课堂情境的多样化创设、与企业真实场景的有效结合、"真枪实干"的现实问题场景的引入、多样化的课堂外案例实训模式的发展是弥补课堂案例教学"纸上谈兵"的短板、发挥案例教学整体功能并全方位锻炼学生职业能力的不二模式。这种模式在访谈的过程中得到了教师们一致的认可，只是在具体的操作形式上、现有的短板和困难及进一步发展的保障措施及建议上，不同的教师有不同的阐述重点。

访谈发现教师企业调研并撰写原创案例的源动力不足，症结在于没有将管理实践和案例开发中牵涉的各方需求结合起来。单向度的一味索取是不具有可持续性的，只有做到多方共赢才能真正激活各方动力。如对企业要有回馈（借助教师和学员项目组的外部资源形成企业问题解决方案），对教师有产出（获得与企业接触的机会，获取企业的真实资料，帮助其撰写原创案例），对学员有提高（深入市场环境，获得真实训练）。通过设计不同形式的企业管理实践项目，让指导教师带领学生深入企业研究现实管理问题，这种教学模式不仅达成对课堂案例教学在空间上的延伸和情境上的拓展，也是案例教学走向深度和自我发展的有效突破。

综合上述访谈整理，笔者提出如下假设：第一，案例教学不仅止步于传统案例教学课堂的设计和重视，更需要发挥课堂情境的创设和创新，来提升课堂教学效果；第二，案例教学除了需要加强传统课堂教学的环节设计和质量把控外，更需要补充课堂以外的各类真实场景的实训活动来弥补"纸上谈兵"的不足；第三，不同的案例训练环节对学习者有不同能力点的训练，只有建构系统的案例教学模式，结合案例编写、课堂教学、实训活动，才能综合发挥案例教学的育人效果，真正建构起适合工商管理硕士教学目标和培养要求的教学模式。

第五章　整合式 MBA 案例教学模式的实证检验

第一节　问卷的设计和内容

本章根据建构主义相关理论研究和国内案例教学模式分析，结合前期的国内教学案例研究和代表性教师访谈，得出了影响案例教学效果的重要因素及整合式案例教学模式的基础框架设计和研究假设。据此，本书以案例教学的中心主体即学生的体验和反馈为基础，形成了实证检验构想，并按照研究目标的确定对问卷的内容做了总体安排，采取学生问卷调查的方式收集数据进行实证分析。

一、调查问卷的设计

在设定量表的结构和测量维度的过程中，本书一方面基于建构主义教学模式构建的理论基础，从构建性、自主性、过程性、情境性等核心要素展开设计，并结合教学模式中教学的目标、主体、形式等要素，整合形成评价的维度；另一方面，在影响案例教学的核心要素及关键性环节的考量上，本书参考了大量与 MBA 案例教学、行动教学、高职教育等相关的文献实证设计思路，对问卷结果进行统计分析和描述。

在 MBA 的管理能力和职业胜任力方面，傅永刚在《案例教学对于 MBA 学员管理力提升的实证研究》中归纳聚焦了 MBA 学生的八项管理能力。研究结果表明，案例教学对于除了创新能力外其他七项管理能力提升的有效性都超过传统的教学方法并得到了 MBA 学生的高度认可。在《MBA 管理者胜任素质模型实证研究》一文中，曹华林、陈春华和谭建伟在梳理国内外文献的基础上提取了 39 种 MBA 管理者的胜任素质，综合运用问卷调查法和专家打分法向 MBA 学生、毕业生、教师及企业高管发放问卷，以构建 MBA 管理者胜任素质模型。王熹在《基于领导者能力素质结构模型的我国 MBA 课程体系再造研究》一文中，根据领导者能力素质结构模型对我国高校 MBA 教育模式进行了研究，着重在自我认知、道德修养、普通管理技能、专业管理技能、概念机能和人际技能 6 个维度上提升 MBA 学生的胜任力。刘中艳和李文佳在《基于胜任能力的 MBA 培养模式创新研究》中也对 MBA 学生根据培养目标形成的基于胜任力的模式维度提出了建议。

在 MBA 案例教学效果的影响因素分析方面，刘唐宇和朱景扬在《管理学案例教学实效性影响因素研究——基于福建农林大学的调查》中运用 Logistic 回归模型，从教师的个体特征变量、学生的个体特征变量和案例本身的选择变量三个方面实证分析了影响管理学案例教学实效性的因素，并显示教师的主导角色、学生的课前准备、案例的短小精悍对案例教学效果的正向影响。张宏亮在《案例教学中学生深度参与行为的实证研究》中，从学生学习障碍的视角出发分析学生心理层面、团队合作层面、学习者信息处理层面和教师引导层面等因素对案例教学效果的影响，并针对各层面障碍采取如消除学习者的障碍、自主开发案例库、调试学习行为、加强团队合作等相应对策来提升学生对案例学习的参与度。孙伟和杨文在《工商管理学硕士研究生参与管理案例教学的影响因素研究》一文中调查实证，分析影响 MBA 学生参与管理案例教学的因素，结果表明影响 MBA 学生参与管理案例教学的因素受案例难易程度、案例典型性、教师课堂控制、师生沟通水平、学生个人性格、学生时间投入和外部教学环境 7 个因素影响。王炳成、曾丽君和杨芳在《管理类研究生案例教学法效果的实证研究》中，以管理类研究生为研究对象，构建了案例教学的案例准备、案例讲解、案例讨论、学习动机与学习收获之间的关系框架，结果表明案例准备、案例讲解、案例讨论对学习收获的作用显著，但案例讨论的作用效果最强；案例准备对案例讨论和案例讲解的作用效果达到显著性水平，学习动机对案例讨论和案例讲解的作用效果显著，但对案例准备的作用效果未到显著性水平。郭俊辉、李长安和王富忠在《三因素框架下的案例教学效果的实证分析》中，以影响案例教学效果的三因素框架图为理论基础实施问卷调查，研究得出学生个体因素、案例素材因素和案例分析因素三者之间不仅相互影响，而且共同影响案例教学效果的结论，这表明良好的案例教学的设计实施不仅要考虑学生的年级和性别差异，还要关注学生对于具有感性色彩和理性意味的案例素材的反应程度。蔡波、傅青和胡凯在《基于实证分析的管理学案例教学探讨》中，针对案例教学效果及其存在的问题设计问卷调查，说明管理学案例教学过程中学生在进行案例讨论前准备不足，主动性差以及对案例的熟知度低等原因会导致效果不佳，并表明学生对案例教学的必要性认知较高但对实际教学过程中课时比例和教学效果的认可度不高，建议实际教学过程应提高案例教学课时比例、创新案例教学模式和针对不同年级实施差异化教学模式。王淑娟和王晓天在《管理案例教学中案例难度适用性的实证研究》中，结合“案例难度三维立方体模型”等相关理论，实证调研，总结出案例教学中案例难度适用性规律，为教师正确选择案例难度提供有益参考。刘彦文、管玲芳在《案例教学效果评价指标体系的实证研究》中构建了一套案例教学效果评价指标体系和案例教学效果综合评价模型，并采用问卷调研进行实证，发现 MBA 案例教学应注重学员的能力培养和职业发展能力的提升及学科学习方法的掌握。吴世农、翁君奕、李常青和郭霖在《MBA 研究生管理技能培养的探索与实践》一文中，研究了厦门大学 MBA 管理胜任力模式，以提升管理者的职业胜任力为目标，提出体验公司的环境式教学及采用模块化设计来弥补 MBA 课程体系不足，通过案例、项目、多元化学习来提升管理者的管理实践能力。李彦敏在《基于管理者胜任力的 MBA 教育理念及创新探索》中提出基于胜任力的 MBA 教育模式能够适应国家经济发展和企业竞争，提升学员胜任力，并有助于提高工作绩效。

MBA 课程设置应以胜任力为导向，以“体验式教学”为主要手段，建立多元化的教育培养模式和 MBA 运作管理模式。

根据对典型的有关 MBA 案例教学实证文献的分析，笔者综合得出了 MBA 管理者职业胜任力的相关素质、影响案例教学的关键因素及案例教学模式创新的相关维度。在问卷的编制上，笔者通过与大量的师生及专家访谈，并结合自身十余年一线工作实践经验，在多轮专家审议的情况下前后修改十余次得以确认（详见附录四）。

二、调查问卷的内容

本书根据理论基础和对访谈的内容进行梳理，形成了整合式案例教学模式的基础框架设计和研究假设。据此，本书设计了基于学生的体验和反馈形成的实证检验构想，并按照研究的目标确定问卷内容的总体安排，采取学生问卷调查的方式收集数据并进行实证分析。调查问卷包括以下三大部分：

第一部分是被调查对象的基本信息，主要获取 MBA 学生的个人信息，包括性别、年龄、职位、工作年限、行业、学历、所在年级等内容。这部分内容主要用于了解 MBA 学员的基本情况，也是本书实证研究部分控制变量的主要来源，比如分析不同行业、不同职业背景、不同年级（参与案例教学的完整性程度）的学生在案例教学中获得体验效果的差异性。

第二部分是对案例教学的相关问题进行调查（即学生对案例教学中涉及的不同相关因素的评价），主要用于了解案例教学中案例内容、教师主体、教学形式三个维度的因素与案例教学效果的相关性。这部分问卷借用了李克特量表。量表中的题目都采用李克特五点计分，“1”表示“非常不符合”，“5”表示“非常符合”，如表 5－1 所示。该部分内容主要用于本书实证研究的相关性分析。

表 5－1　　　　案例教学学习体验调查问卷的“相关问题”部分

(一)案例内容	5	4	3	2	1
(1)案例难度适中且具有一定的挑战性,有助于学生积累相关经验和激发兴趣(适切性)					
(2)案例充分体现焦点问题的复杂性,激发学生的兴趣,并作出决策判断(复杂性)					
(3)案例问题的开放性可以调动学生从不同视角考虑、权衡利弊,作出综合判断(开放性)					
(4)案例文字的可读性帮助学生身临其境感受情境,并增加对案例的理解(适切性)					
(5)短小、精干(3 000－5 000 字)的案例对于案例教学效果的有效取得(复杂性)					
(6)时效性强的本土案例贴近生活,更容易激发学生的兴趣(真实性)					
(7)情节简单和知识点有明确对应的案例有助于提升案例教学效果(复杂性)					
(8)情境全面、知识点综合且有跨度,思路和方法比较开放的案例有助于提升教学效果(复杂性)					
(9)案例根据教学目标提出具有针对性的讨论问题及合适的分析框架,有助于提升案例教学效果(针对性)					
(10)教师提供了案例中没有的信息,如主人公的实际决策,案例的后续发展、近期动态或有关该类问题的其他有价值的参考资料,有助于学生深入、全面地理解(真实性)					
(二)师生主体	5	4	3	2	1
(1)教师在案例教学上有效的前期准备投入有助于提升案例教学效果(教师的投入度)					
(2)教师在案例教学上良好的流程设计有助于提升案例教学效果(教师的投入度)					
(3)教师在课堂上作为“导演”角色的有效发挥有助于提升案例教学效果(教师的专业性)					
(4)教师在案例讨论后的知识点总结及对讨论的有效点评有助于提升案例教学效果(教师的专业性)					
(5)教师较高的专业能力(对管理理论知识的掌握、理解和运用)有助于提升案例教学效果(教师的专业性)					
(6)教师对课堂案例教学有效的把控、引导,有助于提升案例教学效果(教师的专业性)					
(7)教师有相关企业咨询或工作背景,有助于提升案例教学效果(教师的背景经验)					

续表

(二)师生主体	5	4	3	2	1
(8)教师拥有充足的案例教学经验会有助于提升案例教学效果(教师的背景经验)					
(9)学生的职业背景高低影响对案例问题的理解和学习(学生的背景差异)					
(10)学生的积极投入和提前准备有助于提升案例教学效果(学生的投入度)					
(11)学生在案例教学课堂上的主动参与和积极互动有助于提升案例教学效果(学生的参与性)					
(三)教学形式	5	4	3	2	1
(1)小班教学(20—30 人)有助于案例教学效果的取得(硬件设施)					
(2)教学设施中马蹄形教室和多媒体配备等有助于教学效果的取得(硬件设施)					
(3)课堂案例教学中的创新形式会有助于提升案例教学效果(课堂情境创设)					
(4)课堂教学中学生模拟角色扮演、对抗交锋会有助于提升案例教学效果[课堂情境创设(竞争性)]					
(5)同伴学习有助于学生从多视角、多学科领域增加对案例问题的理解(合作性)					
(6)学生为解决问题而从事的针对性的学习(包括查资料、考察等)有助于提升案例教学效果(真实情境)					
(7)案例企业管理人员进入课堂讲解会有助于提升案例教学效果[课堂情境创设(实务性)]					
(8)多位教师围绕综合案例从不同学科的视角讲解案例,有助于提升案例教学效果[课堂情境创设(综合性)]					
(9)视频案例(将案例情境用视频影片的形式展示)可以增强代入感,有助于提升案例教学效果[课堂情境创设(直观性)]					
(10)案例大赛有助于学生在竞赛中整合所学理论,检验理论学习和掌握的程度(赛事情境)					
(11)企业实训项目有助于弥补案例教学纸上谈兵的短板,加强在现实场景中的应用能力(真实情境)					
(12)课堂案例教学与课堂外案例实训的有效结合有助于发挥理想的效果,更好地提升学生的职业能力(多元情境)					

案例内容部分，主要调查案例内容的适切性、复杂性、开放性、真实性、针对性对案例教学效果的影响；师生主体部分，主要调查教师在案例教学中的投入度、专业性、背景经验对案例教学效果的影响以及学生的背景差异，案例学习过程中的投入度、参与性对案例教学效果的影响；教学形式部分，主要调查硬件设施、情境创设、教学形式的竞争性、实务性、综合性、直观性以及创设赛事情境、真实情境、多元情境对案例教学效果的影响。

第三部分是对学生学习效果的检验，围绕案例教学对学生能力提升的效果以及学生对案例教学的总体评价情况两个维度展开，并将此作为实证研究的主要部分。关于学生在不同案例训练环节中的能力提升重点，本书采取了多项选择题的形式限选较重要的三个能力来编制。关于学生能力提升情况的测量，本书部分主要考察在课堂案例教学以外，学生在教师的指导下撰写原创案例、撰写案例分析报告、参加案例大赛和进行创业训练与学生能力提升的相关性程度，结合案例教学实际情况，共设计4个题项，具体见表5—2。关于学生对案例教学总体评价的测量，本书通过考查学生对案例教学各方面的满意度反映案例教学的实际效果，也是采用了李克特五级量表的形式进行从“非常满意”到“非常不满意”的区分单选。本书设计了包括5个题项的问卷，如表5—3所示。

表5—2　　案例教学学习体验调查问卷的“效果检验—能力提升”部分

序号	测量层面	选　项
1	撰写原创案例	A. 沟通交流能力 B. 逻辑分析能力 C. 战略思维能力 D. 计划组织与协调能力 E. 开拓创新能力 F. 应变能力 G. 冲突管理能力 H. 团队协作能力 I. 信息搜集与反馈能力 J. 执行力 K. 洞察力 L. 影响力
2	撰写案例分析报告	
3	参加案例大赛	
4	创业训练	

表 5—3　　案例教学学习体验调查问卷的“效果检验—总体评价”部分

序号	测量层面	题项
1	对课堂所选取的案例质量满意度	A. 非常满意；B. 满意；C. 无关紧要；D. 不满意；E. 非常不满意
2	对课堂案例教学的编排与设计满意度	
3	对案例教学的效果总体满意度	
4	对课堂教学以外的各类案例实训项目满意度	

第二节　数据的收集和处理

本次问卷调查的对象为 H 大学 MBA 学生，因笔者是工商管理案例教学工作的资深管理者，在问卷的发放和搜集中可以借工作便利性提升发放的针对性和有效性。在问卷发放过程中，对不同年级的学生进行了一定数量的控制。本书主要以在校的一年级和两年级学生为调查主体，同时也对即将毕业的三年级学生和已经毕业的校友进行了调研。此过程通过问卷星的形式搜集问卷，给 MBA 各个年级的辅导员、班主任下发问卷，提升了学生对问卷的重视程度，并在回答和提交中没有出现一张无效问卷。本次调研共收回问卷 709 份，其中，有效问卷 707 份，有效率为 99.7%，在年级段分布上，主要分为 2017 级 9 月入学一年级学生 288 份、二年级 159 份、三年级（课程和论文已经结束）136 份、校友 124 份，结构均衡，覆盖面广且有重点和针对性。本书主要研究 MBA 案例教学的相关因素对学员满意度的影响，为增强实证部分的解释力和可信度，先对问卷的相关影响因素和满意度量表进行信度和效度检验。

一、问卷信度检验

信度指测量数据的可靠程度，是指测验结果的稳定性、一致性及可靠性，是采取同样的方法对同一对象重复测量时所得结果相一致的程度。由于本书问卷仅对问卷对象进行了一次调查，多次测量，因此选取反映一致性的指标来衡量问卷的信度。

反映一致性信度最常用的指标是克朗巴哈系数(Cronbach's α)。通常 Cronbach's α 系数的值在 0—1 之间,如果 α 达到 0.8—0.9,则说明量表的信度非常好;如果 α 达到 0.7—0.8,则表示量表具有相当的信度;如果 α 小于 0.6,则一般认为内部一致信度不足。在实务研究中,Cronbach's α 系数只需达到 0.6 即可。

本研究采用 SPSS 软件,通过计算 Cronbach's α 对 MBA 学生满意度量表和满意度影响因素量表,进行信度检验,结果如表 5—4 所示。

表 5—4　　各量表的信度分析

量表内容	Cronbach's α
MBA 学员满意度总量表	0.937
案例内容分量表	0.947
师生主体分量表	0.966
教学形式分量表	0.958
MBA 学员满意度影响因素总量表	0.981

从表中可以看出,各项量表 Cronbach's α 的值均在 0.93 以上,说明量表各题目之间具有很高的一致性,信度很好。

二、问卷效度检验

效度即有效性,一般可分为内容效度和结构效度。效度指测量工具或手段能够准确测出所需测量的事物的程度。其中,内容效度是指量表中题目的内容设置是否合理、有效。本研究的量表是结合 MBA 教师多年的上课经验总结出来的,有较高的内容效度。对于结构效度,一般采用因子分析法进行计算。本书在进行因子分析之前,需对各量表数据进行 KMO 检验和 Bartlett 球形检验,以判断本问卷数据是否适合进行因子分析。

统计意义上,一般来说,KMO 统计量大于 0.6,Bartlett 球形检验的

Sig 值小于显著性水平 0.05，则表明适合进行因子分析。对本问卷的数据进行 KMO 检验和 Bartlett 球形检验，结果如表 5－5 所示。从表中数据可以看出，MBA 学生满意度总量表 KMO 值大于 0.8，MBA 学生满意度影响因素分量表和总量表 KMO 值均大于 0.9，而 Bartlett 球形检验的 Sig 值均小于 0.01，说明本问卷量表适合进行因子分析，具有很好的结构效度。

表 5－5　　问卷量表的 KMO 检验和 Bartlett 球形检验

量表内容	KMO 统计量	Sig 值
MBA 学员满意度总量表	0.854	0.000
案例内容分量表	0.948	0.000
师生主体分量表	0.959	0.000
教学形式分量表	0.956	0.000
MBA 学员满意度影响因素总量表	0.980	0.000

根据 KMO 检验和 Bartlett 球形检验的结果，进一步进行因子分析。本书利用 SPSS 软件，采用主成分因子分析法，选取方差极大正交旋转为转轴，对 MBA 学员满意度影响因素量表进行因子分析，结果如表 5－6 所示。

表 5－6　　MBA 学员满意度影响因素量表因子载荷矩阵

项　目	因　子		
	1	2	3
J4	0.752		
J5	0.747		
J9	0.744		
J3	0.739		
J7	0.729		
J10	0.726		
J2	0.719		
J6	0.702		

续表

项　目	因子		
	1	2	3
J1	0.627		
J8	0.612		
J11	0.555		
J12	0.539		
I5		0.755	
I2		0.745	
I4		0.732	
I6		0.731	
I1		0.731	
I3		0.712	
I8		0.707	
I7		0.689	
I11		0.538	
I10		0.495	
I9		0.483	
H2			0.795
H1			0.792
H4			0.785
H3			0.768
H9			0.657
H5			0.638
H8			0.615
H7			0.611
H6			0.604
H10			0.530
H11			0.476
累计方差贡献率(%)	70.991		

从表 5—6 可以看出，对 MBA 学员满意度影响因素量表进行因子分析可以提取出 3 个因子，累计解释了总方差的 70.991%。通过旋转后的因子载荷矩阵可以发现：因子 1 对应 J1—J12 变量，即教学形式分量表；因子 2 对应 I1—I11 变量，即师生主体分量表；因子 3 对应 H1—H11 变量，即案例内容分量表。各题目旋转后的因子载荷均在 0.47 以上，说明 MBA 学员满意度影响因素量表具有很好的结构效度。同时，主成分因子分析提取出来的 3 个因素与 3 个分量表的问题逐一对应，说明本问卷问题量表的构建合理，实证分析具有较高的可信度。

第三节　数据结果分析

一、样本基本信息描述性统计

本研究问卷所收集到的有效问卷的基本信息如表 5—7 所示。

表 5—7　　问卷对象基本信息

性　别	男性	356	50.21%
	女性	353	49.79%
年龄	25 岁及以下	11	1.55%
	25—30 岁	216	30.47%
	31—35 岁	273	38.5%
	36—40 岁	162	22.85%
	40 岁以上	47	6.63%
	普通员工	106	14.95%
管理职位	初级管理者	176	24.82%
	中级管理者	269	37.94%
	高级管理者	116	16.36%
	初级专业技术	7	0.99%
	中级专业技术	22	3.1%
	高级专业技术	13	1.83%

续表

全职工作年限	0—3 年		5.08%
	3—5 年		12.01%
	6—8 年		23.64%
	9—11 年		51.34%
	12 年以上		7.93%
具体行业	计算机/互联网/通信/电子	113	15.94%
	咨询/法律/教育/科研/培训	49	6.91%
	商贸/销售/客服/技术支持	49	6.91%
	人事/行政/高级管理	47	6.63%
	会计/金融/银行/保险	171	24.12%
	建筑/房地产	48	6.77%
	广告/市场/媒体/艺术	17	2.4%
	生产/营运/采购/物流	93	13.12%
	生物/制药/医疗/护理	43	6.06%
	公务员/政府事业/翻译	20	2.82%
	服务业	18	2.54%
	其他	41	5.78%
MBA 入学前最高学历	大学专科	94	13.26%
	非全日制大学本科	119	16.78%
	全日制大学本科	456	64.32%
	硕士研究生	40	5.64%
	博士研究生	0	0%
所在年级	2017 年入学(一年级)	288	40.62%
	2016 年入学(二年级)	159	22.43%
	2015 年入学(三年级)	136	19.18%
	2014 年及以前(校友)	126	17.77%

从性别来看,男性和女性学员的数量基本持平,分别为 356 个和 353 个。

从年龄来看,填写问卷的学员年龄主要集中在 25—40 岁,占总填写问卷人数的 91.82%,其中 31—35 岁的学员人数最多,占比 38.5%。

从管理职位来看，填写问卷的学员主要集中在管理者的职位，专业技术人员很少。其中，初、中级管理者居多，占比62.76%，初、中、高级专业技术人员仅占5.92%。

从全职工作年限来看，工作年限越长的区间填写问卷的人数越多，说明更多从事多年全职工作的管理者和专业技术人员参加MBA课程的培训。其中，0—3年工作年限的学员最少，仅占5.08%，而9—11年工作年限的学员最多，为51.34%。

从行业来看，填写问卷的MBA学生来自各行各业，较为分散，其中来自计算机/互联网/通信/电子、会计/金融/银行/保险和生产/营运/采购/物流行业的学生超过填写问卷学员总数的10%，分别为15.94%、24.12%和13.12%。

从MBA入学前所获最高学历来看，全日制大学本科生人数最多，占总人数的64.32%。填写问卷的学生中没有博士研究生。

从所在年级来看，低年级学员填写问卷的人数最多。随着年级递增，填写人数递减，依次为40.62%、22.43%、19.18%和17.77%。

这一部分的基础信息基本上吻合MBA学生的整体状态，一般集中在35岁左右、具有10年左右工作年限的中高层管理者居多。从样本的分布来说，基本吻合本书想要研究的对象。

二、案例训练模块与能力提升关系的统计分析

本书为了具体分析，除采用课堂案例教学外，还采用其他案例教学形式，提升学生的职业能力。本书选取了12种职业能力供学生选择，从中判断最能得到有效提升的前三项能力。具体选项设置如表5—8所示。

表5—8　　其他案例教学形式与职业能力概述

其他案例教学形式	可提升的职业能力
原创案例	战略思维能力
	沟通交流能力

续表

其他案例教学形式	可提升的职业能力
案例分析报告	逻辑分析能力 战略思维能力 信息搜集与反馈能力
案例大赛	沟通交流能力 团队协作能力 逻辑分析能力
创业训练	开拓创新能力 战略思维能力 团队协作能力
案例实训	沟通交流能力 逻辑分析能力 战略思维能力

通过对709份问卷的结果进行分析，发现除课堂案例外，其他的案例教学形式会提升学生不同方面的职业能力：学生在教师的指导下撰写原创案例会在很大程度上对逻辑分析能力、战略思维能力和沟通交流能力有一定的提升。其中，超过一半的学生认为撰写原创案例会提升自己的逻辑分析能力和战略思维能力，有73.77%的学员选择了逻辑分析能力，55.71%的学员选择了战略思维能力。选择沟通交流能力的占比为43.3%。紧接着，超过20%的学员选择了信息搜集与反馈能力、计划组织与协调能力和团队协作能力。排在最后六位的职业能力依次为开拓创新能力、洞察力、应变能力、冲突管理能力、执行力和影响力。其中，仅4.09%和1.55%的学员认为执行力和影响力可以通过撰写原创案例得到提升。从数据统计来看，学生认为原创案例撰写环节有助于逻辑分析能力、战略思维能力、沟通交流能力和信息搜集与反馈能力的培养（见图5—1）。

在课堂案例教学以外，学生在教师的指导下撰写案例分析报告会在

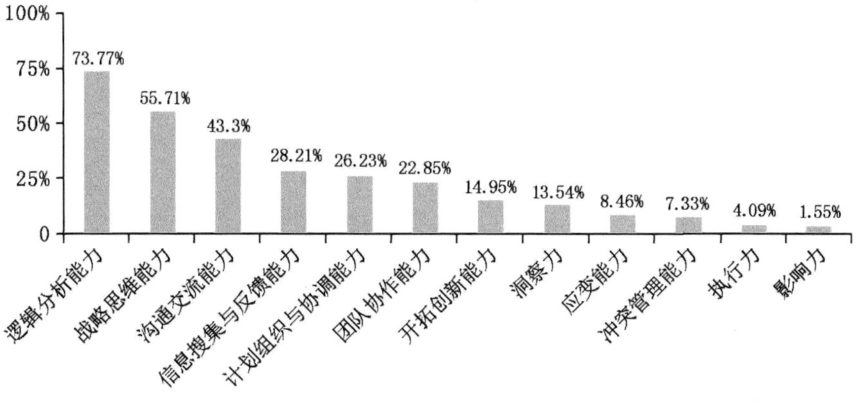

图 5—1　原创案例对职业能力提升选择情况

很大程度上对逻辑分析能力、战略思维能力和信息搜集与反馈能力有一定的提升。其中,56.98%的学生认为撰写案例分析报告可以提升自己的逻辑分析能力。由此可见,在此项调查中,学生的信息搜集与反馈能力有了显著的提升,这说明案例分析报告可以在信息搜集、归纳、整理和提升上有效地训练学生。超过 20%的学生认为开拓创新能力是一项可以有效提升的职业能力。另外,排在最后五位的能力依旧是洞察力、应变能力、冲突管理能力、执行力和影响力,但低于 10%的学生认为职业能力中仅有一项为影响力,有 3.24%的学员认为撰写案例分析报告可以提升自己的影响力(见图 5—2)。

在课堂案例教学以外,学生参加案例大赛会在很大程度上对沟通交流能力、团队协作能力、逻辑分析能力、应变能力、计划组织与协调能力和战略思维能力起到提升作用,分别有 48.1%、44.85%、40.9%、33.99%、31.73%和 28.63%的学生做出了相应的选择。虽然没有一个能力的选项公认超过半数,但是在对职业能力提升的认识度上已经出现分散的趋势,这说明参加案例大赛对学员的职业能力的提升是多方面的和较为平衡的。而且可以明显地看到,案例大赛对于学生的计划组织与协调能力、团队协作能力和开拓创新能力的提升有明显的上升趋势,说明这个模块

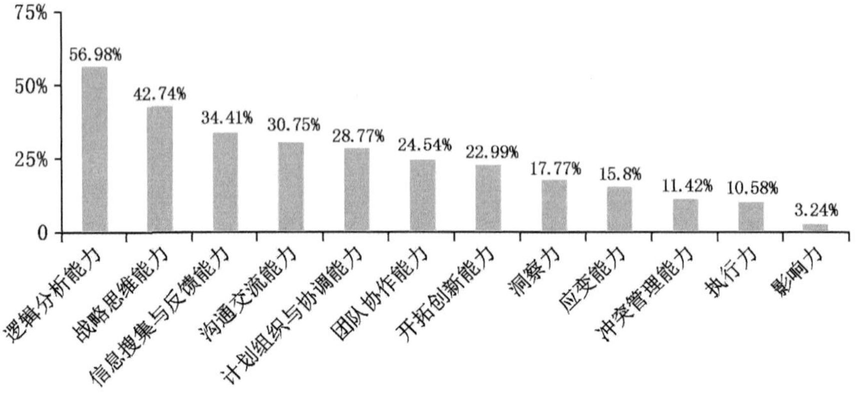

图 5—2　案例分析报告对职业能力提升选择情况

的训练对学生的这几项能力的拓展效果更为显著。排在最后三位的依次为执行力、洞察力和影响力，分别有 11.57%、8.04%和 6.06%的学员认为可以通过参加案例大赛得到提升(见图 5—3)。

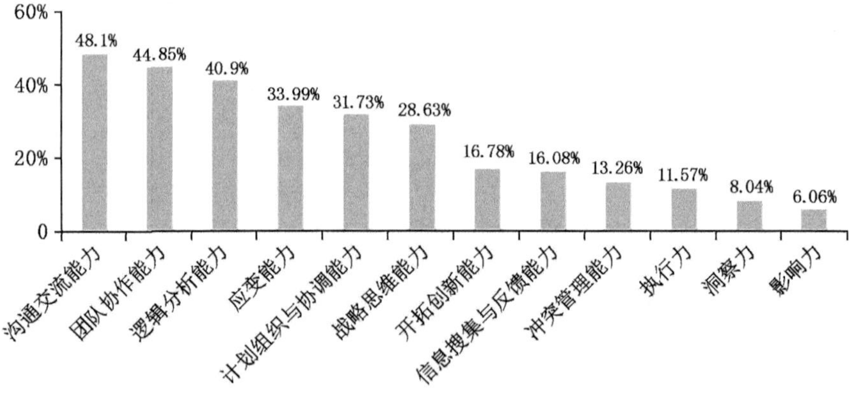

图 5—3　案例大赛对职业能力提升选择情况

在课堂案例教学以外，学生参加创业训练会在很大程度上有助于提升开拓创新能力、战略思维能力、团队协作能力、计划组织与协调能力、沟通交流能力、逻辑分析能力、执行力和应变能力。其中，有超过 40%的学生认为创业训练可以提升自己的开拓创新能力和战略思维能力，另有超过 20％的学生认为可以提升团队协作能力、计划组织与协调能力、沟通交流能力、逻辑分析能力、执行力和应变能力。不同于原创案例、案例分析报告和案例大赛，22.71％的学生认为参加创业训练可以提升自己的执行力，而仅有 14.95％的学生认为可以提升自己的信息搜集与反馈能力。同时，通过实证，结果显示参加创业训练相对于案例大赛可以更为全面地提升学生的职业能力。效果不仅体现在面的分布上，在应变能力、开拓创新能力等上也明显区别于案例撰写等传统环节（见图 5—4）。

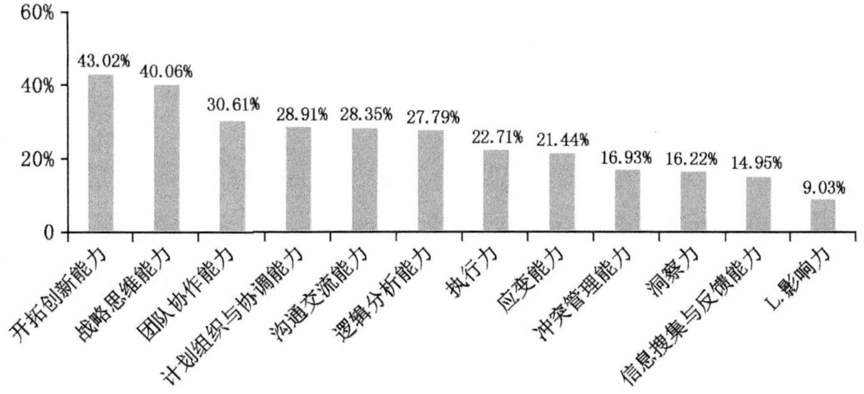

图 5—4　创业训练对职业能力提升选择情况

在课堂案例教学以外，学生参与案例实训（企业真实项目咨询）所能提升的能力相对于其他四种形式表现出更为分散的现象，说明案例实训能最大限度地全方位提升学员的职业能力。其中，学生在案例实训上提升沟通交流能力、逻辑分析能力和战略思维能力的认可度最高，依次为 39.77％、39.07％和 36.81％。关于案例实训能提升计划组织与协调能力、团队协作能力、洞察力、应变能力、信息搜集与反馈能力和开拓创新能力的认可度也均在 20％以上（见图 5—5）。

综合以上分析可以发现，在课堂案例教学以外，撰写原创案例、撰写案例分析报告、参加案例大赛、参加创业训练和案例实训对学生职业能力

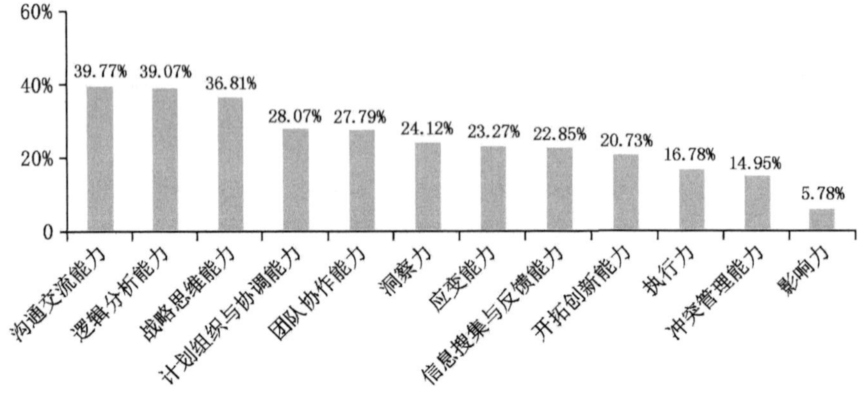

图 5—5　案例实训对职业能力提升选择情况

全面培养的认可度越来越高。其中,沟通交流能力、逻辑分析能力和战略思维能力的提升是认可度相对较高的三种能力。但在不同的教学模块设计中,对能力培养的着力点有了明显的分化,各个环节在逻辑分析能力、团队协作能力及沟通交流能力上都有显著的体现,案例报告的撰写和原创案例的开发会更强调信息搜集与反馈能力的培养,案例大赛则更强调计划组织与协调能力和团队协作能力,而案例实训则更强调开拓创新能力及应变能力等的培养。可见,要实现职业能力多维度的培养和训练,仅靠课堂案例教学或者课堂案例分析加案例报告等形式显得不够完整,只有将课堂以外的赛事、项目训练和落地运营等形式结合起来,才能形成完整的能力训练平台,才能完整地实现能力的均衡发展,这也是本书构建整合式案例教学模式,将案例教学的维度从课堂拓展到课外,从课堂单一形式拓展到多元情境设计等多维度、立体化层次构建的深刻的意义所在。

三、影响因素和学生满意度关系的统计分析

由于本研究共收集有效问卷 707 份,因此样本数为 707,同时采用李克特五点计分法,每一量表最小值为 1,最大值为 5。

(一)总量表描述性统计(见表 5—9)

表 5—9　　总量表得分情况

项　目	平均值	标准偏差
案例内容	4.27	0.674
师生主体	4.46	0.675
教学形式	4.44	0.660
满意度	3.90	0.765

从表 5—9 可以看出，学员对师生主体的评分相对最高，为 4.46 分，教学形式为 4.44 分，而学生对案例内容方面的评分最低，为 4.27 分。在满意度量表方面，得分为 3.90，处于中等偏上水平。

（二）分量表描述性统计

1. 满意度量表描述性统计（见表 5—10）

表 5—10　　满意度量表得分情况

题　设	平均值	标准偏差
目前课堂所选取的案例质量	3.93	0.806
目前实施的课堂案例教学的编排与设计	3.86	0.844
MBA 案例教学的效果总体满意度	3.90	0.814
目前案例课堂教学以外的各类案例实训项目	3.91	0.869

从表 5—10 可以看出，填写问卷的 MBA 学生对目前课堂所选取的案例质量评分最高，为 3.93 分。紧接着评分最高的是案例实训项目和 MBA 案例教学的效果总体满意度，分别得分 3.91 分和 3.90 分。得分相对最低的是目前实施的课堂案例教学的编排与设计，仅得分 3.86 分，说明目前实施的课堂案例教学的编排与设计有待提高。

2. 案例内容分量表描述性统计（见表 5—11）

表 5—11　　案例内容分量表得分情况

题　设	平均值	标准偏差
案例难度适中且具有一定的挑战性，有助于学生积累相关经验和激发兴趣	4.22	0.820
案例充分体现焦点问题的复杂性，激发学生的兴趣并作出决策判断	4.15	0.873
案例问题的开放性可以调动学生从不同视角考虑、权衡利弊，作出综合判断	4.25	0.861
案例文字的可读性帮助学生身临其境感受情境，并增加对案例的理解	4.19	0.856
短小、精干（3 000—5 000 字）的案例对于案例教学效果的有效取得	4.23	0.823
时效性强的本土案例，贴近生活，更容易激发学生的兴趣	4.39	0.850
情节简单和知识点有明确对应的案例有助于提升案例教学效果	4.23	0.861
情境全面、知识点综合且有跨度，思路和方法比较开放的案例有助于提升教学效果	4.39	0.800
教师提供了案例中没有的信息，如主人公的实际决策，案例的后续发展、近期动态或有关该类问题的其他有价值的参考资料，有助于学生深入、全面地理解	4.36	0.770
案例教学学生认同度影响案例教学效果	4.25	0.803

从表 5—11 可以看出，案例内容分量表的各题项得分均高于 4 分，其中对“时效性强的本土案例贴近生活，更容易激发学生的兴趣”和“情境全面、知识点综合且有跨度，思路和方法比较开放的案例有助于提升教学效果”的评分均高达 4.39 分，说明学生更需要时效性强、情景全面的教学案例，这对以后 MBA 案例的选取具有一定的指导意义。同时“案例充分体现焦点问题的复杂性，激发学生的兴趣并作出决策判断”一项相对得分最低，仅有 4.15 分，说明学员并不倾向于学习具有较高复杂性的案例。

3. 师生主体分量表描述性统计（见表 5—12）

表 5—12　　　　师生主体分量表得分情况

题　设	平均值	标准偏差
教师在案例教学上有效的前期准备投入有助于提升案例教学效果	4.47	0.787
教师在案例教学上良好的流程设计有助于提升案例教学效果	4.45	0.791
教师在课堂上作为“导演”角色的有效发挥有助于提升案例教学效果	4.43	0.793
教师在案例讨论后的知识点总结及对讨论的有效点评有助于提升案例教学效果	4.50	0.768
教师较高的专业能力(对管理理论知识的掌握、理解和运用)有助于提升案例教学效果	4.53	0.785
教师对课堂案例教学有效的把控、引导,有助于提升案例教学效果	4.45	0.781
教师有相关企业咨询或工作背景,有助于提升案例教学效果	4.50	0.782
教师拥有充足的案例教学经验会有助于提升案例教学效果	4.49	0.779
学生的职业背景高低影响对案例问题的理解和学习	4.33	0.816
学生的积极投入和提前准备有助于提升案例教学效果	4.44	0.752
学生在案例教学课堂上的主动参与和积极互动有助于提升案例教学效果	4.48	0.743

从表 5—12 可以看出,学生对师生主体各选项的给分均高于 4.3 分,体现出老师的专业水平和学生的投入水平均得到学员的重视。其中,“教师较高的专业能力(对管理理论知识的掌握、理解和运用)”是学生最看重的一点,得分高达 4.53 分,说明老师的专业水平很大程度上影响着学生对案例的理解程度。“教师在案例讨论后的知识点总结及对讨论的有效点评有助于提升案例教学效果”和“教师有相关企业咨询或工作背景,有助于提升案例教学效果”两项的得分也达到 4.50 分,说明 MBA 课程应注重案例讨论后的知识点总结和点评,同时在选择 MBA 授课教师的时候要偏向于选择有相关企业咨询或工作背景的教师。“学生的职业背景

高低影响对案例问题的理解和学习”得分相对最低，仅为 4.33 分，说明职业的差异并不是影响学生对案例理解和评价的关键因素。

4.教学形式分量表描述性统计(见表 5—13)

表 5—13　　教学形式分量表得分情况

题　设	平均值	标准偏差
小班教学(20—30 人)有助于案例教学效果的取得	4.44	0.846
教学设施中马蹄形教室和多媒体配备等有助于教学效果的取得	4.39	0.836
课堂案例教学中的创新形式会有助于提升案例教学效果	4.47	0.767
课堂教学中学生模拟角色扮演、对抗交锋会有助于提升案例教学效果	4.46	0.822
案例企业管理人员进入课堂讲解会有助于提升案例教学效果	4.49	0.798
多位教师围绕综合案例从不同学科的视角讲解案例，有助于提升案例教学效果	4.49	0.777
视频案例(将案例情境用视频影片的形式展示)可以增强代入感，有助于提升案例教学效果	4.37	0.824
案例大赛有助于学生在竞赛中整合所学理论，检验理论学习和掌握的程度	4.33	0.845
企业实训项目有助于弥补案例教学纸上谈兵的短板，加强在现实场景中的应用能力	4.45	0.792
课堂案例教学与课堂外案例实训的有效结合有助于发挥理想的效果，更好地提升学生的职业能力	4.49	0.755
同伴学习有助于学生从多视角、多学科领域增加对案例问题的理解	4.46	0.738
学生为解决问题而从事的具有针对性的学习(包括查资料、考察等)有助于提升案例教学效果	4.44	0.767

从表 5—13 可以看出，学生对教学形式的评分均较高，且有一定的集中现象，得分集中在 4.33—4.49 分。其中，“案例企业管理人员进入课堂讲解”“多位教师围绕综合案例从不同学科的视角讲解案例”和“课堂案例教学与课堂外案例实训的有效结合”三种形式均得到相对最高的分数为

4.49 分。因此，MBA 的案例教学应偏向于引入业界导师机制及采取多角度、多形式的模式设计，这样会符合更多学生的期望。从表 5－13 也可以看出，仅采用"案例大赛""视频案例（将案例情境用视频影片的形式展示）可以增强代入感"和"教学设施中马蹄形教室和多媒体配备等"这种浮于表面的形式并不能让学员对案例教学有更好的评分。因此，案例教学的多元化和创新应该重在内在质量的提升而非表面的改善。

5. 不同年级学生对满意度及其影响因素的差异化分析

通过分析各基本信息题设对满意度及其影响因素的差异化，可以发现不同年级的学生对满意度及其影响因素的差异化结果最具有研究性。因此，此处重点分析不同年级的学生对满意度及其影响因素的差异化。

MBA 学生的所在年级可以分为 2017 年入学（一年级）、2016 年入学（二年级）、2015 年入学（三年级）和 2014 年及以前（校友）四组。以案例内容、师生主体、教学形式和满意度为因变量进行单因素方差分析，考察不同年级的学生在这些方面的具体特点，如表 5－14 所示。结果表明，2015 年入学（三年级）的学生对案例内容和满意度的评分最高，2017 年入学（一年级）的学生对师生主体和教学形式的评分最高，不同年级的学员在不同方面的评分有一定的差异。

表 5－14　　不同年级的学生的差异化比较

组　别		案例内容	师生主体	教学形式	满意度
2017 年入学（一年级）	M	4.31	4.52	4.53	3.78
288	SD	0.625	0.584	0.527	0.809
2016 年入学（二年级）	M	4.23	4.42	4.38	3.89
159	SD	0.728	0.732	0.722	0.780
2015 年入学（三年级）	M	4.34	4.45	4.43	4.13
136	SD	0.700	0.716	0.710	0.668
2014 年及以前（校友）	M	4.18	4.39	4.32	3.93
126	SD	0.678	0.742	0.768	0.061

续表

组　别		案例内容	师生主体	教学形式	满意度
F		1.801	1.472	3.724	6.654
P		0.146	0.221	0.011*	0.000**

注：** 表示达到 0.01 的显著性水平，* 表示达到 0.05 的显著性水平。

总的来说，在教学形式方面，不同年级的学生之间呈现出显著性差异；满意度方面，不同年级的学生之间呈现出显著性差异；案例内容和师生主体方面，不同年级的学生之间没有呈现出显著性差异。

四、各类影响因素对学生满意度的回归分析

为了研究各类影响因素对 MBA 学生满意度的定量影响，首先需要对各影响因素与满意度之间的相关性进行分析，本书采用皮尔逊相关系数分析法进行相关性分析，在进行相关性分析后，再运用逐步回归分析法对各影响因素对满意度的作用机制进行回归分析。

通过相关分析，对 707 个样本进行检验，影响因素中的 3 个因子与满意度的皮尔逊积差相关系数如表 5－15 所示。可以看出，案例内容与满意度呈现显著的正相关关系（$\beta=0.407$，$P<0.01$），师生主体与满意度呈现显著的正相关关系（$\beta=0.301$，$P<0.01$），教学形式与满意度呈现显著的正相关关系（$\beta=0.260$，$P<0.01$）。上述结果表明，案例内容、师生主体和教学形式 3 个影响因素对于 MBA 学生的满意度均呈现高度的相关关系。

表 5－15　　各影响因素与满意度得分的相关系数

项　目	皮尔逊相关系数	显著性（双侧）	样本数
案例内容	0.407**	0.000	707
师生主体	0.301**	0.000	707
教学形式	0.260**	0.000	707

注：** 表明在 0.01 水平上显著相关。

为了进一步研究 MBA 学生的满意度及其影响因素之间的关系，本书采用逐步回归分析进行检验。将 3 个因子作为自变量，满意度得分作为因变量，分别进行逐项线性回归分析，结果如表 5—16 所示。

表 5—16　　满意度影响因素逐步回归结果

模型		未标准化系数		标准化系数	T	显著性
		β	标准误差	β		
1	（常量）	1.928	0.168		11.443	0.000
	案例内容	0.462	0.039	0.407	11.855	0.000
2	（常量）	2.377	0.183		12.967	0.000
	师生主体	0.342	0.041	0.301	8.406	0.000
3	（常量）	2.563	0.189		13.579	0.000
	教学形式	0.301	0.042	0.260	7.162	0.000

从逐步回归结果看，案例内容、师生主体和教学形式与 MBA 学生的满意度之间回归系数的显著性水平 Sig 值均为 0.000（＜0.01），表明该 3 个影响因素对于满意度分别产生显著影响。其中，案例内容与满意度回归系数为 0.462，显著性水平 Sig 值为 0.000（＜0.01），即案例内容对于 MBA 学生的满意度单独有着显著的正向影响作用；师生主体与满意度回归系数为 0.342，显著性水平 Sig 值为 0.000（＜0.01），即师生主体对 MBA 学生的满意度单独有着显著的正向影响作用；教学形式与绩效回归系数为 0.301，显著性水平 Sig 值为 0.000（＜0.01），即教学形式对于 MBA 学生的满意度单独有着显著的正向影响作用。从影响程度来看，对 MBA 学生的满意度单独影响程度从高到低依次为案例内容、师生主体、教学形式。

第六章　整合式 MBA 案例教学模式实施及效果分析

本章根据对整合式 MBA 案例教学模式构建的相关研究和学生实证检验，选取 H 大学作为典型个案来考量该模式在现实中应用的效果，根据 H 大学模式的实施来反观整合式 MBA 案例教学模式在 MBA 人才培养中的实际效果，并以此作为工作借鉴。

第一节　H 大学案例教学模式的设计和实施

加强 MBA 学生的职业能力是 MBA 培养中的一个重要环节，而作为对企业管理型人才的培养，良好的职业能力显然无法从传统的学习方式和课堂场景中简单获得，更难以获得对未知和复杂商业领域的问题解决和创造创新能力的培育。自 2009 年起，H 大学从国家对 MBA 人才培养改革的战略需求出发，反思传统培养环节在职业能力训练中的不足，通过实施案例教学在培养环节全面渗透，依托真实的情境，以 MBA 学生高强度、高综合、系统性的职业能力和创新能力提升为目标，通过案例研究、教学、实训、评价等多层次、进阶式的教学体系构建，同时辅以严密、运行高效的管理保障机制，形成职业能力培养的新途径。H 大学 MBA 构建的案例教学模式是根据 MBA 学生的认知特点和规律，通过创造真实和多样的情境和机会，呈现或还原教学内容，使 MBA 学生在亲历的过程中理解并建构知识、发展能力、产生情感、生成意义的教学模式，并逐渐形成以职业能力训练为导向，以“原创案例开发与研究、制度化的案例教学、多元化课堂案例教学、品牌化年度案例大赛、整合式的案例实训”为特色的整合式 MBA 案例教学模式。

笔者根据以下三个方面获取了该案例的主要数据:第一,对 2009 年 9 月 H 大学实施案例教学规范性建设、启动案例教学大赛、成立案例中心以来的各项资料进行了收集整理,了解其发展历程及特色模式创建之路。第二,与 H 大学 MBA 中心核心领导、教师及学生等一直保持较高的关联度,在案例教学工作设计和推进、各类活动的学生反馈交流、MBA 中心及案例中心领导决策思路等方面进行多维度的思考、实践和沟通,获取大量第一手的资料。第三,笔者作为 H 大学经济与管理类专业学位中心副主任,全面关注或参与 MBA 等专业学位的各项工作,在案例教学模式的构建和案例教学等各个模块设计中发挥核心作用。笔者在推动各项工作的实施落地的同时,也不断地对该教学模式的成功之道、改进之法进行思考总结,并以主要参与人的身份在 2013 年和 2017 年先后获得与案例教学相关的省级教学成果一等奖。

一、制度化和多渠道的案例采编

按照解决中国管理问题还得从中国案例中总结提炼出中国的管理理论的理念,H 大学把推动原创案例开发与研究作为案例教学的“源头”工作,鼓励教师以案例研究反哺案例教学,以案例研究引领并深化案例教学。为了使案例教育研究开发工作走向正规化、制度化,H 大学 MBA 早在 2008 年就成立了案例研究中心和 MBA 企业管理案例库。

H 大学原 MBA 中心主任李学昌认为,“H 大学 MBA 案例教学以培养学员的职业胜任力为导向,特别强调各培养环节与提升职业胜任力之间的内在关联,以此为逻辑起点,创设了多项改革举措,其中最具特色的就是把案例教学向培养环节全面渗透,逐步构建以职业能力训练为导向的案例教学体系”[①]。H 大学要求每一位参与 MBA 课程教学的教师进行

① 李学昌.构建以职业能力训练为导向的案例教学体系——华东师范大学 MBA 教育综合改革试点工作特色成果与经验总结[J].学位与研究生教育,2013(11):11—14.

案例的撰写,并参加全国教育部高等学校教学指导委员会(以下简称教指委)等机构组织的案例教学培训。H 大学还设立了专项的案例采集改编基金,制定了原创案例采编的激励机制以及整套运作模式,运用团队的力量促进案例采编和研究水平的整体上升。案例采编团队的教师成员均须经过集中汇报、评议、讨论和修改等程序。H 大学组织案例中心主任对每一篇申请百优的案例在选题、撰写、修改和上报中进行全程的指导和把关,同时在教师采编队伍中形成学习共同体,参与教师之间相互审阅和提供修改意见,以团队共建的形式推动百优原创案例的采编,从数量和质量上两手都进行狠抓。如今共有 100 余篇案例入选 H 大学学校案例库。在案例采编阶段,指导教师会带领 MBA 学生进行实地考察,与相应企业的高管进行访谈,以此获得一手资料,为撰写案例做好充分的基础准备。并且教师和学生在案例编写时必须选择该企业所面临的问题形成课堂教学案例、具有管理理论色彩的研究案例和参加全国百篇优秀案例评选的案例三种案例,这样既有利于教师带领学生开采出原创性案例,同时也丰富了教学和研究的案例库。自 2010 年全国 MBA 教指委开始评选全国百篇优秀管理案例以来,H 大学 MBA 已有 24 篇原创案例入选(见表 6—1)。这个成绩在全国 MBA 高校中名列第四,而 H 大学 MBA 教学单位本身也因为优秀的组织推动能力四度获得全国 MBA 教指委颁发的最佳组织奖。

表 6—1　　H 大学 MBA 百篇优秀管理案例

序号	年份	作者	案例名称	备　注
1	2010	何佳讯	冠生园集团大白兔硬糖:品牌化决策的选择	全国百篇优秀管理案例
2	2011	许鑫	中建国际设计顾问有限公司 CCBM(ERP)系统实施	全国百篇优秀管理案例
3		侯仕军	通领科技:海外专利保卫战	全国百篇优秀管理案例
4	2012	胡金星	中南控股集团的纵向一体化战略	全国百篇优秀管理案例
5		程贵孙	E 都市:三维地图的引领者	全国百篇优秀管理案例
6		侯仕军	通领科技:国内专利保卫战	全国百篇优秀管理案例
7		许鑫	车管家:爱车坊公司的服务集成平台建设之路	全国百篇优秀管理案例

续表

序号	年份	作者	案例名称	备　注
8	2013	周赟	绝处逢生：信宝融资租赁公司的保理融资	全国百篇优秀管理案例
9	2013	蓝发钦	华神股权激励：充满曲折的成功之旅	全国百篇优秀管理案例
10	2013	程贵孙	到喜啦：网络婚宴预订的领跑者	全国百篇优秀管理案例
11	2013	侯仕军	沈阳机床：收购整合德国希斯	全国百篇优秀管理案例
12	2013	许鑫	路在何方？电子商务服务商上海宝尊的选择	全国百篇优秀管理案例
13	2014	杨蓉	蜘蛛网："触"文化产业　"织"平台战略	全国百篇优秀管理案例
14	2014	程贵孙	上海天擎：坚守还是转型	全国百篇优秀管理案例
15	2014	杜刚	线上还是线下？苏宁云商 O2O 之路	全国百篇优秀管理案例
16	2014	许鑫	上海农商银行 IT 服务管理平台建设之路	入库中国管理案例库
17	2014	侯仕军	苏州固锝：创建幸福企业典范	入库中国管理案例库
18	2014	王霞	从股权分置改革到定向增发——ST 华新能否涅槃重生	入库中国管理案例库
19	2014	袁毅	上海世优信息科技公司创业之路	入库中国管理案例库
20	2014	张琰	枇杷生态园：用社会责任铺筑现代农业园发展之路	入库中国管理案例库
21	2014	易凌峰	欧麦斯通信科技有限公司：一个海归技术创业者的中国梦	入库中国管理案例库
22	2014	周赟	借力上海自贸区东风：荣达融资租赁公司的业务创新	入库中国管理案例库
23	2015	袁毅	拨开云雾见天日，守得云开见月明——海尔开放式创新发展之路	全国百篇优秀管理案例
24	2015	程贵孙	3D 打印：上海启培的困惑与选择	全国百篇优秀管理案例
25	2015	张琰	春秋国旅：从战略联盟到"互联网＋"	全国百篇优秀管理案例
26	2015	王振源	S 公司基于阿米巴经营的人才培养变革	全国百篇优秀管理案例
27	2015	何佳讯	冠生园大白兔：长期品牌管理之道	全国百篇优秀管理案例
28	2015	许鑫	上海农商银行 IT 服务管理平台建设之路	入库中国管理案例库
29	2015	陆剑清	化蛹成蝶	入库中国管理案例库
30	2015	侯仕军	中国一汽：逐梦红旗复兴	入库中国管理案例库
31	2015	孙丽	獐子岛(002069)扇贝海底劫	入库中国管理案例库
32	2015	胡金星	浙江物产："买卖人"的世界 500 强之路	入库中国管理案例库

续表

序号	年份	作者	案例名称	备　注
33	2015	阮光册	传统企业的电子商务之路——商派的选择	入库中国管理案例库
34		蓝发钦	阿里巴巴漫漫美国上市路	入库中国管理案例库
35		杜刚	踏上互联网的节拍——海尔如何超越?	入库中国管理案例库
36		范学俊	华为需要上市吗?	入库中国管理案例库
37		段宇锋	智能提醒,服务营销精细化发展之路	入库中国管理案例库
38	2016	程贵孙	土巴兔,如何实现商业模式三级跳	全国百篇优秀管理案例
39		王振源	“花匠”何去何从？亚朵酒店的企业文化落地	入库中国管理案例库
40		杜刚	控股1号店,沃尔玛如何打好手中这张牌	入库中国管理案例库
41		范学俊	收购万科,宝能资本大戏如何落幕	入库中国管理案例库
42		何佳讯	卡萨帝:移动互联时代高端家电品牌的创建之道	入库中国管理案例库
43		胡金星	浙江物产集团的世界500强之道	入库中国管理案例库
44		陆剑清	电商一体化:中信集团探索资产证券化之路	入库中国管理案例库
45		阮光册	商派构建迪卡侬全渠道零售订单协作系统	入库中国管理案例库
46		袁毅	众筹家:一站式投资交易服务平台建设之路	入库中国管理案例库
47	2017	程贵孙	多灵科技,二次创业如何突围	全国百篇优秀管理案例
48		范学俊	美的收购库卡戴着镣铐起舞	全国百篇优秀管理案例
49		王振源	酷特智能:红领西服的华丽转身	全国百篇优秀管理案例
50		张琰	从“互联网＋旅游”到“IP战略”:景域集团御“风”而行	入库中国管理案例库
51		何佳讯	SANDRIVER:“隐形冠军”如何实现品牌的快速成长	入库中国管理案例库
52		陆剑清	破茧重生:中信集团资产证券化之路	入库中国管理案例库
53		胡金星	物产中大:流通企业如何走向世界500强	入库中国管理案例库
54		杜刚	ODM模式电商:网易严选试水起航	入库中国管理案例库
55		侯仕军	一汽红旗:突围营销之困	入库中国管理案例库
56		杨勇	上海国际贵都大饭店文化密码	入库中国管理案例库
57		蔚海燕	all-pay平台:聚合支付服务商如何玩转大数据	入库中国管理案例库

从 2009 年起，H 大学 MBA 学生除了在课程中体验案例教学外，还必须参与案例实训并撰写管理案例报告，这是培养 MBA 学生的管理能力的有效途径。MBA 中心要求全体学生在学期间必须依托自身企业或企业发布的管理项目研究撰写一份案例报告，这个训练环节被列入学生培养的中期考核中。作为学位论文预演的自我训练，一方面考查学员能否将所学的管理知识与方法运用到企业管理事务中，另一方面也以此检测案例教学的有效性。学生的部分报告已获企业授权或被企业采纳，有些报告和项目在教师的指导下可以修改成为教学案例并作为原创教学案例入库或者百优案例的来源之一。

2017 年，H 大学推出了首届 MBA 学生案例开发大赛，参赛选手以团队为单位，在选题范围内自主确定案例。学生选取自己熟悉或容易获取资料支持的公司、行业为案例的主角，经过实地调研等方式收集第一手资料，提出具有可行性和创新性的政策建议或解决方案，从而进行案例的撰写和分析，形成完整的案例正文和分析报告。选题建议围绕当前工商管理、商业环境以及相关领域面临的重大或热点问题来选择具体的公司案例。案例需基于真实事件，同时针对案例情境，结合工商管理的相关理论，对事件进行完整的描述，突出其真实性、代表性和冲突性，引出争议点。通过陈述令核心人物或决策者感到迷惑或难以决断的事情，展现事件发展或决策的制约因素和困境，入选决赛的案例须获得企业授权书并盖章确认，初赛阶段评审团根据案例正文和分析报告评审出决赛队伍，并在决赛中接受其他选手和嘉宾的互动提问。通过这种学生撰写案例分析报告和分组采编原创案例的方式为教师提供教学案例的素材，教师可以通过指导撰写将其改编为百优案例并进入教学使用。

二、多元化和创新式课堂情境创建

H 大学 MBA 教育的一大创新点是开创了一种全新的案例教学模式——综合案例课堂教学。传统的案例教学都是比较单一的，一个案例只是针对企业的一个问题或者一个方面展开的，但现实中管理者所处的商业环境是复杂的，管理者需要做出的决策也是复杂的，单门课程的案例教学不能提高学生在真实的管理环境中遇到复杂问题的处理能力。针对这一问题，H 大学改变了传统的单门课堂内容设计及案例讨论的教学方法并推出了综合案例课堂，即在同一课堂中，为了更好地使管理学理论知识与企业管理实务相结合，由多位教师围绕同一案例或主题对学生进行整合训练。学生对同一问题可以从不同角度进行思考，最大限度地模拟企业真实、复杂的管理环境，也锻炼了学生分析问题和做出决策的能力。笔者特意据此设计了一套综合案例分析课堂调查问卷（见附录一）并对2012 级两个实施综合案例课堂教学的 MBA 班级进行全面调研。调查结果显示，学生对这种多位不同学科的教授（来自"管理信息系统"课程的许鑫、来自"战略管理"课程的程贵孙和来自"市场营销"课程的侯仕军）围绕一个综合式案例（具有较复杂的管理情境和结合多维知识点）分析的形式是较为认可的，他们认为这样的形式可以更好地激发多学科知识的交叉融合，通过案例的载体让知识得以综合运用，并在运用的过程中得到教授的专业指导和分析，不失为高效和整体化的课堂案例训练。综合案例课堂有三个显著的特点：第一是多学科教师参与。"综合案例课堂"摈弃了一贯以来依据单课程内容组织案例讨论的传统教学方法，改由多位教师在同一课堂围绕同一案例对学生进行整合式能力训练。这种模式打破单一学科的壁垒，追求真实企业多元参与、全方位多角度深入的效果，通过对不同角色的精心设计和定位，考查学生分析处理企业真实复杂问题的能力。第二是学生多角色模拟。针对企业面临的同一个问题，授课教师对不同背景的学生进行分类分组，学生们通过扮演董事长、总经理、财务、营销团队或人力资源总监等角色，从不同视角针对同一个案例，按照规定的角色来解读与思考，不再受单一课程的限制，最大限度地模拟真实企业所面临的复杂管理问题，全方位地训练 MBA 学生面对真实情境的分析与决策能力。第三是多形式开展实践。如以"美的国际集团的战略问题"为案例的综合案例课堂，教师组织学生先去企业调研考察并获得了先期的现场情境体验，再回归学校组织综合案例课堂进行实战分析。如以"美特斯邦威公司库存问题”为案例的综合案例课堂，学生在完成综合案例课堂分析演绎后再去企业实地验证方案。

以“美特斯邦威公司库存问题”为主题的案例课堂，来自“国际企业管理”的金润圭、“财务管理”的杨蓉和“物流与供应链管理”的戴勇。他们将学生分为 8 个小组并指定每个小组扮演如董事长、企业独立董事、财务、营销团队等其中一个企业角色。各个小组针对企业面临的问题按照规定的角色来思考和解读案例。在整个综合案例课堂的讨论中，从案例的设计到最后的总结点评，几位来自不同学科的教师配合默契，主导和把握讨论的方向，并从不同的学科视角引导和启发学生，使讨论始终围绕案例的核心问题层层深入，同时也为学生提供足够的发挥空间，让他们能调取自己的职业经历和实践经验的优势，以此深化学生对案例讨论的认识。

H 大学还创设了高管案例课堂模式，(“组织行为学”的张琰采编撰写的“景域集团御‘风’而行”这一原创案例入选了全国百优案例)并请本次案例的主人公景域集团董事长、驴妈妈旅游网创始人洪清华先生来到课堂现场。课程安排学生提前一周拿到案例背景资料并进行前期充分的调研和讨论。课程伊始，由两个学习小组的代表分别上台，在仅有的 20 分钟时间内针对案例的主角——景域集团进行调研汇报。景域集团从传统的旅游规划业务起步，从率先进入在线旅游服务市场到积极打通融资渠道，打造目的地资源端、互联网渠道端、金融资本端互相支撑的“金三角”，再到开创性地提出风靡旅游业的“IP”概念，实现旅游全产业链发展，可谓“步步为赢，御‘风’而行”。张琰设计本次案例课程旨在激发同学们能够依据企业面对的环境机遇来制定企业战略，并且理解环境变化对于公司业务调整乃至战略变革的迫切要求，分析如何通过资源匹配、业务协同、多元化扩张等实现企业的成长和阶跃。听取了两组学生丰富、详实的汇报演讲后，洪清华表达了极大的肯定并且分享了自身的商业理念、创业经验等。他表示，景域集团在创始之初之所以选择旅游行业，并把旅游规划板块作为创业的起点，正是因为其看到了中国井喷式的国内旅游市场需求和相对匮乏且低质的旅游产品供给之间的突出矛盾。洪清华反复强调，游客抱怨最多的地方孕育着最大的机遇。如今的驴妈妈旅游网已成为中国知名的综合性旅游网站、游客最喜欢的自助游领军品牌，实现了线上线下 O2O 一站式服务。他将景域集团比喻成一棵生态树，树上有 6 个苹果，历经多年发展，景域的生态树已开花结果并形成了奇创、旅发、旅投、营销、帐篷客 5 个“苹果”，驴妈妈仅是其中的 1 个“苹果”。2018 年，景域的生态树继续生长、升级并结出果实。此次案例课堂旨在帮助 MBA 学生了解线上旅游行业的实际运营情况，引导学生利用相关理论、方法对此类企业的商业模式、品牌服务、业务优化等方面展开分析。学生们围绕景域集团的发展历程、业务领域、运营现状来剖析业务模式和内部优化等方面的问题，同时对未来景域面临的问题展开了热烈的讨论与分析，与嘉宾进行了良好的交流互动。课程结束后，学生们纷纷表示意犹未尽，获益匪浅。

三、品牌化和制度化的案例赛事

学生的案例大赛，是案例分析教学法由课内延伸到课外，让学生以比赛的形式开展的案例分析学习活动。实质上，学生案例分析比赛，对学生职业能力的训练是一种特别有效的形式。H 大学 MBA 项目提出“年年赛案例，时时抓热点，处处讲参与，点点求新意”，不断创新赛制和比赛模式。学生们在大赛中提出的解决方案受到媒体的追踪报道和企业的高度关注，大赛本身已经成为极具影响力的品牌化年度案例大赛。

2009 年，H 大学首届商业案例大赛组委会选择了当时的本土热门话题——“宝钢的困境”，首次以案例分析的方式将问题聚焦于“宝钢”的困境与“瓶颈”，来提高学生对企业现实状况的深刻了解，培养其分析和解决经营管理问题的能力。这种新颖的实践性训练赢得了学生广泛的好评，也为后期的蓬勃发展奠定了良好的基础。2010 年的案例大赛围绕“国美陈晓、黄光裕控制权之争”展开，聚焦社会热点，打造案例大赛“新视角”。通过对不同角色的精心设定——事业有成的创业者（保“黄”派）、职业经理人（挺“陈”派）、独立学者、供货商、小股东或机构投资者，将案例和现实处境挂钩，直接考查学生面对真实情景的管理实践能力，直面鲜活企业问题，紧扣商场脉搏，预测对决前景。2011 年，MBA 项目与里昂商学院联合举办中法跨文化商业案例大赛，针对家乐福在中国的商业模式和市场战略进行剖析。大赛由中法两国的学生共同组成，双方都有机会体验到知识背景、思维模式和决策习惯等不同文化背景的差异，他们携手面对差异并共同做出决策，通过大赛来启迪 MBA 学生探索在跨国公司中不同文化背景下如何进行经营和决策，极具现实意义。2012 年，第四届案例大赛又进行了模式创新，大赛以移动互联网发展未来为主题，采用“1＋0 角色模拟”，让学生站在商业巨头的高度对移动互联网技术的发展应用及未来趋势做出战略分析。2013 年，以“华为的全球化战略”为主题的案例大赛采用全国首创的“大小 PK”模式。这种模式的特点在于两组参赛队员同场竞技并进行智慧交锋。2014 年，以“蜘蛛网”为案例，采用最新申报百优案例“蜘蛛网：‘触’文化产业　‘织’平台战略”作为决赛案例，并邀请上海万丰文化传播有限公司总裁、蜘蛛网创始人来现场听取学生的案例分析展示并探讨新兴企业的发展和决策。2015 年，第七届案例大赛采用最新申请的百优案例“3D 打印：上海启培的困惑与选择”作为决赛案例，并邀请上海启培智能科技有限公司创始人作为评委来探讨 3D 打印的发展。2016 年，以“海尔”作为大赛的主题案例，探讨海尔的开放式创新之路。2017 年，以“美的收购库卡”为主题探讨当年的热门话题。2018 年，H 大学因其案例大赛的品牌号召力，得到林肯汽车的青睐。该公司市场总监上门邀约 H 大学派出教师针对公司运营现状撰写案例并作为年度决赛案例。

H 大学案例大赛自 2009 年开展以来坚持每年一次，通过初赛、复赛、决赛，已经做到真正意义上的全员参与和实战训练，并将其纳入教学安排的必修环节和学生必需的实践学分。整个过程要求学生在规定时间和封闭环境中以团队合作的方式拿出解决企业问题的方案，让学生在企业管理的复杂、真实情境中发现问题、分析问题、解决问题，是一种高强度的训练和挑战。在大赛的设计上，H 大学主要聚焦以下三个方面：一是聚焦与社会热点关联的企业问题，重点提升学生对热点问题的分析、决策和预测能力，二是聚焦与跨国企业相关的跨文化管理问题，重点提升学生跨文化沟通、管理和创新能力，三是聚焦企业和行业转型的战略问题，重点提升学生方案决策的全局性和可操作性，特别是复杂问题的解决能力。

大赛秉承以训练学生为导向，以学生能力提升为宗旨的目标，策划实施了一年一度的学生全员参与的品牌化案例大赛。

通过对赛事的成功举办，由 H 大学 MBA 首创的“全员参与，实战训练”的大赛理念及“大小 PK 制”赛制模式被中国管理案例中心作为首届全国管理案例精英赛的比赛规范与标准并向全国发布，在全国各大赛区推广应用，取得了一定的示范效应。按照上述赛制组织的首届全国管理案例精英赛(2013)吸引了全国 54 所院校(其中，985 高校 14 所)近 300 支队伍报名参赛，3 000 余名 MBA 学生经历了校园突围赛、8 大分赛区晋级赛的重重突围，最后包括台湾科技大学在内的 12 支队伍进入全国总决赛，影响深远。而 H 大学通过扎实的训练和严密的组织，也在各类案例赛事中获得了优异的成绩。H 大学 2012 年 MBA 代表队获“2012 中国 MBA 企业案例大赛”华东赛区二等奖的佳绩；2013 年，荣获首届“全国管理案例精英赛”亚军；2014 年，荣获第二届“全国管理案例精英赛”华东区第一名，全国第三名；2015 年，荣获第三届“全国管理案例精英赛”全国总决赛季军；2016 年，荣获第四届“全国管理案例精英赛”全国总决赛亚军。大赛吸引众多媒体高度关注，中央电视台财经频道、新华社、上海电视台第一财经频道等媒体进行了深入的报道及后续跟踪。《新民晚报》上一篇题为《“学生版”公司运营方案场外受追捧》的报道引起了《上海商报》《青年报》等媒体的跟进报道并给予了极高的评价。中国管理案例中心在赛后总结中认为：“首届全国管理案例精英赛是目前国内规模最大、分布面最广、竞赛制度最规范、水平最高的全国性管理案例大赛，对于推进和繁荣我国工商管理教育、检验和深化案例教学成果及加强各培养院校之间的交流与合作，具有非常重要的意义。”H 大学 MBA 案例教学经验已经在全国范围内产生了示范效应。H 大学 MBA 案例教学经验已刊载在

《中国管理案例共享中心通讯》(2012 年第 2 卷第 3 期)、全国 MBA 教育指导委员会的网站综合改革专题页和《学位与研究生教育》(2013 年第 11 期)上。更为主要的是,这种以训练学生管理实战能力为宗旨的教学训练形式,真正为学生职业能力的提升产生了积极的影响。另外,H 大学已连续三年获得台湾地区中兴大学的盛情邀请。两所大学联合组队,参加台湾地区商管联盟个案论剑赛,两岸高校 EMBA 或商学院的硕士参与,进行案例分析竞赛,启动互动共享的学习历程,深化管理类人才间的多元互动。同时,H 大学还以其强大的案例赛事品牌影响力获得了来自学校校友企业如蜘蛛网、启培 3D 打印、林肯汽车等公司的邀约。它们请 H 大学的专业教师撰写百优案例并形成决赛赛事的案例。这样的做法是以案例为载体联结学校与企业,并在此过程中形成了学校获得原创教学案例、教师获取与企业接触的机会、学生参与高品质的商业案例赛事和企业获得鲜活的咨询方案四方共赢的结果,真正将基于中国情境的企业问题以案例的形式进行经验归纳和以大赛的形式进行探讨聚焦。

四、整合式案例实训及落地运营

管理实践的目的就是更好地把握和理解课堂中所学习的管理理论。而在课堂中学习的管理理论又可以进一步在实践中得到应用,也可以把在管理实践中调研得到的企业问题经过研究分析得出解决方案的案例,更好地为课堂学习赋能。传统的企业参访式实践方式在深入企业管理情境方面显得捉襟见肘,很难起到真正训练的实效。比如 H 大学的 MBA 中心所实施的高级管理行动项目,即应用建构主义情境真实性理论并结合行动学习理论,为学生实践提供真实的企业环境。在 MBA 学生、指导教师以及企业高管的共同参与下,对企业的现状以及所存在的问题进行深入分析研究,最终结合各种因素对企业提出可行性方案,并且很多 MBA 学生提出的方案都得到了企业高管的认可。在此过程中,H 大学教师全程参与指导解惑并通过真实项目实践凝练经验,撰写成为优质的教学案例。

(一)以问题为导向，基于真实的企业场景进行五段式进阶训练

H大学设立的高级管理行动项目主要依据行动学习的相关理论，将知识学习、经验分享、问题解决和实际行动综合为一体化的学习方法，是系统化理论知识和问题解决的实战能力相结合的学习。项目以企业的真实需求和现实问题为导向，根据学生的行业背景和经验水平及所学的课程知识进行目标企业的选定，同时以团队合作的方式让学生到真实的市场环境和企业一线中去提升管理实战能力。

高级管理行动项目(EMAP)根据行动学习AL(Action Learning)=T(Think)+A(Act)+R(Reflect)的公式，融合了"问题意识"和"企业反馈"两个元素，形成"思考(Think)、问题(Question)、行动(Act)、反馈(Feedback)、反思(Reflect)"五位一体的综合训练模式。在实践过程中，学生通过思考与实践，能够自主发现问题、研究问题、解决问题，提高分析能力和执行能力。这种"知识+问题+反思"的理念也有助于学生批判性思维和自我反思能力的训练，在实践中反思，在反思中提高，实现综合能力的螺旋上升。高级管理行动涉及的企业多为战略问题研究，把学生放在CEO的角度系统而又宏观地思考企业问题，不仅针对企业问题的分析和决策能力训练学生并要求学生完成企业战略转型报告，还要训练学生制订企业行动计划的执行力。MBA学生在做总结时写道:"我们在向公司高管汇报方案时感受到公司的老总对于方案的解读是站在公司全局来看未来的发展方向，而不是局限于某一问题。这一点明显表现出企业家的战略高度，是MBA学生需要思考借鉴的，也是我们未来努力的方向。当我们提供的方案视角较窄或者可行性较低时，老总总能以宽容的态度给予肯定并指出方案的不足，这是让我们感觉实实在在提升职业能力的地方。"在训练中，作为教练员的指导教师不仅要求学生们自我激活书本上的理论知识，而且要对理论知识的适用性进行点拨，真正从方法论上教会学生。而企业作为参与方，不仅提供实战的平台，获取学生的外脑咨询成果，其反馈和评价更是帮助学生实现能力提高的重要途径。经过学生、企业、教师三种不同角色在这个项目中的良好定位和作用发挥，项目执行

中形成了“一个理念、两种模式、三方参与、四方获益”的项目理念体系，即确立了“以问题为导向开展实践训练”的理念，坚持采用两种模式，即围绕“一个问题多企业训练”和“一个企业多问题训练”，通过调动“指导教师、MBA 学生、典型企业”三方的积极性，以获得“教师获取企业经验、学生提升管理能力、企业获取外脑咨询、学校打造实践品牌”四方共赢的效果。

H 大学 MBA 高级管理行动项目（EMAP）按照五位一体的思路，设计出“五段制管理实践”训练，将行动学习的“知”与“行”融入五个实践阶段中，要求学生在“做中学，学中思”，最大限度地开发其管理潜能。其中，第一段是企业调研和体验现场，学生按指导教师的要求完成相应的准备工作并在现场调研中自主性形成问题；第二段是头脑风暴和问题诊断，学生在指导教师的监测下回学校进行问题聚焦并据此自由组队，组长协调和分配组员的研究任务；第三段是团队合作和方案形成，各个小组通过 PPT 展示解决问题的不同方案，并由指导教师指导完成方案的修改；第四段是回馈企业和实践检验，所有学生再次进企业向企业高管陈述本组方案，学生回校后结合教师的意见和高管的建议再制订解决方案；第五段是总结提升和案例形成，学生交流实践体会并总结项目成果，指导教师可将方案综合提炼成教学案例并在教学中应用。指导教师综合学员专业、职业背景、个人兴趣等因素组成合作团队。指导教师作为教练带队实施，依循问题逻辑和“发现问题、分析问题、解决问题”的训练步骤，层层推进和不断深化，最后由企业来检验解决方案和训练结果，是一种真正的企业咨询式的行动训练。五段制管理实践训练在每个阶段依照严格的训练任务，对学生提出明确的训练要求。学生通过五个阶段的训练，达到“完善知识体系、增强问题意识、培养团队协作、贯彻反思学习”的目标。学生在通过项目训练和考核合格后，可获得相应的实践学分。

在高级管理行动项目中，H 大学 MBA 中心不仅需要在企业现实情境中训练学生们的综合职业能力，而且还要求参加其高级管理行动项目的学生和指导教师必须在实训基础上进行原创案例开发，形成可用于课堂的教学案例，并在此基础上进行案例研究。H 大学 MBA 中心特别选择了具有典型代表意义的本土企业，结合其管理现状和面临的挑战去激发 MBA 学生们思考。下文将选择最初的两个典型的高级管理行动项目实例来介绍高级管理行动项目是如何开展的，以及其如何提升 MBA 学生的能力并形成原创管理案例。

1. 宝尊的实践

2013 年 4 月 26 日，H 大学 MBA 参加五段制管理实践训练第一期项目的学生来到位于闸北工业园区的宝尊电商总部大楼来实施项目的第四个阶段：回馈企业，实践检验。项目小组经过大量的资料搜集，对目标企业进行行业中的定位分析，最终选择了针对宝尊电商"去淘化"的方案设计。宝尊电商 CEO 仇文彬对此很感兴趣，他指出"去淘化"是宝尊不能回避的问题，宝尊与淘宝之间的关系微妙，学生给出的方案有一定的高度，从电商平台的角度来考虑问题很到位，如果能结合宝尊切身的战略考虑与发展实际来呈现就更加完美。同时，仇文彬对 H 大学 MBA 学生在 PPT 展示时的逻辑思考能力、材料整合分析能力和表达能力也给予很高的评价。而另外一个项目小组则从品牌黏度的角度提出方案，虽然在制订方案的时候更多考虑方案的可行性和前后的逻辑性，但对于企业实际面临的经营环境和实际困难分析不够。仇文彬在认可方案主题的同时也直接指出了深度不够的问题。此外，在整个方案展示中，MBA 学生还针对电商企业普遍面临的仓储物流、品牌营销和消费者市场分析等问题发表自己的观点和提出自己的方案，也获得了宝尊高管们的高度认可。

方案汇报引起了企业的高度关注，而在这一过程中，从企业调研、体验现场到头脑风暴、问题诊断，从团队合作、形成方案到回馈企业，整整经历了一个月的调研与思考。宝尊电商副总裁马烈在每一小组完成方案阐述后都进行了细致、专业的点评，在最后的总结中提道："有的小组准确地点到了我们企业面临的问题，并提出了建设性的解决方案，有的则体现了独立思考的精神，给我们带来很大的启发，可以看出大家都下了很大的功夫，最终的展示都非常精彩。"仇文彬还特别指出："学员们的方案中，有 70%的观点与我们的企业不谋而合，我们听了很舒服，英雄所见略同；还有 30%的想法与我们企业制定的发展路径相悖,但是我觉得你们的分析很有道理,格外给我们启发,特别有价值。”

“看得到的提升”,这是 H 大学 MBA 五段制管理实践训练后学生们的普遍感受。在实践的不同阶段,MBA 学生们完成了组队及组员寻找、企业现状调研、行业环境分析、资料搜集与整合、方案思路梳理、PPT 制作等不同的具体任务。这一过程使得学生对实务性的企业咨询有了更深入的了解,也对大家的思维方式和团队协作有着极大的促进作用。同时,企业高管的点评也给 MBA 学生们带来了巨大的启发,“在反馈汇报时,聆听仇文彬对于企业的解读,体会最深的是企业家的战略高度及他们站在公司全局视角看待未来发展方向的全局观,这是我们 MBA 学生需要思考的问题和未来努力的方向”,MBA 学生如是说。

在后续的管理实践总结和分享会中,MBA 学生们进一步总结道:“管理实践项目是 MBA 学习的重要方式,能够学习到在书本课堂内学不到的东西,包括如何与不同经历、不同性格的小组成员沟通交流,如何参与团队的分工协作,如何面对不同思想观点的碰撞,如何在痛苦纠结的过程中坚持到底,如何转变思想,开放胸怀,更快更好地接受新的事物。”在五段制管理实践训练的最后一个阶段“总结提升、形成案例”中,MBA 中心实践训练的指导教师之一许鑫博士和 MBA 学生们进一步梳理和提炼管理实践中的点点滴滴,最后共同形成的原创案例《路在何方？电子商务服务商上海宝尊的选择》也成功入选了 2013 年“全国百篇优秀管理案例”。

2. 天擎的做法

第二个典型的五段制管理实践训练的目标企业是上海天擎信息技术有限公司。师生采取了与宝尊电商类似的环节设计和流程安排。2016 年 6 月 13 日,上海天擎的副总经理王文斌和广告策划部总监熊建华做客 H 大学 MBA 中心,听取不同小组 MBA 学生的汇报。他们在一个月前曾向学生们详细地介绍过公司的运营情况和管理现状。在经历一个月的调研和研讨后,各个小组对天擎公司有了充分的了解。从“以问题为导向的”的理念出发,学生们在分析天擎公司行业优势的前提下,对公司可能存在的问题进行了剖析，分别将目光聚焦于打造企业核心竞争力、组织结构优化、广告代理问题解决方案和人才流失问题的解决。

MBA 学生张吉林所在小组主张全面打造企业竞争力，寻求新的生存之道。他们首先对企业现状进行优劣势分析及行业前景的展望，认为天擎公司在小语种广告推广领域基本没有竞争对手，又具有良好的用户口碑，在现金流上也不存在问题，但是对上游厂商产品代理的过度依赖和缺乏具有核心竞争力的产品成为企业的“软肋”。随后他们对存在的问题及成因进行了详细的论证，并给出专业的建议与对策，引起企业高管的重视。而另外一个小组则从企业的组织能力入手寻找提升能力的“三驾马车”，希望助力天擎公司走得更远、跑得更快。在分析探讨过程中，该项目小组特意进行了同业参考，以火速公司作为天擎公司的参照系，从企业使命定位、企业文化打造、企业愿景三个方面入手，对比天擎公司现状，从而找出症结所在，指出天擎公司只有在战略上正确定位，再加上企业组织能力的提升，才会使得企业更加成功。其他的小组也都通过 PPT 展示和方案讲解展现了 MBA 学生应有的管理素养和风采风貌，对于企业现实问题的逻辑性分析赢得了天擎高管们的肯定。天擎公司王文斌副总经理认为学生们的方案都很有价值，在听取汇报的同时做了详细的笔记，并表示希望能获得学生们的 PPT 及汇报文件，以便更为深入地研究，同时也欢迎项目学生继续关注天擎公司。

“这是一个不断磨合、不断提升的过程”，MBA 学生张吉林说道。他们小组在制订方案时和其他小组一样经历了意见与分歧并存的阶段，甚至走了不少弯路。“正是前期准备阶段充分的讨论，甚至是争论，为接下来的方案厘清了思路，找到明确的方向，这像极了我们在企业中遇到复杂问题时的情境，有一种豁然开朗的感觉。”同样，MBA 中心实践训练的指导教师之一程贵孙博士也参与了学生们讨论的过程，经过进一步调研和思考，形成了原创案例《上海天擎：坚守还是转型?》，并最终获得了 2017 年“全国百篇优秀管理案例”。表 6—2 为 2012—2017 年部分高级管理行动项目。

表 6—2　　2012—2017 年部分高级管理行动(EMAP)项目

序号	项目编号	项目时间	项目主题
1	2012-001	2012 年 12 月	特立龙塑料:公司转型方案
2	2013-001	2013 年 3 月	宝尊电子商务:走进电商企业
3	2013-002	2013 年 5 月	上海天擎公司:专业搜索营销服务
4	2013-003	2013 年 11 月	华澳国际信托公司:探寻金融行业
5	2014-001	2014 年 4 月	宜信普惠:探索互联网金融的先行者
6	2014-002	2014 年 5 月	国元期货:探索互联网金融背景下期货发展的新机遇
7	2014-003	2014 年 11 月	东海瑞京资产管理(上海)有限公司:“互联网金融”背景下,基金公司何去何从?
8	2015-001	2015 年 4 月	微客来:探索 O2O 未来商业服务的先行者
9	2016-001	2016 年 11 月	悦来芳:探索传统老字号的营销方向
10	2017-001	2017 年 4 月	宝德:宝马 4S 店的售后服务管理策略
11	2017-002	2017 年 9 月	美加净:走进老品牌“美加净”　探究复兴之路
12	2017-003	2017 年 11 月	永昌菜市场:标准化菜市场的业态分析

此外,H 大学也会通过如定制化项目的形式创建教学与企业真实场景的深度融合来训练学生的职业能力。如 H 大学 MBA 开设了“商业数据分析”项目,借鉴全球顶级数据服务供应商专业性技术和资源平台,设计了深度实训模式。第一是务实的情境学习机会。H 大学立足企业实践,由美商天睿公司(Teradata)企业导师和学校导师共同指导学生深入企业实践项目,解决企业在数据管理和分析过程中的现实问题,提升学生的职场核心竞争力。第二是系统化项目实践体系。根据 MBA 学生们介入实际项目的程度,设计了“实验课程、虚拟项目实践、企业项目实践”三种递进的实践模式。其中,实验课程包括嵌入专业课的实验环节和单独的实验课程两类。虚拟项目实践是学生以项目组(每组十人)的形式参与其中,由教师与企业专家共同指导,通过模拟的真实问题完成虚拟项目,为进入企业项目实践做铺垫。企业项目实践是学生在完成虚拟项目实验课后进入天睿公司,合作公司跟进与完成项目(3 个月左右),将所学与实际操练有机结合。第三是真实项目的实践训练。H 大学采取直接进企业

项目组的形式进行为期 3—6 个月的实践训练。2016 年，天睿公司联络与提供了东航、移动、顶新三家公司的实践项目，每个项目均有企业专家指导与跟进。

H 大学基于真实企业场景设计开展的项目是对传统案例教学的有效补充和深化，形成了基于真实企业项目情境的案例教学的学习形式，而且这种情境的学习形式更为真实和深入，可以有效弥补传统课堂案例教学“纸上谈兵”的不足，真正将案例教学的内涵在课堂外进行延伸。在此基础上，H 大学以真实场景为依托，以 MBA 学生“高强度、高综合、系统性”的职业能力和创新能力提升为目标，在高级管理行动等项目的基础上继续创新实践训练的方式和方法，形成“多层次、进阶式”的实践训练体系和创新创业落地运营的训练模式，并构建了组织严密、运行高效的管理保障机制，形成了有效的职业能力培养新途径。

（二）以现实为指向，基于创新创业能力实施落地运营

1. 首创“创业实验室”模式，真实项目落地运营

“创业实验室”是 H 大学 MBA 在创业人才培养上的一种全新探索。创业学生、高校教师和企业高管三方协同，在现有创业课程与企业实践的基础上，由合作企业提供创业条件，要求学生根据合作企业的既定主题，进行创业项目设计和为期半年的实验运营。运营阶段由企业高管、高校教师和风投总监担任创业教练，进行全程护航与评估。学生真正通过“体验创业”获得深层次的“创业体验”，以“实验”的形式进行创业实践教育，提升创业成功率。以“书香汉庭”项目为例，由 H 大学 MBA 与华住酒店集团协同开设，学生根据华住酒店集团给出的创业主题、创业条件，进行创业设计和运营。2015 年 7 月，“书香汉庭”项目进入实际运营阶段。两个学生团队以自己的模式独立运作项目，在实践中不断地探索最佳的“书香”模式，给予顾客们最佳的酒店生活体验。2016 年 7 月，项目取得了基本成功并创新出一系列形式。项目受到社会及企业的广泛关注，《解放日报》《中国经营报》、人民网、中新网等主流媒体进行了跟踪报道。

2. 搭建链条式创业实践体系，培育创新创业能力

H 大学积极构筑创业教育及实践体系，形成了由创业专家讲座、创业故事分享、创业路演、实践基地、教授工作坊和创业俱乐部等组成的链条式创业实践体系，强化与培育学生的创新创业能力。学生通过修读“创业与投资”方向系列课程（含“创新与创业”“创业管理”“创业投资”“项目管理”“商业模式”等课程）和创业及融资方面的业界专家讲授的“创业与融资、上市”“企业注册法规、技巧、途径”“新三板——中小微企业融资新渠道”等专题讲座，梳理管理知识和训练创业思维；通过创业大赛，进行创新创业整合式能力训练。大赛要求参赛者提出具有市场前景的产品或服务项目并完成可行性和操作性俱佳的创业计划。创业计划基于具体的产品或服务，着眼于特定的市场、竞争、营销、运作、管理、财务等策略方案，细致、清晰地描述公司的创业机会，阐述把握这一机会创立公司的过程并说明所需资源。经过方案拟订和答辩，系统性地整合所学知识和进行整合式能力的提升；依托创业俱乐部，通过创业路演评估创业项目，根据储备项目成熟度分批次动态筛选和培育，不定期地组织路演活动，邀请校内外专家评估创业项目并帮助学生对接校外资本。在此过程中，H 大学与 H 大学国家科技园达成合作协议，建立创业实践基地并首创“教授工作坊”和“联络员＋辅导员＋创业导师”三位一体的孵化服务体系，聘请创业导师担任辅导员，为创业学生解读创业基金申请方法及其他政策，一对一地对孵化企业进行培训指导，促其成功创业。从创业辅导、创业路演再到与 H 大学国家科技园进行合作签约，H 大学为学生在创新创业培养体系上建立了完整的闭环并打通创业项目的落地环节，也为学生搭建了创新创业支撑链条式服务体系，为创业者提供了全过程全方位的服务。在此过程中，H 大学注重发现创业成果，将有代表性的创业项目整合成创业故事，定期刊发，为后续创业者树立楷模，也疏解创业困惑并提醒创业过程中风险如何防范。截至 2018 年年初，H 大学已推出创业故事 18 期（见表 6—3）。

表 6－3　　H 大学 MBA 创业故事清单

序号	发表时间	创业故事名称
第 1 期	2013 年 10 月	互联网思维让小众也有大未来
第 2 期	2013 年 12 月	爱车坊："爱车就是爱人"
第 3 期	2014 年 4 月	创业，是为了寻找最好的自己——儿童智能教育之梦
第 4 期	2014 年 6 月	华师 MBA 合伙人，从一起上课到一起创业
第 5 期	2014 年 9 月	面向未来，才能赢得未来
第 6 期	2014 年 10 月	MBA 是创业必修课
第 7 期	2014 年 12 月	打出一个新世界，3D 打印机助力行业创新
第 8 期	2015 年 4 月	点亮唐氏综合征儿童的希望之星
第 9 期	2015 年 5 月	创业，何须"万事俱备"
第 10 期	2016 年 6 月	创业就是快乐的积累
第 11 期	2016 年 7 月	做坚持"折腾"的创业者
第 12 期	2016 年 10 月	在环保的创业路上他一直在努力
第 13 期	2016 年 12 月	从容而行——住宅产业化的创新创业之路
第 14 期	2017 年 4 月	基于 LBS 的旅游服务创新
第 15 期	2017 年 9 月	声学材料界的创业女强人
第 16 期	2017 年 11 月	不止于教育的多元化集团发展之路
第 17 期	2018 年 1 月	创业再起航，为双肩"减负"
第 18 期	2018 年 4 月	创业"被"上路，却越行越勇

第二节　模式的成效和初步效果

H 大学的案例教学模式经过几年的积累，形成了显著的效果。H 大学面向国家工商管理人才培养改革需求，将 MBA 培养改革聚焦在案例教学体系的构建上，构建"案例研究—案例教学—案例实训"三位一体案例教学体系，打通了研究性案例、课堂案例教学、高管实务案例教学、综合案例课堂、全员案例大赛、多形式企业案例实训等培养环节之间的逻辑关系，并在各个环节中渗透职业能力训练的育人目标，使得各个环节相互影响、不断进阶、螺旋上升，形成一个互动循环的有机生态体。这种新型案例教学体系的构建破除了案例教学的传统做法，将能力训练注入案例教学，贯通在课程学习、专业实践、能力塑造、学位论文应用性导向以及职业发展潜在竞争力培养等方面，最终实现以训练学生职业能力为导向的案例教学向培养环节全面渗透的有效形式，探索以研究反哺教学，以教学训练能力，以实训塑造竞争力的培养路径和多情境、多形式、多层次进行训练的案例教学模式，提升学生的职业胜任力。

一、培养质量明显提高，学生效果评价良好

借助 H 大学案例教学体系的构建和改革，H 大学的 MBA 毕业生具有扎实的专业素养和很强的实践能力，呈现出强劲的发展潜力。本项成果在校内从 2009 年 9 月开始实施，直接涉及 8 个年级共 2 500 余人。从近三届毕业生各项数据来看，论文通过率逐年上升，毕业生薪酬和职位均有明显上升，学生普遍反馈教学手段和教学效果近几年有明显提升，在读期间分析和解决问题的能力获得较大提升，具体表现在：第一，有 20%的毕业生实现了职位提升，55%的毕业生年薪得到提升。近 1/5 的毕业生在毕业后较短的时间内实现了职位提升，成为企业高管（总经理和副总经理），其他毕业生也处于适合自身发展的工作岗位。第二，近半数的毕业生年薪得到提升，20%以上的毕业生年薪得到较大幅度的提升，10%以上的毕业生年薪超过 50 万元，提升速度普遍高于所在行业的平均水平。

经过对 H 大学 MBA 学生的调研，他们表示通过 H 大学 MBA 中心的案例教学方法，自己不仅在个人能力上有所提升，在人际能力、信息能力以及行动能力等方面的提升也都非常大，这说明 H 大学 MBA 案例教学方法的成功。通过多年深入观察、实践和总结，该模式的综合实施效果不仅得到学界的高度认可，也在各界学生的口碑中达成了共识。大家普遍认为 H 大学的案例教学模式具有较高的学理设计和育人效果，并通过

学生自发的、全面的参与度，可以充分得到印证。在案例大赛上，学生已经实现了全员参与，甚至尚未入学的新生也闻声而动、提前响应。H 大学案例开发赛事一经推出，就得到当届学生 90%以上的主动参与。该项模式的效果得到了学生的印证，所以在模式的推动上已经不需要采取任何学习机制或者行政手段，而是内化为学生自发和强大的内生动力和积极性。

在案例实训项目上，参与的学生也给予了高度的评价："穿着白大褂，戴上小帽子，闻着牙膏生产线上沁心的薄荷香，了解牙膏罐装与包装的全过程……有幸能参与美加净日化高级管理行动项目，以企业现存问题为结果导向，通过深入调研，与企业高管一同直面企业发展，运用所学知识在对'症'定案的同时为企业奉上'量身定制'的解决方案；借助这'第二课堂'，将理论结合实际，实现宽广的视野并加速成长"。——1704 郭亚云（美加净项目）

"非常感谢中心能为 MBA 学生提供一个可以将自身的经验及能力、所学理论和现实中企业遇到的问题相结合的实战机会！在参加该活动的过程中，我认识了一些非常厉害且谦虚的人，从他们身上学到了很多，比如相关领域的专业知识和能力，拓展了眼界，拓宽了思路。这次活动让有兴趣但缺乏相关领域经验的同学也有了更多的观摩和学习的机会。"——1703 张举（美加净项目）

"通过这次高级管理行动，我们深刻感受到 H 大学的 MBA 教育并不是纯学术性的学习。此次的高级管理行动不仅培养了我们积极的思考与合作能力，还拓宽了我们观察问题和解决问题的视野，让我们能学以致用，并从中了解自己的不足，从而进行改善。我们尤其要感谢中心安排小组操作的方式来进行此次体验，因为通过小组合作，让我们了解到合作的重要性，同时也能学习到其他同学的长处，为自己的未来添翼。"——1704 唐玲（宝德项目）

"在最后 EMAP 项目企业汇报中，我们获得了企业老总的认可和赞赏，所有的成员和带队教师都对我们最终的表现表示满意。最为高兴的是,同学们突然有一种自己成长了的强烈感受。EMAP 高级管理行动这种实践项目,是 MBA 学习的重要方式,我们能够学习到书本上、课堂上所学不到的东西,包括如何与不同经历、不同性格的小组成员沟通交流,如何参与团队的分工协作,如何面对不同思想观点的碰撞,如何在痛苦纠结的过程中坚持到底,如何转变思想、开放胸怀、更快更好地接受新的技术、新的事物。”——1703 陈宇(宝德项目)

借助创新创业实践训练环节的培育,学生自主创业蔚然成风且屡创新高,取得显著的成效和较好的社会效益。H 大学 MBA 在校学生已产生了 60 多项创新创业项目,其中,13 项科技创业项目入驻 H 大学科技园,5 项创业项目年销售额已超亿元,20 多项创业项目年销售额已过千万级。更有一批投身公益事业的创业学生,受到媒体关注与社会的广泛认可。自 2015 年以来,借助 H 大学提供的创业训练平台,一大批来自智能硬件行业、制造业、IT 行业、教育培训行业等众多的创业者获得了标志性成果。2015 级学员涂成平创立“有课互联”公司,服务于传统教育各阶段的教育培训机构,提供专业、稳定、灵活的技术解决方案,并于 2016 年参与 H 大学 MBA 创业俱乐部的路演,受到投资专家的辅导及资本对接。2017 年 5 月,中心为其对接 H 大学科技园进行孵化指导。6 月,公司入驻 H 大学国家科技园。6 月 14 日,契阔资本与“有课互联”签订了投资意向书和战略合作协议,达成了战略合作伙伴关系,旨在加强双方在教育信息化服务领域的合作,寻找投资和合作机会。2017 年 7 月 9 日,在第三届中国“互联网+”大学生创新创业大赛上海赛区复赛中,“有课互联”项目获得大赛二等奖。2017 年 7 月,2016 级学员郝丕常与尚未入学的 2017 级学员王建中在纳米材料的开发和应用方面一拍即合,走上合作之路,为双方公司业务的发展提供了巨大的新空间。2017 年 7 月,在第三届中国“互联网+”大学生创新创业大赛上海赛区复赛中,王建中创立的“中小学生书包减负方案——开创减负新品类”获得大赛二等奖并获得 Big Booster 全球创业大赛总决赛奖项。2016 级在校学员陈岩同学通过国家科技园顺利注册“上海誉洲信息科技有限公司”。2016 届毕业生张吉林在国家科技园创立“悦锦信息技术有限公司”，为国内外银行在中国合规经营提供金融监管科技支撑。自公司成立以来，平均增长速度超过30%，在行业中取得了很好的成绩。通过这些训练，H大学MBA学生获得了2014年“挑战杯”(创青春)全国大学生创业大赛MBA专项赛铜奖。

二、实训项目取得实效，企业反馈正向积极

案例实训真正培养了学生的实践能力，使得一批学员投身创新创业项目，自主创业蔚然成风，学生自主创业屡创新高，取得显著成效并带来显著的社会效应，目前已有爱车坊、宝尊电商等数家创业公司成功登陆创业板、新三板或纳斯达克。经过系统性实践训练，H大学MBA学生杨波同学的科技创业项目“使3D打印走进课堂”获得成功，其成果受到时任上海市市委书记韩正、市长杨雄等人的高度赞赏。3D打印机产品在2013年上海工博会展台上颇受关注，在中小学和大学课堂得到了广泛应用；与华住酒店集团合作的“创业实验室”项目中，H大学MBA两个学生团队分别获得汉庭门店“书香”项目的运营权，以自己的模式独立运作项目，在实践中不断探索最佳的“书香”模式，给予顾客们最佳的酒店生活体验。实施教学改革8年以来，学生在读期间创业项目已达到47项，目前已经有3位学员的科技创业项目入驻H大学科技园，学生创业企业营业额过亿的有5家，过千万级的有20多家。学生们表示正是H大学MBA重在实践和能力训练的培养，使他们的科技创业梦成为现实。

作为案例实训之一的高级管理行动，每个项目持续2个多月，每个项目向企业提供4—5个方案，迄今为止有5个方案被相应的企业采纳，产生良好的产学研一体化效果。全员撰写的管理案例报告有很多都已经过企业授权，并且不少优秀管理案例报告被相应的企业采纳，得到应用企业的积极反馈。其中，美加净总经理王琴认为“学生通过高级管理行动美加净项目很用心地分析了大量的市场竞争品，为美加净提供了大量的市场资讯，通过各个渠道搜集了大量的信息，形成的方案为美加净在日后的策略方向上提供了很多建议和灵感”。上海天擎副总经理王文斌先生认为

“在高级管理行动项目中，MBA 学生对公司做出了客观的企业问题分析，他们体现出来的创新思维和战略眼光给公司在人力资源、企业文化打造等方面提供了很多有益的建议。通过这次高级管理行动的合作，企业受到了很大的启发。这种行动学习的模式确实是推动企业管理创新的高效工具，对企业管理文化有借鉴意义”。华澳国际信托有限公司市场营销管理总部总监茅毅博先生认为“H 大学 MBA 开展的高级管理行动项目是给企业做的免费‘诊断’，MBA 学员们通过‘望闻问切’，给了大家另一种看待企业问题的视角。他们善于发问、善于思考，找出了企业现有管理机制中的一些薄弱环节，并且在组织结构、人力资源、方案执行等方面都给予了很好的建议和解决方案。这次行动使企业更好地明白在哪些方面还需要改进”。宜信普惠信息咨询有限公司宜信销售创新中心总监沈伟桦先生认为“高级管理行动项目将传统课堂式商科教育与先进的市场实践经验相结合，同时引进国外先进的行动学习理论。这个项目帮助企业更客观地审视企业的内部管理制度，也有助于开拓企业内部员工的思维和视野，从而更好地调整战略规划。此外，H 大学的很多 MBA 学生都是有着丰富工作经验的管理人员或创业者，他们非常专业地对公司进行了宏观性和系统性思考，对问题的诊断和建议与解决方案具有前瞻性和合理性。高级管理行动项目(EMAP)为企业的发展提供了智力支持”。宝尊电商 CEO 仇文彬先生认为“H 大学 MBA 师生思路活跃、视野开阔，尽管来自不同行业，但仍然很好地结合管理理论与实践，给宝尊公司的各项业务提出了极具价值的战略性建议和意见。希望能与 H 大学 MBA 长期保持类似的互动，增进高等院校与企业之间的了解和互助，为培养社会与企业需要的高级管理人才而尽宝尊的绵薄之力”。

三、业界学界高度认可，示范引领和经验辐射

中国管理案例共享中心对于 H 大学 MBA 案例教学的实践与探索给予了充分的介绍和极高的评价，认为 H 大学 MBA 这种“重在应用”的案例教学真正体现了 MBA 的特色，取得了极好的效果，值得全国 MBA 院

校同行借鉴。H 大学 MBA 对于案例研究和教学的前瞻性做法在全国 MBA 培养院校中赢得了极大的品牌效应，被中国管理案例共享中心树为案例研究和教学方面的标杆性院校。《构建以职业能力训练为导向的案例教学体系——H 大学 MBA 教育综合改革试点工作特色成果与经验总结》发表在《学位与研究生教育》(2013 年第 11 期)上。2013 年 1 月的全国案例中心主任联席会议上，全国 MBA 教育指导委员会、中国管理案例共享中心和全国各院校案例中心共同发起成立了“中国管理案例中心联盟”，H 大学成为首批 20 所常务理事单位之一。由 H 大学制定的全国案例比赛的标准、规范赛制和“大小 PK”比赛模式被中国管理案例中心作为首届全国管理案例精英赛的比赛规范，在中国管理案例中心组织的大赛组织委员会培训交流会上发布，并在全国各大赛区推广应用。

国务院学位办已将“全国百篇优秀管理案例”列入中国“工商管理”学科评估指标体系，案例研究和教学将成为考量国内 MBA 培养院校质量体系的重要参考值。其中，案例撰写方面，在 H 大学的 MBA 教学中，案例采编的来源有三个特点：基于真实的案例来源采编、教师们的研究(案例研究及案例采编与教学相结合)、学员们的实践(管理实践与案例采编相结合)。H 大学由学员自己创业的企业形成的原创案例成为教师采编为百优原创案例的重要来源之一，如《车管家：爱车坊公司的服务集成平台建设之路》获全国百优案例，以及原创案例《路在何方？电子商务服务商上海宝尊的选择》也荣获全国百优案例。截至 2017 年 6 月，H 大学 MBA 项目的教师百优案例数量达到 24 篇，在全国范围内仅次于大连理工大学和北京航空航天大学，总数量位居全国第四，而且四度获得“全国百篇优秀管理案例最佳组织奖”。

2017 年 6 月 1 日，H 大学 MBA 通过中国高质量的 MBA 教育认证，成为第 15 所(并列)获得该认证的 MBA 培养单位。《中国高质量 MBA 教育认证现场认证报告》给予了高度赞扬，“根据 MBA 项目人才培养的特点推动教学创新，在案例开发、案例教学和案例大赛方面取得显著成绩；高级管理行动项目践行知行合一的理念，培养学生综合分析和解决实践问题的能力和团队合作精神”。

四、社会口碑良好，媒体高度关注

（一）“学生中心，勇于探索”：合作企业对培养环节的评价

2010 年，H 大学与陆家嘴人才金港联合培养“人力资源管理与应用心理”MBA 项目启动。在前期筹备中，陆家嘴人才金港对 H 大学 MBA 项目的课程设置、案例教学、实习实践状况也进行了深入的了解和考察。经过一段时间的磨合和调研，陆家嘴人才金港给予 H 大学 MBA 项目以极高的评价，认为“课程设置科学、合理，有自己的特色和优势；课堂教学积极探索新的教学方式，融入体验式教学，采用团队式训练，变教师中心为学生主体；积极开展各类实习实践活动”。2014 年，H 大学与天睿公司合作“商业数据分析”MBA 项目，合作方与 H 大学选取真实的企业案例，组织学生落地运营。天睿派驻了一支强大的专业团队来对接项目运作，对 H 大学的整合式案例实训教学模式给予了认可，并认为企业在此指导的过程中也加强了对产学研的思考。2017 年，在就美加净日化公司的品牌战略的项目运营上，公司党委书记也对 H 大学 MBA 学生的案例解决方案给予了高度的认可，并就五段制训练形成的方案给予了高度的认可。基本上，企业雇主对 H 大学 MBA 毕业生比较一致的评价是善于学习、务实能干、有发展潜力和很强的团队合作精神，在地区享有较高的美誉度。企业对 H 大学培养体系环节的评价较高，部分企业还与 H 大学 MBA 项目建立了长期的人才培养合作关系。

（二）“精心设计，扎实培养”：MBA 校友对培养环节的评价

毕业校友给予 H 大学 MBA 项目以很高的评价。目前，H 大学 MBA 学生已毕业 3 000 余名。据调查，20％的毕业生在毕业后的较短时间内实现了职位提升。他们对 H 大学 MBA 项目给予很高的评价，一致表示通过两年半的学习特别是通过企业参访、讲座论坛、案例比赛等活动，让他们学会了从更多维度思考、判断和处理问题。案例赛事通过重在

应用的方式使得学生们在团队合作、沟通交流、逻辑分析、实战应变等方面真正训练自身的职业能力，提升自身处理企业的复杂管理问题的能力和职业胜任力。

H 大学 MBA2008 年第一届联合会主席华伟把在 H 大学 MBA 的学习经历视作职业生涯走向卓越的加速器。“H 大学的 MBA 积极学习一流院校的教学经验，精心打造 MBA 课程体系，并组织案例大赛等高品质的第二课堂活动，能帮助我们学有所成”。2013 级 6 班谢婧认为“案例大赛是将‘寓教于乐’发挥到极致，整个团队在‘玩’的过程中获得的不仅是超出课堂的知识，更是师生间良好的情谊。案例大赛为我们 MBA 生涯增添了浓厚的一笔，愿越来越多的学弟学妹参与进来，学有所获!”2013 级 5 班刘彬认为“48 小时或者 6 小时要出一个可以帮助企业腾飞的方案几乎不可能，但案例大赛的作用在于融汇课堂理论知识，掌握分析工具，结合实际经验，敢于直面质疑，控制压力，挑战自己的思维。有队友有对手都是让人兴奋的事”。2015 级 2 班孙萱认为“这是一次 H 大学 MBA 案例教学的验证之鉴，这是一场高校精英摩拳擦掌、唇枪舌剑的华山之争，这更是一场日夜陪伴，难舍难分，终日不被尘封的师生之情”。2015 级 3 班周蜜认为“案例大赛是 MBA 期间最值得难忘的一段经历，熬夜苦思，大量阅读，逻辑梳理，讨论思路，分工合作，回想起来仍历历在目”。2016 级 4 班郭蓓蓓认为“作为 16 级新生，有幸一路从校内赛走上全国赛舞台，难忘伙伴们彻夜奋战、默契配合；感恩老师们不眠不休，悉心指导。‘心至诚，路致远’，为身为 H 人而骄傲!”

（三）“创新思路，严格落实”：媒体对培养环节的评价

近年来，媒体对于 H 大学 MBA 项目的培养环节给予极高的评价。

首先，H 大学 MBA 项目对案例教学的高度重视赢得了媒体的一致好评，连续 9 届的校内案例大赛受到第一财经频道、《第一财经日报》《文汇报》《新民晚报》《东方早报》等各媒体以及新浪、搜狐、腾讯等几大门户网站的深入报道。《MBA 案例教学紧扣热点》一文云：“日前，H 大学 MBA 打造了一场特殊的案例大赛：由学生组队‘扮演角色’从公司治理结

构角度分析案例。据悉，如此紧扣热点的实战型案例教学在沪上 MBA 教学中独树一帜”（2010 年 9 月 21 日《上海商报》）。

其次，H 大学 MBA 在教学方式上的积极探索，如整合教学、体验性学习等引起了媒体的关注。《培养富情商、高智商、厚文商的 MBA》一文云：“H 大学 MBA 在教学方法上作出革新，按照综合性原则将不同的课程内容结合起来，注重整合教学，切实提高学生解决管理问题的能力”，“‘营销管理’的模拟课堂，旨在将营销管理理论运用于实践，全面领会课堂知识，结合 MBA 同学在工作中的实际案例开展营销活动并为企业制订营销计划和解决实际问题”（2010 年 11 月 22 日 MBA 中国网）。《体验性学习成 MBA 教学新举措》一文云：“（H 大学 MBA）沟通心理学课程融入了大量生动、活泼的心理和行为测验。每一节课开始，任课老师都会通过心理或行为测验，帮助学生进入情境。该课程结合大量丰富的现实案例，通过深入浅出的分析，引导 MBA 学生了解和掌握企业内外人际管理及沟通心理的原理和规律等心理学知识”（2014 年 12 月 27 日 MBA 中国网）。

最后，H 大学 MBA 项目在实习实践环节上的创新也引起了媒体的关注，得到了《解放日报》《文汇报》《青年报》《东方早报》等 10 余家报纸和专业网站的关注和报道，获得了良好的评价和高度的认可。《搭建管理实战平台 MBA 教育重在“操练”》一文云：“在项目实习上，H 大学 MBA 依托企业和行业组织，创新实习实践模式，形成企业与高校共同开展项目实训的机制。通过组织 MBA 学生深入企业，发现问题并开展诊断性研究，真正做到企业‘实战演练’。”“H 大学 MBA 还不断建立固定的社会实践实习基地，使得 MBA 学生和实训基地间形成网络化和长期的联系，使得学生的实践内容和企事业单位或相关职能部门的实际需求和实际问题相对接”（2013 年 12 月 27 日 MBA 中国网）。相关媒体报道文章如《H 大学首开先河，国美之争融入 MBA 教学》（2010 年 9 月 21 日《上海证券报》），《MBA 案例教学紧扣热点》（2010 年 9 月 21 日《上海商报》），《培养富情商、高智商、厚文商的 MBA》（2010 年 11 月 22 日 MBA 中国网），《搭建管理实战平台 MBA 教育重在“操练”》(2010 年 12 月 27 日 MBA 中国网),《体验性学习成 MBA 教学新举措》(2010 年 12 月 27 日 MBA 中国网),《H 大学 MBA 和上海紧密融合与世界无缝对接》(2011 年 5 月 15 日《东方早报》)。H 大学实践训练及学生创新创业培养吸引众多媒体高度关注,中央电视台财经频道、新华社、上海电视台第一财经频道、《解放日报》《文汇报》《第一财经日报》等媒体进行了深入的报道及后续跟踪报道。2017 年 3 月 23 日,上海电视台走进 H 大学 MBA 创业俱乐部,就专业培养、学生创业等方面进行了专题采访,并于 4 月 1 日在上海电视台《纪实》频道(企业热点栏目)黄金档播出。

(四)“特色鲜明,逻辑清晰”:网络舆论对培养环节的评价

培养环节的严格与否、培养质量的高低可谓 MBA 院校的“生命线”。近年来,H 大学 MBA 项目抓好课程和实践环节,严把质量关,为项目的跨越式发展打下了坚实的基础,也为项目赢来了极高的赞誉。在网络上,H 大学 MBA 项目以严把培养质量关闻名,案例教学也饱受赞誉。2011 年的跨文化商业案例大赛在网络上引起了广泛的关注。有网友在网上发帖称“H 大学 MBA 近年来发展神速,旨在提高教学质量的举措不断,这不,2011 跨文化商业案例大赛决赛——家乐福在中国即将拉开帷幕。各位看官,关注一下,必有受益”,引起了不少网友跟帖。2011 年,H 大学 MBA 教育中心有两篇案例获得第二届百篇优秀教学案例奖项,也引起了关注者的热烈讨论,不少网友对 H 大学扎实的案例教学表示肯定。对于 H 大学 MBA 项目的课程设置,网友的评价为“有逻辑体系”“富有特色”“把 H 大学的特色和优势融进来了,做得很实在”。关于 H 大学 MBA 项目的实习实践活动,在 BBS(Bulletin Board System)上常常掀起热议,网友多评价为“对企业的经营现状有了切身了解”“非常有趣的体验之旅”“有助于将所学知识和实际相结合”等。不少网友甚至会把自己实践的感悟、心得贴在网上,供大家分享。

第七章　思考与建议

鉴于此教学模式从理论到实证的研究，笔者针对如何有效实施工商管理专业学位人才培养案例教学模式提出如下思考和建议。

第一节　研究结论与思考

一、转变模式，以整合式案例教学模式实现学习迁移

案例教学模式的有效构建和应用是作为 MBA 人才培养模式改革的重头戏。自从 20 世纪 20 年代哈佛大学最先运用案例教学开始，案例教学在管理学教育中逐渐取得了良好的教学效果并形成了完整的实施步骤和操作程序。案例教学虽然被逐步推广到其他领域，并在实践中证明了其有效性，但是在现实中的应用效果不尽理想。这不是案例教学本身有问题，而是在国内应用过程中碰到了许多观念、体制和方法上的障碍，同时局限于课堂模式的简单应用，无法从一个良性循环互动的视角对采编、课堂、应用等进行建构。

现代大学集教育组织、学术组织和社会组织等多重身份于一体，基本价值观是“人、知识与社会”三位一体，而案例教学在创立之初就体现了较为一致的价值追求。先驱朗德尔认为案例教学是培养学生成为“有探究精神及批判能力的思考者”而不只是“重复背诵者”。因此，学生需要借助基于实务和问题导向的教学模式来培养这种能力素质。案例用“仿真”的

社会情景把课堂和实际行业联结在一起，秉承发展学习者的实践性与创造性能力的要求来彰显案例教学在育人上的价值。案例教学的机理凸显了知识的实践价值，也回应了社会的价值诉求。案例教学是师生围绕案例中的问题探讨求解的动态过程，包括课前学习准备、课中讨论互动和课后反思总结等。根据建构主义视角，案例教学的每一环节都为学生获得生长经验提供支持条件，促进其往特定方向成长。因此，整个教学过程的优化要站在系统的视角上思考，帮助学生获得经验的连续性与交互性成长。

中国的传统课堂教学模式以知识传授为中心，从教学的角度有其内在局限性。第一是教学链和学习链过短。教师和学生的关系局限在课堂上，知识信息和经验仅在教师和学生之间传递，这样的知识循环很难让知识和现实联系起来，容易导致闭路。教师作为学生"导师"的作用得不到有效发挥。而如果是学生通过教师指导先提出问题，接着广泛搜集信息资料、厘清思路再进行课堂交流，在互动中与教师及同伴的思想进行碰撞，这样的学习过程融入了学、思、创等多维训练过程，就会形成一个长链的教师教学和学生学习的过程。第二是教学和学习的宽幅过窄。一方面，关注课堂教学维度而忽视了第二课堂等衍生和补充性的培养环节会导致知识和能力的结构缺乏宽厚基础，或者说仅有知识维度但缺乏能力和素养的综合提升。仅以课堂案例教学为例，数量众多的案例教学可以有效培养学生"用中学"的沟通和分析等能力，但很难弥补"纸上谈兵"的短板，更难以使其在整合能力训练和行动执行力上获得综合提升，所以需要课堂外教学模块的补充，使每个模块发挥相应的育人功能，相互配合并相得益彰。另一方面，学科知识不够综合。课堂上的教学多以单科知识为主，很难打破学科之间的壁垒及形成整合式的学科融合培养，让学生能够在复杂的情境下训练自己的能力。如果辅以多形式、多情境的综合式训练模块，则可以有效打破这个内在障碍，而且在此过程中，教师也能够在方法指导、跨学科视角、实践能力上有所收获。第三是教学深度不够。教师过于看重教材案例的中心地位，容易忽视通过自身的实践形成的案例，更难创新。学生在此过程中学得不够深和透，知识只能停留在纸面分析上，而很难有效循环上升。因此将课内案例教学延伸到课外真实场景，将案例分成基础专题、综合辅助、实践拓展等模块进行分层次教学显得尤为重要。基础模块一般以课堂案例教学为主，以专题案例或简单的案例分析为载体讲述基础知识和基础技能来实现知识使用和分析小循环，目的是掌握一般意义上的核心知识，实现第一层次的理论应用小综合；辅助模块以案例课堂创新（实务讲座、高管课堂、综合案例分析等活动）为主要形式，可以选择一些综合型的大案例来进行一定知识层面的综合性训练，促使学生掌握专题领域的交叉知识；实践拓展模块一般选取真实场景中的"综合型案例"为载体，通过学生分组等形式来进行项目训练，以帮助学生通过真实案例项目训练进行知识整合和创新。这三个层次层层递进，相互作用，不断实现知识循环上升。此过程，辅之每个环节相应的考核方式和机制设计，引导学生将学习精力均衡使用，鼓励学生从传统教学课堂延伸到第二课堂，从课内延伸到课外，从纸面案例延伸到项目案例，从讲授讨论延伸到整合训练，使教学链、教学幅度、教学深度和教学形式等均得到改进，学习周期也相应延长，不再局限于课堂教学课时。这种层级递进的分段培养模式有助于学生构建"核心知识＋交叉知识＋边缘知识＋创新知识"的新知识结构训练体系，为培养学生的创新思维和综合实践创新能力提供了较好的训练模式。而且企业项目的实际训练也有助于学生贴近真实的企业生存和发展环境及企业经营过程，提高学生今后的岗位适应性和职业胜任力，也为教师团队如何加强应用型高级职业管理人才的培养提供了新的思路和有效方案。

（一）课堂教学环境的创设和流程的优化设计

首先是课前的充分设计。教师应高屋建瓴、志存高远，课前设计需要考查学生当前的职业背景、现有经验和理论水平，充分考虑并尊重学生的身心发展规律并精心设置目标，选择对学生能力提升具有一定的促进作用和经验生长具有一定的扩展空间的适切性案例。编制典型案例，除了结构验证和文字清晰，选取的事件需要契合学生现有的经验和能力水平，才能引发学生思考的积极性、兴趣和动机。案例设置的问题场景越贴近现实、越针对学习者难以把握的困惑点，此案例故事的选材及问题的质量就越高。管理中的问题没有标准答案，只有“最适合”的答案。在一个有冲突的管理情境中，学生必须得出不同的观点并进行深入讨论，失去这个前提，就不是案例教学。那些简单、稍加思考就能得出结论的管理问题不需要上升到“案例教学”的高度来开展学习。但如果问题设置得太难，超过了学生的能力范围，也会打击学生的探索积极性。教师日常应做个有心人，关注现实生活中的最新事件或典型案例，编定整理形成自己的教学案例库，以便为自己的教学活动提供可以直接利用的教学资源。其次是系统而严密的案例教学设计过程，如精心设置案例中需要讨论的问题，在呈现案例、引出问题后，根据杜威经验连续性原则，应对涉及案例问题的相关理论进行解释，促进学生更好地把握案例问题的关键。教师须进行相关领域知识的储备，以便对可能出现的拓展问题和补充信息、问题的可深入性和结果的多元性进行充分预测。教师应擅用课堂策略，掌控课堂的进程和讨论的节奏，有效引导学生课堂发言，避免无效讨论或讨论进入错误的方向，并通过提示、鼓励、激发等手段，营造轻松、浓厚的讨论氛围，以便更好地引导学生进行思考。根据教学需要，教师可以选择智囊团法、个别解决法、角色扮演法等适切形式引导学生更好地参与，而不局限于小组讨论或班级范围。教师还可设计多元的呈现方式，如视频、多媒体动画等，充分调动学生的兴趣，使学生更深入地把握案例精髓。最后是课后的全面总结和反思。教师应带领学生对讨论结果及整个案例教学过程进行总结，对独到见解加以肯定并指出不足，对案例问题的各种可能的解决方案进行评价，拔高问题的讨论层次并开阔问题解决的讨论视野，便于学生进一步理解案例涉及的知识点，同时提高其思维能力，推动和完善自我发展机制。教师在评价中注重解决方案的多元性和最优性，以引发学生对相关问题的积极关注。教师可以通过总结反思过程中各个环节的不足来改善教学；学生可以据此总结并形成案例报告，通过撰写过程，可以多层次、多角度、多侧面地对案例学习中知识技能、过程方法、情感态度等方面的变化进行全面梳理。回顾整个过程中的得失，对于师生来说这都是持续改进案例教学、提高案例教学深度和发展师生能力的重要环节。

案例教学从案例准备和呈现到案例的课堂分析与讨论，再到最后的评价总结，是一个环环相扣、互相联结的过程。教师在设计中需要用全局视角和系统思维去把握，做好对教学过程的掌控、引导和过渡，并且注重多元情境的创设及课堂策略的创新，增强学生对案例中矛盾冲突的体验和对问题理解的深度。

（二）课堂教学情境的优化和创设

通常来说，管理理论相对容易获得，只要花时间进行系统学习就能达成目标；但实践经验很难获得，需要极高的学习成本。在这一点上，案例教学法是较为理想的解决方案之一。案例教学既能够降低亲身实践的学习成本，又能获得实践经验。传统的教学模式倾向于直接讲解理论并举例说明，这种平铺直叙的培训讲解对管理者的学习成效的提升并不显著。在充分研究成年人的学习规律后，笔者发现管理者学习的最佳状态是在“受到伤害”后，即学生在某些场景下经受挫折[①]，并且通过观察会发现一个突出现象：管理者学习理论的热情远远不及将管理情境转换为案例进行探讨时候的热情。这说明在选择合适的教学方法并运用案例情境启发思考后，不同的学习者都能成为“享受学习乐趣”的人。通过教师设置的一些问题和情境冲突，学生们参与表现和争论。在这个过程中，教师可以抓住失误或者方案的缺陷进行打击，让学生骄傲的内心受到伤害，学生就能沉下心来虚心探讨并探寻最佳方案。由此，案例教学可以继续强化传统环节如教师角色、学生角色、案例选取、课堂组织、设施保障等方面。创新方面如创设多元化的课堂情境、多位教师针对一个综合案例实施的综合案例课堂、引入案例中的企业家角色（高管进课堂现身说法）、进行全案例教学（教师采编的案例集一般是某个领域的）、学生撰写案例报告、课堂

---

① 孙春岭.讲好故事，做好案例——案例开发方法、工具及应用指导[M].电子工业出版社，2017：78.

视频案例等多种形式可以作为有益补充。

（三）整合式案例的应用和实训活动的补充

案例教学的宗旨不是传授真理，而是通过案例讨论激发学生的潜能，训练学生得出答案的思考过程和高级思维。在此过程中，教师应该引导学生以案例中的角色身份去观察、思考案例中的问题并进行充分讨论与交流；学生可以通过碰撞发现自己分析的不足，也可以通过交流提升团队精神、全局意识和分析判断及问题处理能力。案例教学可以通过完善的教学评价体系引导和鼓励教师在增强管理实践的基础上主动学习和创造新型的案例教学方式。另外，教师也可以通过开展真刀真枪的训练来弥补案例教学“纸上谈兵”的短板，经过资源整合针对真实情境进行训练。如在2017年首届上海市MBA案例竞赛上获奖的复旦大学管理学院的“数据、模型与决策”课程教师黄达在接受采访时提出的：“案例教学不仅局限在课堂上，课后也是教学的好时机。数据分析适用范围广，而MBA学生的动手能力强，刚学完一个工具后，会将其立刻活用到自己的工作中去。对于学生来说，亲手做一遍比课上听十遍来得更有效，特别是在分析过程中犯错误，更是可遇不可求。学校是允许学生犯错的地方，从错误中学习也是学习的一部分。对于教师来说，与学生的课后交流一方面可以发现自己授课中需要进一步强调的地方，另一方面也可以拓展自己的知识面并发现新的应用，甚至新的案例。”案例教学除了讲求课堂教学策略和课堂情境创新，与线下管理实践的相结合也非常关键，一方面深化学生知识的自我建构，另一方面也是教师优化教学和发现新教学案例素材的良好渠道。各大院校已经各自探索形成的多种方式，如案例大赛、创新创业大赛、创业活动落地运营、企业咨询项目等都应该是案例教学体系中不可或缺的组成部分。

二、机制创新，形成案例教学生态圈良性运作的有效机制

（一）转变观念，切实加强对案例教学和案例选择的重视

案例教学是一个系统工程，教师将前沿的研究和对企业问题的理解

编写成案例，相当于将探究与批判的科学精神融入案例教学，学生在案例教学过程中注重知识的运用和创造，在讨论和分析案例中提升探究精神和创新意识。师生角色在案例教学中的有效发挥可以突破教学知识传递的传统内核，激发新的教学活力，创建出多层次的共生协同关系。在这样的系统里，既有案例中理论知识的传递，也有理论与实践有效结合的呈现，更有教学过程中民主与平等精神、合作与分享意识的彰显及师生观念的碰撞。通过这样的训练模式，教师能将教学和科研有效地结合和统一，以学术创新推进教学，在教学中培养学生能力，并在讨论、评价、反思中进一步提高反哺教学与研究。所以说，真正意义上的案例教学，不是各个环节简单组合的过程，而是相辅相成、相互促进，实现有效知识构建的过程。

虽然国内工商管理案例教学也有相当一段时间的发展，但文化和体制差异导致的对案例的误解或肤浅理解依然是各种案例教学乱象环生的根源。有的教师将案例误当做事例或举例，也有的教师把案例等同于吸引学生注意力的小故事，还有的教师不对教学目的和案例问题的匹配度进行分析，未梳理案例就直接使用，更有的教师认为这是一种不实用的舶来品，不如黑板粉笔式的传统教学模式更为有效，所有这些对案例不到位、不深入的认知导致案例教学面临阻碍。所幸，在较长时间的实践中，案例教学已经不断显示其在工商管理教学中的生命力。教师的工作重心在对案例教学形成科学认知的前提下慢慢转为如何有效地选取案例或者亲自采编案例。案例是案例教学的核心，案例的质量和选择直接影响着案例教学的目的与效果。

根据教师访谈和学生问卷，在案例选择上，教师和学生更倾向于选用贴合中国国情的本土案例，时效性强又有典型的代表性，教师用起来更有感情，学生学起来也更容易消化。国外的经典案例有其独特的生命力，但在选用时需要考虑是否能被学生接受，也要注意如何在讲授时平衡好中国特色与国际惯例，如对于涉及市场环境、法律法规的教学案例，经考察后能对其进行改编的尽量改编成本土化案例。此外，教师原创采编教学案例是更为有效的长期教学手段，一方面可以加强知识点、学生基本情况和案例情境构建的有效结合，加强教学的针对性，更关键的是可以在使用上增强对案例的驾驭，可以得心应手地放在课堂上使用，加强案例教学的深度和有效性。而且因为自己采编的案例，更有助于得到企业一手、真实而丰富的信息，也可以为企业专家进入课堂或提供相关教学支持留有空间。

（二）优化结构，做好案例库的内容建设

巧妇难为无米之炊，案例教学首先要有丰富且高质量的案例。为了保证案例源，在案例开发时，第一，应该在明确教学目标的前提下，选取有代表性、争议性的案例进行采编，并以可读性较高的方式呈现。在案例形式上，根据许鑫的调研报告，最受欢迎且效果较好的两类案例是情节较简单、针对性较强的应用式案例和真实性、全面性强，涉及知识综合且跨度较大的开放式案例。前者可以使学生在短时间内轻松学习到相应的知识和理论，后者则可以在真实、全面的管理情景描述中锻炼学生的分析判断和综合决策能力。短案例灵活性强，但说明问题的效果不如长案例。有趣的案例更能引起学生的兴趣，但内容有深度的案例则对提升学生的管理水平更为奏效。这需要在应用式案例和开放式案例、长案例和短案例、有趣和深度之间进行综合权衡。第二，要优化案例采编的结构，扩大知识点的覆盖面。案例库应该基本涉及不同的学科，覆盖不同规模、性质、行业、区域、类型及功能的案例。当然，每个案例库可以根据功能特点有一定的特色和建设重点。加强案例数量覆盖有限的 MBA 核心课程和非核心课程的案例开发力度，提升课程整体性案例教学及其知识点的涵盖比例，也为夯实 MBA 学生最为基础性的理论水平和实践能力提供保障。第三，着力分析非热门知识点的采编盲区，据此进行统一规划，引导相关教师补缺式采编，以求更好地覆盖管理教学的案例知识点。确定案例选题应注意区分轻重缓急和有所为、有所不为，优先选择教学工作中急需的案例主题、重点建设学科或课程的案例主题以及自身有能力和条件编写的案例主题。第四，及时更新和试用检验。案例使用有一定的保鲜期，每一个案例都应关注当下所面临的疑难问题。支撑案例的管理决策及教学原理可能是稳定的，但展示的事实材料应该与整个时代相应。在管理实践发展迅速和管理知识更新频繁的情况下，高质量的案例库应该做到内容及时更新，以保持时效性，由案例库专人定时增加新的案例和剔除价值不大的案例，使案例库能够跟上时代发展的需要。案例正式入库前应有试用过程并接受相关专家和课堂使用的检验。案例编写者根据试用结果，进一步对案例进行修改、完善，保证每一个入库案例都是优秀案例，而且也是可应用于教学课堂的案例，防止出现案例开发和课堂使用两张皮脱节的现象，在案例使用过程中引入用户评价，充分重视用户的反馈意见。

（三）整合资源，建立管理案例开发、共享和运行的平台渠道与有效机制

第一，设置案例采编基金，激励和认定教师案例采编成果。国外很多高校，原创案例编写被列为科研项目并在立项后配有较充裕的经费支持。如哈佛大学商学院每年都要拿出约 20 万美元用于案例的采编、写作。与国外相比，我国在案例采编上的经费支持尚显不足。根据大连理工大学 2016 年对各大 MBA 培养院校的案例采编经费及成果认定的调研，只有 4.7%的院校在百优案例开发经费支持上超过 3 万元，绝大多数的金额支持都停留在 5 000 到 30 000 元之间。案例成果经费的支持是很多 MBA 培养院校相对容易做到的。有关教育部门和培养院校可加大力度，设置案例教学研究基金，为编写难度较大的案例提供研究经费。案例公开发表后可进一步认定为科研成果，并在评定职称或给予奖励时予以相应认可，这样可以充分调动教师编写案例的积极性。

第二，推进校企合作，形成案例采编及应用的共建平台。培养院校应鼓励校友和合作企业为学校案例教学提供一手资料，并组织学校教师结合企业实际进行采编，给企业提供可行的解决方案。打通校企合作平台，有助于教师深入理解和把握企业问题，增加自身的企业实务经验并提升管理实践能力，也有助于教师获取有效的一手信息，并帮助原创案例采编及进入教学应用。再者，这种模式也能起到衍生性作用，如产学研项目的

形成和实践型、应用型人才的培养。

第三，加强院校联动，合力促进资源共享。根据许鑫教授所作的《上海市12所MBA培养院校的案例教学调研报告》，各大院校的案例教学水平和特色都各有优势及差异。如果能在案例开发和使用方面实现高校之间更高频度和强度的交流、互动与合作，可以帮助实现优势互补、取长补短和减小失衡的基本目的。例如，在案例开发方面，通过院校联动，形成共建共享平台，合理配置资源，联合开发有针对性、代表性、共通性及前瞻性的企业案例；在案例使用方面，可以采取优势院校带头、教师跨院校授课、共享案例、举办案例教学研讨会等方式交流协作，合力缩小差距、协调发展，充分发挥地方MBA教育指导委员会的作用，向其寻求资源支持，加快共建共享平台的建设，推进共享服务。地方MBA教育指导委员会可以分学科、分课程组织研讨，引导案例采编方向并统筹相关知识点的覆盖，以提升区域案例教学整体水平并促进各院校之间案例教学水平的协调发展。众多培养院校联合起来，根据自己的特长和优势重点开发某一领域的案例，共同建设一个案例库，供其他机构免费使用并免费使用其他机构开发和贡献的案例，这样既避免了资源浪费，又实现了成果共享。

第四，加强经验示范，促进整体水平提升。各大院校的案例中心可以依托商学院丰富的学术和社会资源，通过与国内外案例开发研究机构合作，以专业化的视角和严谨的态度，实现案例库发展的战略目标，建设“自主化、本土化、国际化”相结合的教学案例资源。各院校开展广泛的国内外交流，编写和出版案例集，总结经验、推广成果、扩大影响，共同探索并普及科学的案例研究开发模式和方法，借鉴国外案例库的成熟运作经验，建立案例选题、立项、评价及验收的全过程管理体系。

第五，协调规划，做好服务平台和硬件设施建设。虽然国内已经有一些较为典型和成熟的案例库，但是在使用中不乏服务不够完善等问题的凸显，如当前案例库存在检索功能弱、分类不够系统及案例库使用上缺乏合理、有效的指导机制等诸多问题。案例库的有效使用受到限制，需要在案例中心硬件建设和网络案例搜索软件开发上加大建设力度，以便顺畅地实现为用户提供案例查询、在线浏览、视频案例播放、案例下载等功能。此外，相应的案例服务平台未完全建成，需要加强与其他院校管理案例库的共享。通过购买或交换的方式获得利用外部案例资源的渠道，师生可以接触和利用到更为广泛的案例资源。各院校尊重案例教学的基本规律，顺应最新的技术和人体工学趋势，强化具有案例教学友好性的软硬件基础设施建设，为定制化、与时俱进的MBA案例教学的有效开展保驾护航。

（四）多管齐下，完善教师队伍的建设

为了实现高水平的案例教学，各院校还需要战略性地配备一支优秀的案例教学教师队伍并为其创造优越的案例开发、使用及教学的综合条件。这样的师资不仅要理论知识丰富，而且要具有相当丰富的实际工作经验、一线洞见能力及较强的发现问题、分析问题和解决问题的能力。高校应围绕以下四个方面着手改善案例教学师资队伍。一是建立教师实践性知识拓展的整体规划，设计对案例教学师资队伍实践能力的长期培训机制，有计划、有目标、有保障措施地将培养教师实践能力落到实处。如对教师实施带教和培训，拓展教师的国内外学术交流平台，案例教学中经验丰富的教师一对一地带教和示范，优秀教师开展案例教学公开课并参加国内外优秀的案例开发及教学研讨会（同时需要注意结合本土学生典型的学习模式和心智取向特征进行调整）等都是值得鼓励的基本举措。二是鼓励教师参与企业项目合作和社会实践活动，采取灵活多样的教师实践能力培训方式，从中获得并积累实践性知识，在实践中提炼出原创案例，形成可供教学使用的具有本土视角和实践指导意义的案例库。单位可以通过挂职锻炼、协同合作交流、社会调查、学术调研、参与政府或有关部门的管理决策等方式安排教师深入社会实践第一线来提高自身的实践能力，还可以借助指导学生实习或其他社会实践活动来提高教师的实践能力。在案例开发方面，各院校要鼓励相关师生在“产学研一体化”等视角下深入企业一线、动态观察并跟踪管理实践、撷取和凝练管理理念、建构更系统和全面支撑教学的案例知识体系并实现案例开发与案例教学的可持续循环。三是通过设计科学、有效的案例教学绩效考核和实施激励机制，提高教师在案例教学中的内驱动力。通过设立实践培训基金，补贴教师实践能力培训所需的费用，形成对拓展教师实践性知识的长效激励机制。建立培训教师实践能力的考核奖励制度，对积极参加社会实践活动并在产学研合作中做出突出贡献的教师给予表彰和奖励。四是实施“走出去，请进来”的双向流通举措，实行“教师到企业，企业管理者到学校”的双向流动，并形成一套制度，加以规范化和制度化，如安排一个课程组的案例教学需至少聘请 1 位兼职教师、案例讨论中请企业有关主管来主持次数不少于总次数的 1/5 等。

（五）重视案例教学的跟踪评估，创新考核方式

跟踪评估是评价案例教学效果的必要环节，有助于了解案例教学目标是否实现及案例教学实际效果是否良好，以便发现教学中的不足并加以改进。但通过访谈发现，案例教学课后评估未得到足够的重视，体现在既无相应的平台供学生反馈心得，也无正式的评估制度和体系跟踪后续效果。在案例评价上，第一，要重视案例教学的规范性建设。各院校需要正视当前案例教学不够规范的现状，建立标准化的教学流程，形成必要的指导性案例教学手册，就案例教学前如何精心准备、如何整体规划案例教学、如何确定案例教学目标、怎样和学生进行良好的互动、采用何种案例教学方式、课后应该如何总结归纳等关键问题进行界定和指导。访谈中，相当比例的教师提到了案例教学需要加强教师培训，并提出了可以通过教师课堂模拟和角色挑战的方式来观察和训练教师，也建议通过加强培训和研讨等方式进行教师学习共同体的建设。

第二，建议对案例考核方式加以创新。首先可以采用组间互评、组内匿名互评的方式较好地解决信息不对称的问题，使考核结果更为真实、有效；其次是加入第三方督导机构的考核意见，提高督导小组考核结果的权重，保证该机构成员不受师生和行政方面的领导和干预；再者可以增加案例企业方的考量，根据访谈中 YLF 教授提出的视角，以案例情境主角的视角去衡量案例教学效果。

第三，建立完善的教学跟踪评估制度，以评价是否实现了案例教学的基本目标。这往往能够反映出学生的管理能力是否得到提升、案例教学过程中存在哪些不足以及需要加以改进的地方。在这套跟踪评估制度中，反馈机制必不可少。对学生而言，可以将学习效果及之后的实践应用情况加以反馈，以便案例教学的教师能够根据学生的实际需要以及实际教学效果加以调整、改进和提升，从而真正促进案例教学的良好发展。

第二节　研究建议与展望

一、多点融合，不断推动中国管理案例的开发和优化

面对国内外管理教育的需求，中国管理实践已经产生了可以总结的经验，学界已具备了深入研究的能力。不少商学院如清华大学、中欧、大连理工大学等工商管理教育界的标杆或先行者，都在逐步完成从“拿来主义”到“自主创新”的转型。在上海市政府的支持下及在上海市 MBA 教学指导委员会的指导下，中欧在 2013 年 3 月 25 日开始筹备“上海 MBA 课程案例库开发共享平台”项目并于同年 7 月 18 日启动。同期中欧还建成了“案例建设指导委员会”“案例评估专家委员会”等运行机制，根据“聚焦中国问题，坚持国际标准”的原则确立了案例评审标准，并启动了中国工商管理国际最佳案例竞赛、案例大师成长营计划和案例法培训等各项建设任务。如上海财经大学商学院教学研究部负责人钟鸿钧教授所言：“中国工商管理案例库的案例质量较为稳定且围绕最新的中国问题，后者恰恰是哈佛大学商学院和毅伟商学院等全球案例库所缺乏的。”中欧的目标是“将案例教学法成为上海地区管理教育重要的教学手段，让中国的主题案例获得全球影响力”。

2010 年 9 月，北京航空航天大学（以下简称北航）成立了案例中心，并根据“国际接轨，国内一流，案例教学与案例研究并重”的战略目标分三阶段实施，用较少的资源快速实现了目标。第一个阶段，通过战略制定、

国内外合作、强制性业务活动等措施启动案例工作，聘请案例校外指导专家对学院教师进行培训，运用行政管理手段保证全院教师参加，普遍提高了教师对规范的案例开发和案例教学的感知和反应能力以及全员的认知水平。第二个阶段，借助全国百优案例评选契机，通过组织立项、封闭式写作、经验共享、点对点辅导、案例教学示范课、SPS案例研究方法研讨会等一系列活动，推动教师使用获奖案例开展教学或邀请案例企业和作者到场共同参与案例教学。北航利用 MBA 学生的企业资源，形成教师与教师、教师与学生合作开发高质量案例的模式，并使之成为北航的特色。第三个阶段，通过推广案例公开课，北航教师驾驭和规范案例教学的能力明显上升。北航注重团队作用的发挥，聘请骨干教师帮扶，固化与高水平学术组织合作等业务活动来扩大成果，形成教学案例开发和案例教学在组织内部的可复制能力。目前规范的案例教学团队已粗具规模。

北京大学建立了“中国企业管理案例库组建工程”，出版了《企业管理案例》等一系列丛书。大连理工大学建立国内规模最大的管理案例库并创办了《管理案例教学研究》杂志。中国管理科学院与 50 多所高校合作，搜集了 600 多个成功企业的实证研究案例，撰写本土案例并出版《中国企业管理科学案例教程》一书；清华大学投资 800 万元成立了自己的“中国工商管理案例库”，并由哈佛大学商学院前高级副院长沃伦・麦克法兰教授担任案例中心联席主任，也取得了哈佛大学商学院案例库和加拿大毅伟商学院案例库的使用权，为 MBA 教学提供了丰富的本土与国际案例资源。山东财经大学设立“鲁商案例库”，加强本土案例的建设与开发，一方面鼓励教师根据企业选定的研究方向进行案例采集和编撰，以实现案例双方共享；另一方面鼓励来自企业的学员编写案例，让学员成为案例的“生产者”，同时收集民间教育机构或个人开发的各种优秀的教育资源和案例。这些院校采取的一系列措施在一定程度上弥补了本土案例教学的缺点，但还有待继续创新发展。除了以上几大案例库，华南理工大学还成立了“华南管理案例研究中心”。中山大学成立了“亚太案例开发与研究中心”，购买了毅伟商学院的案例库并与哈佛大学商学院签订了《案例引进协议》,自主开发出中国本土案例库和亚太案例库并出版了一本教学案例集。南开大学商学院案例中心也通过将案例按学科、专业学位、系所与研究基地及科研项目进行分类的方式建设自身的案例库。四川大学的案例库建设处于案例征集阶段,是以开发具有自主知识产权的原始本土管理案例为主,同时以购买案例及相关专业组织的免费共享案例为补充。上海财经大学商学院 MBA 案例教学的信息化探索包括平台化、数字化和远程化三个方面。首先,双管齐下完善平台建设,分别建立案例库平台和微信案例平台,共享案例并推送全球优秀案例;其次,开辟以视频案例建设为重点的数字化案例发展模式,积极探索案例模式的游戏性与感官性创新;最后,以信息化和数字化为前提,综合运用二维码识别技术实现案例企业经理人的远程案例讲述。

案例库的建设是案例教学持续发展的源头。国内案例库的蓬勃发展有助于更好地将本民族文化经过整理、提炼成的案例文化背景呈现给学生,让学生产生天然的认同感,同时也可以将社会迅速发展和转型中中国的管理经验和管理故事以案例的形式承载和发展,做好管理经验的示范和实现管理教育的助推。

二、多元尝试,不断创新中国情境下 MBA 案例教学模式

与发达国家相比,我国工商管理硕士教育项目开展虽起步较晚,但随着我国管理教育的大发展,MBA 项目也有显著的发展。《国家中长期教育改革和发展规划纲要(2010—2020 年)》明确指出,要“创新人才培养模式,创新教育教学方法,探索多种培养方式”“注重学思结合,倡导启发式、探究式、讨论式、参与式教学”①。随着专业学位研究生教育的迅速发展,教育部和学位办在实践的基础上不断推进 MBA 培养模式的改革,而案例教学始终是培养模式改革的重心。全国 MBA 教育指导委员会以中国管理案例共享中心为平台,努力营造本土案例开发及案例教学的氛围,引

---

① 佚名.国家中长期教育改革和发展规划纲要(2010—2020 年)[J].中国高等教育,2010(z3):1—17.

导教师深入企业探索基于中国情境的管理模式，并引领国内各商学院大力探索培养模式改革，培养适合企业和社会需要的专业管理人才。审视各大 MBA 培养院校的实践和典型做法，案例开发、教学及实训项目的深入推进已成为国内高校推动 MBA 教学模式转变、提升师资水平和教学质量的重要手段，也成为中国情境下创建案例教学模式的有效探索和创造性尝试。

大连理工大学（以下简称大工）在 MBA 教育中积极探索案例教学方法的运用，建立了一套基于案例的有特色的培养模式。大工自 2011 年起全面推广全案例教学，对案例教学时间、课程知识点和能力训练点的覆盖及课程设计方案（含课程知识点和能力训练点、课程学习目标、课程教学计划、学生课程成绩评分标准等）等都有严格的要求，并在实施中取得明显的效果，特别是在教学方法、总体效果、能力提升等指标上有鲜明体现。2013 年，大工启动 MBA 新生案例分析专题活动并纳入全员参与的常态化必修环节。活动由教师进行前导性知识引入，然后教师带领学生团队集中训练和组织学生进行案例分析比赛，并由学生提出切实可行的解决方案，根据"组内异质、组间同质"的小组建制原则，将不同背景和专长的学生有效分组并要求他们在规定的时间内完成对一个企业面临的管理问题的分析并提出解决方案。这个项目要求学生有一定的理论知识储备及识别、解决问题的能力，当然还有沟通合作等软性技能的全方位要求。项目收获了学生的普遍认同，并为今后的全案例教学提供了技能和打下了实战基础。北航 MBA 中心打造"案例教学＋实践实验教学"的案例教学模式。北京航空航天大学（以下简称北航）利用 MBA 学生获得的企业资源，形成教师与教师、教师与学生合作开发高质量案例的模式。教师会将自己采编的案例引入课堂并能很好地驾驭。在案例开发过程中，北航通过实验的形式授课，把"决策优化"等课程在实验教学中模拟。清华大学经济与管理学院改变"坐而论道"的模式，尝试将案例企业的高管请入课堂与同学互动，并提出了"Living Case"（商务咨询实践案例）的教学模式，一方面依托商业化运作的案例库进行教学，另一方面通过教学促使案例库完善。清华大学的实践基地让学员接触一线案例、了解第一手资料,把中国特色和本土化实践融入教学过程。中山大学采取以案例为基础、以问题为导向的多种教学形式相结合的参与式教学模式。课堂教学采用教师讲授、研讨会、案例分析、角色扮演和专题报告等多种教学形式,在考试中实施课堂成绩、案例分析与期末成绩各占一定比例的结构成绩法。山东财经大学(以下简称山财)将案例教学贯穿培养全过程,每年举办全员参与实战性较强的管理案例精英赛和商业模式设计大赛,训练并培养学员的职业胜任力,设立"MBA·儒商·商道"讲坛,请大、中、小企业的管理者带着问题、故事和企业场景进入课堂并传授成功的经验及失败的教训,让学生在分享、咨询和互动中体会管理问题的破解之道。此外,山财还会请校友为在校生"现身说法"或组织学生到企业上课。华东理工大学(以下简称华理)借鉴国际先进经验,于 2006 年在国内率先尝试"Living Case"的案例教学模式,组织专业教师带领学生走进真实企业,通过咨询的形式解决该企业当前存在的真实问题,在实战中培养学生解决复杂问题的能力。通过每年组织 MBA 学生与国际合作院校组队研讨国际案例,几校学生在各方教师的指导下进行网上讨论并以小组为单位通过视频答辩的形式向外资企业管理层汇报,为企业管理层决策提供支持。该课程是对案例教学的一种提升,表现形式独特、内容新颖、实战性更强,为华东理工大学实施的"行动学习"与"Living Case 教学法"进行教学奠定了基础。这种案例教学模式充分运用课程教学、案例分析、商务模拟、专家论坛、参观考察、团队训练、创业大赛等多种形式,通过案例教学和具有针对性的实践项目,学生独立发现问题、实施计划并质疑反思;学生通过解决实际问题,掌握商业技能并塑造管理思维,从而构建起他们自己的经验和知识体系。这种模式也成为华东理工大学 MBA 教学环节中的一大亮点。上海外国语大学 MBA 特色课程由《商业评论》杂志于 2011 年携手上海外国语大学 MBA 项目共同开设并围绕未来的组织形态、企业 2.0、商业模式创新、创新管理四个系列展开。该课程精选《商业评论》中最具突破性和重要性的理念,结合国内外案例分析,帮助学生领略管理学前沿的知识和案例，让中国管理者在短时间内领会并运用。复旦大学重视“能力”培养，着力构建多维的学生行动学习交流平台，注重培养学生团队以及组织能力的发展意识，推动学生在活动中交流汇聚、激发成长。通过“MBA 商业咨询实验室（iLab）”这个形式多样且具有国际影响力的行动学习计划，从企业需求出发，围绕企业的发展（如市场开拓、国际化战略、企业组织结构、资本运作、商品化战略、行业竞争版图等方面）开展专项咨询或研究工作。学生以小组的形式（3—5 人/组）在学院教师的指导下，以企业外部智囊团的角色帮助企业剖析实际问题并提供解决方案与思路，一直领先国内 MBA 实践行动学习。华东师范大学“以问题为导向”，坚持围绕“一个企业多问题训练和一个问题多企业训练”两种模式，严格选择目标企业并组织学生到企业第一线的案例实境中提升管理实战能力。通过激发 MBA 学生、指导教师、代表性企业三方的积极参与，获得“教师获取企业经验、学员提升管理素养、企业获取外脑咨询、学校打造实践品牌”四方共赢的良好效果。上海财经大学 MBA 的会计学教学不仅以案例教学为抓手，注重会计课程的情节性，而且以沙盘模拟为依托，倡导会计理论的真实性，以整合实践为平台，强化会计知识的应用性，形成梯度式的 MBA 会计学科案例教学模式，使 MBA 会计学教学质量得到显著提升。一方面，商学院筹建了现代化的金融实验室以模拟商业实战环境，通过模拟实践训练学生的实际操作和决策能力，使学生能够获得非常逼真的学习体验；另一方面，商学院 MBA 会计学课程开辟了整合实践活动，其核心是行动学习，由会计学专业教授带队数名 MBA 学生结合会计学前沿理论和当下热点深入企业调研并提出有效的咨询建议和解决方案。

经济管理类学科中社会性的知识难以被结构化地表达出来，而案例教学能够构建起无限接近社会与企业的真实管理情境。在案例课堂中，由教师引导学生与情境进行反复碰撞，让他们亲历企业家和企业管理者的决策过程，对所涉及的管理问题进行深层次思考，最终形成科学、行之有效的思维方式和行为能力，完成知识和能力的自我建构，这使得案例教学法成为目前被国内外商学院广泛接受的一种教学方式。面对国内案例教学实施中不尽人意的部分，学界开展了多元而有深度的实践研究和经验总结，并在总结中提炼归纳、示范发展，形成了对多元有效的案例教学模式的探索。案例教学的发展和改革本质上是一场涉及知识观、教学观、师生观的课堂组织形式与教学手段的广泛变革，需要新型的教学文化与之相契合，才能形成有效的师生和生生关系，使教育性对话有效开展，彰显案例教学蕴含的创新意识和实践品质。整合式工商管理案例教学模式的构建和实施是对传统案例教学文化的发展与突破，消解了案例教学仅停留于简单的教学方法和教学技巧的观念，及时将社会实践的前沿成果融入案例，突出知识的应用价值，革新案例教学的组织形式和实施路径，着力培养岗位适应型和社会应用型的工商管理专业学位高端人才。发展至今，案例教学已经逐渐形成了着力于培养专业学位职业能力的有效模式。不过该教学模式也不是万能的，更不是完美的，需要在实践中不断反思、优化和创新。结合这几年各 MBA 培养院校中教师的"教"和学生"学"的观念与行为的悄然变化及案例教学模式探索中各种创新策略和举措的积累，国内案例教学模式未来大有可为，师生教学相长，案例开发、教学及应用等环节相互支撑、共同进步的良性循环生态值得期待。

参考文献

英文类：

专著：

[1]Gordon, Robet Aaron, James, et al. Higher Education for Business[M]. New York: Columbia University Press, 1959.

[2]Lyman, W. Porter, Lawrence, et al. Management Education and Development: Drift or Thrust into 21st Century[M]. New York: McGraw-Hill, 1988.

[3]Mary, R. S. Case Study Applications for Teacher Education[M]. Allyn and Bacon, 1999:2.

[4]Mintzberg, H. Managers not MBAs: A Hard Look at the Soft Practice of Managing and Management Development[M]. San Francisco: Berrett-Koehler Publishers, 2004:7—11.

[5]Pierson, Frank Cook. The Education of American Businessmen: A Study of University College Programs in Business Administration[M]. New York: McGraw-Hill, 1959.

学术期刊：

[1]Arne, T. The Multiple Case Method[J]. *Journal of College Science Teaching*, 2002, 32(2): 94—97.

[2]David, A. Garvin. Making the Case: Professional Education for the World of Practice[J]. *Harvard Magazine*, 2003, (58): 9—10.

[3]Matthews, M. R. Constructivism and Science Education: a Further Appraisal [J]. *Journal of Science Education and Teaching*, 2002, (2): 121—122.

[4]Shechtman, Z., Pastor, R. Cognitive Behavioral and Humanistic Group Treatment for Children with Learning Disabilities[J]. *Journal of Counseling Psychology*,

2005,52(3):324—328.

[5]Towl,A. R. ASCI Case Collection[J]. *Journal of College Science Teaching*, 1963,(6):293.

[6]Watson,S. R. The Place for Universities in Management Education[J]. *Journal of General Management*,1993,19(2):14—42.

中文类:

专著:

[1]阿巴斯·塔沙克里,查尔斯·特德莱. 混合方法论:定性方法和定量方法的结合[M]. 唐海华译. 重庆:重庆大学出版社,2012.

[2]陈向明. 在参与中学习与行动:参与式方法培训指南[M]. 北京:教育科学出版社,2003.

[3]傅永刚,王淑娟. 管理教育中的案例教学法. 第2版[M]. 大连:大连理工大学出版社,2014.

[4]孙军业. 案例教学[M]. 天津:天津教育出版社,2004.

[5]吴世农,仝允桓. 中国MBA教育实践与探索[M]. 北京:机械工业出版社,2001.

[6]余凯成. 中国企业管理案例[M]. 北京:中国经济出版社,1993.

[7]约纳森. 学习环境的理论基础[M]. 郑太年,译. 上海:华东师范大学出版社,2002.

[8]赵纯均,雷耀,赵斌. 中国管理教育报告[M]. 北京:清华大学出版社,2003.

[9]郑金洲. 案例教学指南[M]. 上海:华东师范大学出版社,2000.

[10]朱方伟,孙秀霞,宋昊阳. 管理案例采编[M]. 北京:科学出版社,2014.

学术期刊:

[1]鲍建生. 课堂教学视频案例:校本教学研修的多功能平台[J]. 教育发展研究,2003(12):18—22.

[2]曹华林,陈春华,谭建伟. MBA管理者胜任素质模型实证研究[J]. 重庆理工大学学报(社会科学),2016,30(11):75—81.

[3]曹正文. 把握案例教学的几个关键点[J]. 太原大学教育学院学报,2008(6):46—49.

[4]蔡波，傅青，胡凯.基于实证分析的管理学案例教学探讨[J].全国流通经济，2011(z4)：57—58.

[5]曾莉，韩之璐，聂静.加强高校案例教学　促进教学方法改革[J].四川理工学院学报(社会科学版)，2007(10)：152—154.

[6]柴小青.关于工商管理教学案例库建设的思考[J].中国市场，2009(5)：124—125.

[7]陈黎琴，赵恒海，刘丽，等.基于认知视角的工商管理案例教学难度适用性研究[J].管理案例研究与评论，2011，4(1)：86—91.

[8]陈立群，常颖.对MBA案例教学“困境”的断想[J].学位与研究生教育，2003(8)：24—26.

[9]陈茔，谭洁，熊伟.基于建构主义的问题驱动式教学法探索[J].当代教育论坛(教学研究)，2010(9)：59—61.

[10]陈潭，程瑛.Seminar教学法、案例教学法及其课堂教学模型构建[J].湖南师范大学教育科学学报，2004，3(4)：57—59.

[11]戴文博，朱方伟.案例教学知识转移机理研究[J].管理案例研究与评论，2013，6(6)：501—511.

[12]杜鹃，陈玲，徐爱荣.在案例教学法中要重视案例库建设[J].上海金融学院学报，2005(3)：61—63，71.

[13]冯冈平，赵志鹏，林泽燕.建构主义的嵌入式创新课堂教学模式研究[J].高教学刊，2016(1)：13—15.

[14]傅小悌.案例教学的运作原理[J].浙江师范大学学报(社会科学版)，1997(4)：100—103.

[15]傅永刚.案例教学对于MBA学员管理能力提升的实证研究[J].管理案例研究与评论，2009(8)：126—127.

[16]高原.提升MBA质量乃当务之急[J].上海企业，2002(7)：28—29.

[17]郭德红.案例教学：历史、本质和发展趋势[J].高等理科教育，2008(1)：22—24.

[18]郭俊辉，李长安，王富忠.三因素框架下的案例教学效果的实证分析[J].电化教育研究，2009(12)：96—101.

[19]郭忠兴，许恒周.公共管理类课程案例教学效果探析[J].中国农业教育，

2012(5):89—92.

[20]郭忠兴.案例教学过程优化研究[J].中国大学教学,2010(1):59—61.

[21]何克抗.建构主义的教学模式、教学方法与教学设计[J].北京师范大学学报(社会科学版),1997(5):74—81.

[22]何志毅.对中国企业管理案例库建设的思考[J].当代财经,2003(1):93—95.

[23]何志毅,孙梦.中国工商管理案例教学现状研究[J].南开管理评论,2005,8(1):91—95.

[24]赫连志巍.案例教学中引入第三方评价的讨论方法[J].教学研究,2009(1):53—55.

[25]侯广辉.案例教学的全面质量管理方法初探[J].科技广场,2007(2):126—127.

[26]黄劲松.基于建构主义的工商管理案例教学方法论[J].管理案例研究与评论,2009,2(5):350—355.

[27]黄锦章.关于案例教学的若干理论思考[J].汉语学习,2011(2):68—74.

[28]黄燕玲,赵易.人力资源管理课程实践教学探索[J].现代经济信息,2013(12):369—370.

[29]姜爱萍,任波."协作学习"法在案例教学中的应用研究[J].长春理工大学学报,2010(7):88—89.

[30]胡思琪,张影.基于"活动—角色"中心的高校课堂案例教学模式研究[J].黑龙江教育(高教研究与评估),2017(7):26—29.

[31]胡伟,李豪,李婧.会计硕士专业学位研究生案例教学研究[J].当代教育理论与实践,2018,10(1):109—114.

[32]蒋关军.理论追溯:案例教学何以成为可能[J].教育学术月刊,2008(8):82—84.

[33]蒋宁.案例教学在工商管理专业教育中的应用[J].交通高教研究,2003(5):66—70.

[34]兰霞萍,陈大超.案例教学的问题与出路[J].教学与管理:中学版,2017(4):1—4.

[35]李变兰,田琳,肖荣,等.案例教学法的支持系统——案例库建设[J].中国高

等医学教育，2008(10)：108－109.

[36]李明武，张天勇.我国管理学科案例教学存在的问题及对策[J].经济与社会发展，2004(4)：173－175.

[37]李佩武，李子鹤.论教学模式及其演变[J].教育探索，2010(8)：33－35.

[38]李太平，戴迎峰，黄富琨.案例教学困境及其超越的文化思考[J].高等工程教育研究，2017(4)：165－168.

[39]李如密.关于教学模式若干理论问题的探讨[J].课程・教材・教法，1996(4)：25－29.

[40]李兴旺."本地化"案例教学的探索：实践与认识——以工商管理类专业的"本地化"案例教学为例[J].中国大学教学，2011(5)：59－61.

[41]李玉霞.案例教学应用研究[J].西安欧亚学院学报，2009，7(1)：55－57.

[42]李忠如.试论课堂案例教学的基本理论与实践[J].教育理论与实践，2002(4)：54－59.

[43]连莲.国外问题式学习教学模式[J].福建师范大学学报，2013(4).

[44]梁洁.参与式案例教学模式在《公共财政管理》课程中的应用研究[J].大学(研究版)，2017(11)：42－47.

[45]梁颖.多维立体案例教学模式——以《公共部门人力资源管理》课程为例[J].高教学刊，2018(5)：100－102，105.

[46]刘刚.哈佛商学院案例教学作用机制及其启示[J].中国高教研究，2008(5)：89－91.

[47]刘唐宇，朱景扬.管理学案例教学实效性影响因素研究——基于福建农林大学的调查[J].科技和产业，2013(6)：92－96.

[48]刘彦文，管玲芳.案例教学效果评价指标体系的实证研究[J].管理案例研究与评论，2008(4)：69－75.

[49]刘义，高芳.情境认知学习理论与情境认知教学模式简析[J].教育探索，2010(6)：88－89.

[50]刘志迎，张孟夏.工商管理教学案例的课堂检验探讨[J].管理案例研究与评论，2017，10(4)：419－428.

[51]罗立彬.近年国内案例教学研究进展[J].教育教学论坛，2015(11)：166－168.

[52]罗银科,雷云.对案例教学法实施的再认识[J].教学导刊,2003(12):70—72.

[53]苗雨君,盛秋生,邵仲岩.工商管理类专业企业管理案例教学理论与实践研究[J].产业与科技论坛,2007(6):108—109.

[54]那文忠.模块式分层案例教学的实践与思考[J].理论界,2010(11):209—210.

[55]欧阳桃花.试论工商管理学科的案例研究方法[J].南开管理评论,2004(2):100—105.

[56]庞博慧.案例教学在管理类课程中的应用[J].经济研究导刊,2011(5):227—228.

[57]邵一明.提高战略管理课程案例教学效果应注意的几个问题[J].江苏工业学院学报,2005(12):93—96.

[58]盛群力,马兰.为学生的有效学习系统设计教学[J].宁夏教育,2003(12):13—17.

[59]师慧丽,徐超.德国"自主学习和能力导向"教学模式及其启示[J].职业技术教育,2013(3):84—86.

[60]石雷山.不同学习理论下的迁移观[J].内蒙古师范大学学报,2006(7):15—18.

[61]史雯婷.专业学位研究生教育的基本属性探讨[J].学位与研究生教育,2004(10):32—35.

[62]宋华明,杨慧,马义中,等.分时段管理案例教学法研究[J].管理案例研究与评论,2009,2(6):430—434.

[63]宋萑,李子建.建构主义:实践的反思[J].福建师范大学学报(哲学社会科学版),2008(1):142—147,163.

[64]苏宁峰.基于问题的案例教学设计[J].厦门教育学院学报,2007(4):49—52.

[65]孙超平,周陶,张昌华,等."识—思—行"三位一体的MBA知识共享路径研究[J].合肥工业大学学报(社会科学版),2015,29(1):136—140.

[66]孙海明,朱梅,朱伟华.支架式教学模式与传统教学模式的比较研究[J].吉林化工学院学报,2014,31(12):31—34.

[67]孙建渊,涂坤凯.专业学位研究生案例库全过程建设研究[J].教育探索,2016(12):76—79.

[68]孙思忠,李金霞.关于案例教学的哲学思考[J].山东行政学院山东省经济管理干部学院学报,2006(2):105—107.

[69]孙伟,杨文.工商管理学硕士研究生参与管理案例教学的影响因素研究[J].武汉冶金管理干部学院学报,2017,27(3):33—39.

[70]孙艳东.管理学运用案例教学模式存在的问题及对策[J].广州市公安管理干部学院学报,2009,19(3):63—64.

[71]孙雨生,程亚南,朱礼军.基于MOOC的高校教学模式构建研究[J].远程教育杂志,2015,33(3):65—71.

[72]唐世纲.论案例教学的基本理念[J].哈尔滨学院学报,2007(7):136—140.

[73]唐世纲.试析案例教学的教学论意义[J].内蒙古师范大学学报(教育科学版),2006(12):82—85.

[74]陶虎,张宁.基于职业胜任力的MBA案例教学探讨与实践——以山东财经大学MBA项目为例[J].实践探索,2017(11):50—51.

[75]王冰,尹涛,吕廷杰.论基于建构主义的探究性学习与知识创造过程[J].天津大学学报(社会科学版),2008(2):176—181.

[76]王炳成,曾丽君,杨芳.管理类研究生案例教学法效果的实证研究[J].高等财经教育研究,2013,16(1):34—39.

[77]王福平,李刚,黄建国.基于校企合作模式的钻探专业案例库研究与建设[J].高教研究与实践,2016,35(1):74—77.

[78]王刚.基于一体化模式的我国MBA教育案例教学研究[J].内蒙古财经大学学报,2016,14(4):112—116.

[79]王国元.《组织行为学》的案例教学[J].成人高教学刊,2006(1):50—52.

[80]王华荣.案例教学的理论与实践基础浅析[J].忻州师范学院学报,2007(5):51—52.

[81]王欢.基于建构主义的新型教学模式和教学改革的结合[J].鞍山师范学院学报,2005(2):82—85.

[82]王沛民.研究与开发专业学位刍议[J].高等教育研究,1999(2):42—46.

[83]王淑娟,胡芬.MBA教育中的案例特色培养模式探索[J].学位与研究生教

育,2014(4):33—37.

[84]王淑娟,胡芬.中国商学院管理案例库建设的现状及对策[J].学位与研究生教育,2008(9):42—45.

[85]王淑娟,王晓天.管理案例教学中案例难度适用性的实证研究[J].管理案例研究与评论,2008(4):84—86.

[86]王淑娟.项目管理思维在教学案例采编中的应用——《管理案例采编》书评[J].管理案例研究与评论,2017,10(2):225—226.

[87]王文静.中国教学模式改革的实践探索——"学为导向"综合型课堂教学模式[J].北京师范大学学报(社会科学版),2012(1):18—24.

[88]王秀芝.案例教学中需要研究的几个问题[J].中国高等教育,2006(12):44—45.

[89]王媛,刘晓雪,吕晓璐.建构主义视角下"以学生为中心"的教学模式创新[J].教育教学论坛,2017(40):110—111.

[90]文福荣.建构主义学习迁移观及其对教学的启示[J].湖南广播电视大学学报,2009(1):116—118.

[91]文茂伟,蒋勤峰,田晓明.行动学习再认识——整合发展个人领导力和组织领导力方法的视角[J].现代管理科学,2009(1):49—51.

[92]吴立忠.关于案例教学的比较分析[J].教学与管理,2011(5):7—9.

[93]武亚军,孙铁.中国情境下的哈佛案例教学法:多案例比较研究[J].管理案例研究与评论,2010,3(1):130—135.

[94]谢晓专.案例教学法的升华:案例教学与情景模拟的融合[J].学位与研究生教育,2017(1):32—36.

[95]徐东华,赵冬,李艳.案例教学模式优化探索与实践[J].北京电子科技学院学报,2017,25(3):70—80.

[96]徐延宇,汤小红.案例教学理论基础探析[J].学位与研究生教育,2002(2):38—40.

[97]徐拥军,宋扬.管理案例库建设的组织与流程[J].管理观察,2008(11):201—202.

[98]严学军,张新国.分析性案例教学法研究[J].湖北商业高等专科学校学报,2001(6):56—58.

[99]严志勇.中国MBA案例教学体系建立的思路与方法探索[J].华东经济管理,2001(8):150—151.

[100]央青.工商管理案例库对国际汉语教学案例库建设的启示[J].民族教育研究,2013,24(5):88—93.

[101]杨宝,陈丹蕾.管理会计教学案例库建设的若干思考[J].高教学刊,2015(14):56—57.

[102]杨光富,张宏菊.案例教学:从哈佛走向世界——案例教学发展历史研究[J].外国中小学教育,2008(6):1—5.

[103]杨开城,张晓英.教学模式到底是什么[J].理论模式与争鸣,2008(4):12—15.

[104]姚莉.支架式教学模式应用探究[J].科技信息,2010(4):128—129.

[105]姚梅林.当代迁移研究的趋向[J].心理发展与教育,2000(3):55—58.

[106]叶康涛.案例研究:从个案分析到理论创建——中国第一届管理案例学术研讨会综述[J].管理世界,2006(2):139—143.

[107]佚名.国家中长期教育改革和发展规划纲要(2010—2020年)[J].中国高等教育,2010(z3):1—17.

[108]佚名.教育部、人力资源和社会保障部关于深入推进专业学位研究生培养模式改革的意见[J].中华人民共和国国务院公报,2014(2):47—49.

[109]余国新.管理学案例教学的思考[J].黑龙江教育(高教研究与评估),2007(Z1):107—108.

[110]余闻婧.案例教学中教师“实践性知识”的建构[J].教育理论与实践,2009(11):44—46.

[111]俞明南,刘俊美,董大海.MBA课程体系调整与管理思维的培养[J].学位与研究生教育,2005(2):32—36.

[112]张富春.MBA企业实践案例教学的设计、实施与改进[J].山西财经大学学报(高等教育),2009(2):21—23.

[113]张宏亮.案例教学中学生深度参与行为的实证研究——以高职文科专业为例[J].厦门城市职业学院学报,2014,16(3):52—56.

[114]张宁,陶虎.基于职业胜任力的MBA课程体系创新与实践[J].教育教学论坛,2017(47):1—2.

[115]张新平. 论案例教学及其在教育管理学课程中的应用[J]. 成人高教学刊，2002(10)：50—52.

[116]张忠. 我国管理学案例教学存在的问题和对策[J]. 前沿，2006(12)：79—81.

[117]章昌平，闫春. 经管类大学生创新创业案例情境教学的拟态环境构建[J]. 高教论坛，2017(11)：44—50.

[118]章友达. MBA 教育是一种硕士研究生层次的职业教育[J]. 闽江职业大学学报，2000(2)：7—9.

[119]赵丽，袁华. 基于应用型人才培养的案例教学探究[J]. 黑龙江教育(高教研究与评估)，2017(7)：81—82.

[120]郑洁. 浅谈我国 MBA 课程设置中的不足[J]. 学位与研究生教育，1999(6)：25—26.

[121]钟启泉. 改变"学力观" 保障"学习权"[J]. 河南教育：基教版，2001(9)：1.

[122]周龙. 简析工商管理教学中案例教学的应用[J]. 中国市场，2017(30)：233—234.

[123]周梅妮，张振威. 高校案例库建设评价指标体系研究[J]. 西南交通大学学报(社会科学版)，2008(3)：101—104.

[124]周宁，韩小汀，欧阳桃花，等. 从敏捷性视角谈知识生态系统的构建——以北航案例中心为例[J]. 管理案例研究与评论，2015，8(2)：173—188.

[125]周新华. "案例教学"的实践与思考[J]. 上海教育科研，2002(3)：51—53.

[126]周英男，陈芳. 建构主义理论在 MBA 案例教学中的应用研究[J]. 管理案例研究与评论，2008，1(1)：68—72.

[127]朱国军，张宏远. 地方普通高校"企业战略管理"课程案例库的建设与运用[J]. 淮海工学院学报(社会科学版)，2011，9(18)：84—86.

[128]朱瑞华. 案例教学的实践与思考[J]. 现代商贸工业，2007(2)：69—70.

[129]庄晖，高松，汪金爱. 传统 MBA 教育模式的反思与创新[J]. 上海管理科学，2013，35(5)：101—104.

[130]邹碧金，陈子辰. 我国专业学位的产生和发展——兼论专业学位的基本属性[J]. 高等教育研究，2000(5)：49—52.

[131]德鲁克. 21 世纪的管理挑战[J]. 全国新书目，2000(7)：82.

学位论文：

[1]曹方方. MBA 教育的教学模式研究[D]. 沈阳师范大学，2014.

[2]柴旭东. 基于隐性知识的大学创业教育研究[D]. 华东师范大学，2010.

[3]陈家刚. 认知学徒制研究[D]. 华东师范大学，2009(5).

[4]陈亮. 体验式教学设计研究[D]. 西南大学，2008.

[5]胡小勇. 问题化教学设计[D]. 华东师范大学，2005.

[6]金慧. 学习支持问题库的设计策略研究[D]. 华东师范大学，2008.

[7]李利. 职前教师实践性知识发展研究[D]. 苏州大学，2012.

[8]刘虎. 由遮蔽走向真实：职业教育学生学业评价的反思与超越[D]. 华东师范大学，2014.

[9]刘天. 论“学习问题”导向教学[D]. 华东师范大学，2017.

[10]门燕丽. 人的全面发展理论视野下的高职教学模式研究[D]. 天津大学，2013.

[11]石中和. 对行动学习的研究[D]. 北京交通大学，2007.

[12]王栋. 教师行动学习研究[D]. 上海师范大学，2013.

[13]王文静. 基于情境认知与学习的教学模式研究[D]. 华东师范大学，2002.

[14]吴刚. 工作场所中基于项目行动学习的理论模型研究[D]. 华东师范大学，2013.

[15]吴国英. 高校人文社科专业实践教学体系的构建研究[D]. 天津大学，2010.

[16]徐延宇. 案例教学及其运用[D]. 湖南师范大学，2002.

[17]闫东. 层级互动式教学模式及其在高中数学教学中的实践探索[D]. 西南大学，2016.

[18]杨光富. 国外领导人才培训模式比较研究[D]. 华东师范大学，2007(4).

[19]姚静. 情境问题教学对学生数学认知的作用研究[D]. 华东师范大学，2003.

[20]于晶. 行动学习对知识转移效果的影响研究[D]. 大连理工大学，2014(6).

[21]袁翔. 生成性学习资源驱动的设计教学模式研究[D]. 湖南大学，2015.

[22]张洁. 移动技术支持的大学英语混合式听说教学模式研究[D]. 东北师范大学，2011.

[23]张晋. 高等职业教育实践教学体系构建研究[D]. 华东师范大学，2008.

[24]张梅俊. 交叉学科复合式教学体系的理论与实践研究[D]. 武汉理工大学，

2008.

[25]张琼. 以实践能力培养为取向的知识教学变革研究[D]. 华中师范大学, 2011.

[26]张瑞. 理解与超越:情境适应性教学评价研究[D]. 西南大学,2011.

[27]壮国桢. 高职教育“行动导向”教学体系研究[D]. 华东师范大学,2007.

[28]俎媛媛. 真实性学生评价研究[D]. 华东师范大学,2007.

论文集:

章达友. 试析 MBA 教育的本质和特点[A]. 中国 MBA 教育实践与探索[C]. 北京:机械工业出版社,2001,11:267—275.

研究报告:

许鑫. 上海 MBA 案例教学调研报告[R]. 上海市 MBA 教学指导委员会内部资料,2014.

条例:

[1]国务院学位委员会. 专业学位设置审批暂行办法[Z]. 1996-07-22.

[2]教育部. 关于加强专业学位研究生案例教学和联合培养基地建设的意见[Z]. 2015-05-07.

附录一:综合案例分析课堂调查问卷

亲爱的同学:

您好! 为了了解您对于案例分析课堂的满意度、提高教学质量,特制定此问卷。您的意见和建议对本次调查非常重要。本次调查采取不记名的方式,希望您如实填写个人的真实想法并在每一道问题下勾选您的回答,谢谢您的合作! 在填写过程中您若有任何疑问,可向周围的调查人员进行询问。

您所在班级:

基本信息:

1. 您的管理职位:

A. 初级管理者　B. 中级管理者　C. 高级管理者　D. 初级专业技术　E. 高级专业技术

2. 您的全职工作年限:

A. 3—5 年　B. 6—8 年　C. 9—11 年　D. 12 年及以上

3. 您所在的行业:

A. 通信 IT　B. 教育培训　C. 零售商贸　D. 政府事业　E. 金融服务　F. 建筑地产　G. 综合经营　H. 其他

4. 您的学历:

A. 高职大专　B. 成教本科　C. 统考本科　D. 自考本科　E. 硕士

5. 您期望通过案例教学掌握什么技能?

A. 理论知识的培养和掌握 B. 判断和分析问题的能力 C. 综合决策和行动的能力 D. 沟通和群体协调能力

6. 您认为案例教学应该占课堂教学的比例为多少?

A. 20%以内 B. 20%—40% C. 40%—60% D. 60%—80% E. 80%以上

7. 您倾向于分析哪种类型的案例?

A. 应用题式案例(情节简单,字数少,与知识点有明确的对应,有相对标准的答案)

B. 思考题式案例(情节相对复杂,与某些知识点对应,并无标准答案)

C. 开放式案例(围绕管理情境真实而全面的描述,涉及的知识综合且跨学科,解决问题的思路和方法比较开放)

D. 开拓式案例(案情是尚未开发的未知领域,传统管理知识与工具无法有效解决问题,需要师生共同探索和创新)

8. 您倾向于分析哪种类型的案例?

A. 知识综合的跨学科大案例(需要的知识点和考虑的方面更多更广)

B. 知识较为集中的小案例(更适合与具体的课程相结合)

9. 您认为什么样的案例教学方式更适合自己的学习方式?

A. 先进行案例讨论,再提炼知识和理论

B. 教师先阐述相关知识,再进行案例讨论

C. 先由学生自学相关知识,再进行案例讨论

10. 您认为最受欢迎的案例课堂讨论方式是什么?

A. 学生间的对抗与合作,由学生自己讨论

B. 学生进行角色扮演,彼此交锋辩论

C. 教师提出一种假定性情景,要求学生予以评价的假说型讨论方式

D. 教师与个别学生间的交互询问型讨论

11. 您认为关于案例教学中教师的角色应该是怎样的(可以多选)。

A. 教师应当扮演催化剂的角色，启发学生，促进交流

B. 教师应充当案例讨论中主持人的角色，只对教学程序和学习大方向进行控制

C. 教师充当导演者的角色，对学生的讨论发挥潜在的影响力

D. 教师作为一个发言人，反映学生的整体意见

E. 教师作为一个信息库，为案例讨论提供丰富的背景材料

12. 您在案例课堂讨论前会做的准备。

A. 花费较多的时间积极准备

B. 讨论前看看案例材料

C. 在讨论课上才阅读案例材料

13. 您认为个人相关职业背景和实践知识的缺乏会在多大程度上影响对案例的理解和学习。

A. 很大程度　B. 一般　C. 基本无影响

14. 您对本次案例分析课堂所选用的案例的质量是否满意?

A. 非常满意　B. 比较满意　C. 基本满意　D. 不满意　E. 很不满意(若不满意，请注明原因____________)

15. 您认为本次案例分析课堂教师对案例的总结和点评是否到位和有启发。

A. 很到位且有启发　B. 一般　C. 甚少

16. 您对本次案例分析课堂的编排与设计是否满意?

A. 非常满意　B. 比较满意　C. 基本满意　D. 不满意

E. 很不满意(若不满意，请注明原因____________)

17. 您对本次案例分析课堂的效果总体满意度如何?

A. 非常满意　B. 比较满意　C. 基本满意　D. 不满意　E. 很不满意(若不满意，请注明原因____________)

18. 您认为几位教师从专业角度对案例进行剖析，综合型案例分析课堂的教学形式与常规案例教学形式相比

A. 更能深化对知识点和理论的理解

B. 更能开阔分析问题的思路及训练分析和解决问题的技能

C. 更能综合掌握管理情境的复杂性和训练综合决策能力

D. 还不如常规单一课程的案例教学

19. 您认为下列哪个因素对综合型案例课堂的有效实施影响程度最大。

A. 教师的课前准备和教学态度

B. 教师的语言表达和总结点评

C. 师生间的良好互动

D. 学生的提前准备和职业能力

E. 案例的有效选取和综合质量

F. 上课地点与设施

20. 您觉得从案例分析课堂中学到了什么？

A. 理论知识 B. 思考方式 C. 学习方法 D. 实际应用技巧

E. 什么都没学到

针对上述问题，对于提高此类综合型案例分析课堂的有效性您有何宝贵建议？

再次谢谢您的参与！

附录二:案例教学 MBA 教师深度访谈提纲

您好,我想就当前 MBA 的案例教学采访您一下,主要想了解案例教学的效果及当前存在的一些问题,以便为我们改进教学方法提供借鉴。感谢您的配合!

一、对案例教学法和课堂案例教学的基本认识

1. 您从事 MBA 教育多长时间了?

2. 您教授哪门 MBA 课程?

3. 是从什么时候开始采用案例教学法的?

4. 您认为在 MBA 课程教学中,相较于一般的教学方法,案例教学法存在哪些独特的优势,在您的课堂上,能否实现这些优势,如果不能完全实现,原因(制约因素)在哪里。

5. 您认为教师和学生应该做怎样的角色定位和互动合作才能获得良好的课堂案例教学效果。

6. 您认为完整的课堂案例教学组织包含哪几个模块(流程),如何更好地系统化组织形成良好的效果(如课前准备、课中引导互动、课后总结)。

7. 您认为传统的课堂案例教学可以做哪些方面的创新和尝试,您愿意去做这方面的尝试吗。(如果可以,讲一讲具体尝试的内容),如果不愿意,可以说说理由和需要帮助的方面。

二、对案例选择和采编方面的认识

1. 为了达到好的教学效果,您在选择案例时会主要考虑哪些因素?

2. 您使用的案例来自哪里？（如果答案为案例库，接着问来自哪个案例库。）

3. 您认为当前使用的案例库中案例采编与您在教学中是否有与实际需求脱节的情况。如果有，则实际需求存在哪些脱节的地方？（此问题想要验证案例采编和使用不平衡的结论，例如，不够新颖、不典型、更新缓慢、涵盖的知识点过少、课程或学科不平衡等。）

4. 您认为为了使案例教学效果更好，应该如何采编案例（提出一些方法），您在自己采编案例时会考虑哪些因素（涵盖知识点、长短、背景行业和公司、典型性），采编过程中希望/需要得到培养单位的哪些支持（机制、渠道、平台、资金等）。

三、对案例实训和综合效果的认识

1. 您认为案例教学中第三方企业（案例的企业）能起到什么作用。（如是否需要请案例中的决策者进来，能起到什么效果。）

2. 您觉得除了传统的课堂案例教学环节，还应重视加强哪些环节的设计以便更好地发挥案例教学的效果。

3. 您认为案例实训活动如案例大赛、企业项目咨询、创业训练等是否能有效提升学生的职业能力；实训活动与课堂案例教学相比，特点和优势在哪里。

4. 您是否愿意指导参与案例实训活动（参加过吗）？您认为实训活动是否能很好地检验案例教学的效果并提升教师的专业能力和教学实践能力。

5. 您认为与传统的教学方式相比，案例教学在学生学习效果的评价方式上会有什么不同，您认为应如何做好案例教学学习效果的评价。

6. 您认为现在的案例教学模式能否有效提升 MBA 学生的职业能力。如果不能，则还需要在哪些方面做一些补充和改进？（或者“您认为案例教学可以尝试哪些方面的创新改革，以求更好地发挥人才培养的功能。”）

7. 您认为现在 MBA 案例教学尚有哪些不足，培养单位可以在哪些方面给案例教学提供一些支持和保障。请提出一些改进措施。

附录三:案例教学 MBA 教师访谈对象说明

一、访谈对象:程贵孙

程贵孙讲授《战略管理》《商业模式》课程,其《技术为王,创新为本:强力先端创新发展的引领之道》案例采编项目获得第九届"全国百篇优秀管理案例"重点项目立项,原创管理案例连续 6 年(2012—2017)入选全国"百篇优秀管理案例奖"(全国仅 5 人获得此成绩),"全国百篇优秀管理案例"特聘评审专家,中国管理案例共享中心管理案例特聘评审专家,中国工商管理国际案例库特聘评审专家,上海 MBA 管理案例库特聘评审专家。

年　份	题　目
2012	E 都市:三维地图的引领者
2013	到喜啦:网络婚宴预订的领跑者
2014	上海天擎:坚守还是转型?
2015	3D 打印:上海启培的困惑与选择
2016	土巴兔,如何实现商业模式三级跳?
2017	多灵科技,二次创业如何突围?
2018	技术为王,创新为本:强力先端创新发展的引领之道

二、访谈对象:范学俊

范学俊讲授《收购兼并与重组》,连续三年入选全国金融硕士教学案例大赛优秀案例,其编写的《美的收购库卡戴着镣铐起舞》案例曾被作为 H 大学 MBA 项目 2017 年案例大赛决赛案例。

年份	项 目	案 例
2015	华为需要上市吗?	全国金融硕士教学案例大赛优秀案例
2015	阿里巴巴小贷公司的融资抉择	全国金融硕士教学案例大赛优秀案例
2016	奇虎360的回归之路	全国金融硕士教学案例大赛优秀案例
2017	东北特钢破产重整:如何浴火重生?	全国金融硕士教学案例大赛优秀案例
2017	美的收购库卡:探寻机器人行业风口	全国金融硕士教学案例大赛优秀案例
2015	上市还是不上市? 华为的一个决策谜题	入库中国管理案例库
2016	收购万科,宝能资本大戏如何落幕?	入库中国管理案例库
2017	美的收购库卡戴着镣铐起舞	全国百篇优秀管理案例

三、访谈对象:许鑫

许鑫讲授“管理信息系统”“项目管理”,编著《互联网+管理案例集》(上海交通大学出版社2017年版),中国管理案例共享中心、中欧管理案例特聘评审专家,承担MBA上海教学指导委员会12所MBA培养院校案例教学报告,唯一入选毅伟、中欧和大连理工大学三大案例库的专家,连续三届获得百优案例。

年 份	项 目	案 例
2011	中建国际设计顾问有限公司CCBM(ERP)系统实施	全国百篇优秀管理案例
2012	车管家:爱车坊公司的服务集成平台建设之路	全国百篇优秀管理案例
2013	路在何方? 电子商务服务商上海宝尊的选择	全国百篇优秀管理案例
2014	上海农商银行IT服务管理平台建设之路	入库中国管理案例库
2015	上海农商银行IT服务管理平台建设之路	入库中国管理案例库

四、访谈对象:何佳讯

何佳讯讲授“市场营销”“战略品牌管理”,中国管理案例共享中心特聘评审专家,H大学首届全国百优案例入库者。

年份	项目	案例
2010	冠生园集团大白兔硬糖:品牌化决策的选择	全国百篇优秀管理案例
2015	冠生园大白兔:长期品牌管理之道	全国百篇优秀管理案例
2016	卡萨帝:移动互联时代高端家电品牌的创建之道	入库中国管理案例库
2017	SAND RIVER:“隐形冠军”如何实现品牌的快速成长	入库中国管理案例库
2016	“三只松鼠”:一个互联网品牌的快速崛起之道	2015中国工商管理国际最佳案例荣获“提名奖”
2017	从产品品牌到平台品牌:韩都衣舍互联网品牌进化的商业逻辑	2015中国工商管理国际最佳案例荣获“提名奖”

五、访谈对象:孙斌艺

孙斌艺讲授“管理经济学”“定价策略”,经济管理学部案例中心主任,全国管理案例精英赛发起人之一,华东师范大学案例大赛校队教练,第一届至第五届全国案例精英赛华东赛区“最佳教练奖”,第一届、第四届全国赛“最佳教练奖”。

六、访谈对象:易凌峰

易凌峰任MBA项目主任,讲授“人力资源管理”,中欧管理案例特聘评审专家(会评专家,H大学仅三位)

七、访谈对象:李真

李真“公司治理”“博弈论”,中欧案例库H大学联系人,中欧管理案例特聘评审专家(会评专家,华东师范大学仅三位),上海市MBA教学指导委员会秘书处成员。

八、访谈对象:张琰

张琰讲授“组织行为学”“管理沟通”,尝试企业高管进MBA课堂讲授案例、移动案例课堂、综合案例课堂等新模式。

年 份	项 目	案 例
2014	枇杷生态园:用社会责任铺筑现代农业园发展之路	入库中国管理案例库
2015	春秋国旅:从战略联盟到“互联网+”	全国百篇优秀管理案例
2017	从“互联网+旅游”到“IP 战略”:景域集团御“风”而行	入库中国管理案例库

九、访谈对象:杨勇

杨勇讲授《战略管理》,MBA 中心教学副主任,分管案例教学工作,上海市教学指导委员会秘书处成员,拟定 2016 年和 2017 年《上海市 MBA 质量发展报告》,H 大学管理实践项目负责人,上海市案例竞赛二等奖获得者,代表性视频案例获奖者。

十、访谈对象:陆剑清

陆剑清讲授“市场营销”“消费心理学”课程,教学擅长用案例,上课讲座、深受欢迎,对案例教学理论有深入的研究和自己的见地,采编原创案例多次入选全国百优案例并在金融教学指导委员会案例比赛中获奖。

附录四:案例教学 MBA 学生问卷

案例教学是工商管理硕士(MBA)最重要的教学方法。为了更好地实施案例教学,构建案例教学采编、课堂组织、企业实训等一体化教学模式,非常需要了解您的学习体验和意见,现针对 MBA 案例教学进行调查,本问卷采用非记名的方式,回答无对错之分,不会对您造成不利影响,务必请照实回答,感谢您的参与!

专业学位研究生课程改革与建设(MBA 案例教学体系建设改革项目)

华东师范大学经济与管理专业学位教育中心

一、基本信息:

(一)您的性别　A. 男性　　B. 女性

(二)您的年龄

A. 25 岁及以下　　B. 25—30 岁　　C. 31—35 岁　　D. 36—40 岁

E. 40 岁以上

(三)您的管理职位

A. 普通员工　B. 初级管理者　C. 中级管理者　D. 高级管理者

E. 初级专业技术　F. 中级专业技术　G. 高级专业技术

(四)您的全职工作年限

A. 0—3 年　B. 4—6 年　C. 7—9 年　D. 10 年及以上

(五)您所在的行业

A. 计算机/互联网/通信/电子　B. 咨询/法律/教育/科研/培训

C. 商贸/销售/客服/技术支持 D. 人事/行政/高级管理

E. 会计/金融/银行/保险 F. 建筑/房地产

G. 广告/市场/媒体/艺术 H. 生产/营运/采购/物流

I. 生物/制药/医疗/护理 J. 公务员/政府事业/翻译

K. 服务业 L. 其他

(六)您 MBA 入学前所获得的最高学历

A. 大学专科 B. 非全日制大学本科 C. 全日制大学本科

D. 硕士研究生 E. 博士研究生

(七)您所在的年级

A. 2017 年入学(一年级) B. 2016 年入学(二年级)

C. 2015 年入学(三年级) D. 2014 年及以前(校友)

二、效果检验(请在您认为合适的选项位置打"√")：

(一)能力提升(多选题)

1. 在课堂案例教学以外,学生在教师的指导下撰写原创案例会在很大程度上有助于职业能力的提升(请选取您认为最能得到有效提升的前三项能力)。

A. 沟通交流能力 B. 逻辑分析能力 C. 战略思维能力 D. 计划组织与协调能力 E. 开拓创新能力 F. 应变能力 G. 冲突管理能力 H. 团队协作能力 I. 信息搜集与反馈能力 J. 执行力 K. 洞察力 L. 影响力

2. 在课堂案例教学以外,学生在教师的指导下撰写案例分析报告会在很大程度上有助于职业能力的提升(请选取您认为最能得到有效提升的前三项能力)。

A. 沟通交流能力 B. 逻辑分析能力 C. 战略思维能力 D. 计划组织与协调能力 E. 开拓创新能力 F. 应变能力 G. 冲突管理能力 H. 团队协作能力 I. 信息搜集与反馈能力 J. 执行力 K. 洞察力 L. 影响力

3. 在课堂案例教学以外,学生参加案例大赛会在很大程度上有助于职业能力的提升(请选取您认为最能得到有效提升的前三项能力)。

A. 沟通交流能力 B. 逻辑分析能力 C. 战略思维能力 D. 计划组织与协调能力 E. 开拓创新能力 F. 应变能力 G. 冲突管理能力 H. 团队协作能力 I. 信息搜集与反馈能力 J. 执行力 K. 洞察力 L. 影响力

4. 在课堂案例教学以外,学生参加创业训练会在很大程度上有助于职业能力的提升(请选取您认为最能得到有效提升的前三项能力)。

A. 沟通交流能力 B. 逻辑分析能力 C. 战略思维能力 D. 计划组织与协调能力 E. 开拓创新能力 F. 应变能力 G. 冲突管理能力 H. 团队协作能力 I. 信息搜集与反馈能力 J. 执行力 K. 洞察力 L. 影响力

5. 在课堂案例教学以外,学生参与案例实训(企业真实项目咨询)会在很大程度上有助于职业能力的提升(请选取您认为最能得到有效提升的前三项能力)。

A. 沟通交流能力 B. 逻辑分析能力 C. 战略思维能力 D. 计划组织与协调能力 E. 开拓创新能力 F. 应变能力 G. 冲突管理能力 H. 团队协作能力 I. 信息搜集与反馈能力 J. 执行力 K. 洞察力 L. 影响力

(二)总体评价(单选题)

1. 您对于目前课堂所选取的案例质量(　　)。

A. 非常满意 B. 比较满意 C. 基本满意 D. 不满意

E. 很不满意

如果不满意,则请注明原因____________。

2. 您对目前实施的课堂案例教学的编排与设计(满意度)(　　)。

A. 非常满意 B. 比较满意 C. 基本满意 D. 不满意

E. 很不满意

如果不满意,则请注明原因____________。

3. 您对 MBA 案例教学的效果总体满意度(　　)。

A. 非常满意　B. 比较满意　C. 基本满意　D. 不满意

E. 很不满意

如果不满意，则请注明原因____________。

4. 您对目前案例课堂教学以外的各类案例实训项目（　　）。

A. 非常满意　B. 满意　C. 无关紧要　D. 不满意

E. 非常不满意

如果不满意，则请注明原因____________。

5. 阐述您对 MBA 案例教学的建议和想法。

谢谢您的大力支持！

附录五 “上海MBA课程案例库”评审标准说明(2017版)

1. 重要性

本案例描述了管理者当前所面临的典型挑战或热点问题。

2. 争议性

本案例有一个明确而具有争议性的讨论聚焦点。这个聚焦点一般是具有争议性的,可以是一个亟待解决的决策问题,也可以是需要课堂讨论的其他管理问题,有助于学生积累相关经验和提高当前认识。

3. 复杂性

本案例充分体现了焦点问题的复杂性,而不只是对问题表象的简单描述。本案例中的问题没有绝对正确或绝对错误的答案,它促使学生从不同的视角考虑问题,区分不同情境,权衡各种利弊,做出综合判断。

4. 客观、中立

本案例对涉及的公司、主人公和事件保持了客观性与中立性。除引用当事人语言之外,案例本身用词中性,无感情色彩。除非有确凿根据,否则不杜撰案例主人公的心理活动与情绪感受。

5. 信息充分

本案例提供了根据教学目标展开讨论所必需的相关内容。

6. 方法严谨

本案例数据质量高,逻辑严密,关键背景概括准确。案例陈述以事实为基础,主观判断有依据;案例逻辑清楚,前后内容一致;背景介绍要点得当,表述准确;二手信息有可靠的信息来源。案例的写作质量符合体例规范。

7. 篇幅适当

本案例长短适度，没有游离于主题之外的冗余信息，符合教学对象的学习特点。文字简洁，数据表达方式有利于读者理解，图表标题内容一目了然。

8. 可读性

本案例文字生动，结构合理，开篇引人入胜，结尾发人深思，能使读者身临其境，全面感受到案例主人公当时面临的压力与挑战。

附录六 “全国百优案例评审标准(2017版)”

<table>
<tr><td>案例所属领域</td><td colspan="5">□市场营销 □战略管理 □人力资源管理 □组织行为学
□管理经济学 □管理信息系统 □运营与供应链管理
□技术管理/创新管理 □ 项目管理 □商法 □管理经济学 □会计
□公司金融 □创业管理 □其他</td></tr>
<tr><td colspan="6">第一部分 案例正文</td></tr>
<tr><td>分值维度</td><td colspan="5">5 4 3 2 1</td></tr>
<tr><td>选题的本土化、典型性和代表性</td><td colspan="5">□ 非常典型 □ 典型 □ 比较典型 □ 一般 □ 差</td></tr>
<tr><td>谋篇布局合理性</td><td colspan="5">□ 非常合理 □ 合理 □ 比较合理 □ 一般 □ 差</td></tr>
<tr><td>决策点的恰当性</td><td colspan="5">□ 非常清晰 □ 清晰 □ 比较清晰 □ 一般 □ 差</td></tr>
<tr><td>相关材料的详实、客观程度</td><td colspan="5">□ 非常充分 □ 充分 □ 比较充分 □ 一般 □ 差</td></tr>
<tr><td>案例的可读性</td><td colspan="5">□ 非常强 □ 强 □ 较强 □ 一般 □ 差</td></tr>
<tr><td>写作的规范性</td><td colspan="5">□ 非常规范 □ 规范 □ 较规范 □ 一般 □ 差</td></tr>
<tr><td colspan="6">第二部分 教学使用说明</td></tr>
<tr><td>分值维度</td><td colspan="5">5 4 3 2 1</td></tr>
<tr><td>教学目标设定的合理性</td><td colspan="5">□ 非常合理 □ 合理 □ 比较合理 □ 一般 □ 差</td></tr>
<tr><td>思考讨论题与教学目标的紧密程度</td><td colspan="5">□ 非常紧密 □ 紧密 □ 比较紧密 □ 一般 □ 差</td></tr>
<tr><td>理论知识点分析的深刻、清晰程度</td><td colspan="5">□ 非常清晰 □ 清晰 □ 比较清晰 □ 一般 □ 差</td></tr>
<tr><td>课堂计划的合理性</td><td colspan="5">□ 非常合理 □ 合理 □ 比较合理 □ 一般 □ 差</td></tr>
<tr><td>审稿人</td><td></td><td>职称</td><td></td><td>总分</td><td></td></tr>
</table>